懂心理，带好班
——班级心灵管理新理念

殷振洋 / 著

教育科学出版社
·北京·

目　录

绪论　班级管理新理念——心灵建设 ……………001
第一节　困惑：我看到的班级问题 ……………001
第二节　求索：班级应该管什么 ……………004
第三节　尝试：建设一间主题教室 ……………008
第四节　展开：建设学生的心灵 ……………011

第一部分　自我赋能——心灵建设的硬件 …………015
第一章　记忆力训练 ……………016
第一节　记忆力训练的重要性 ……………016
第二节　蜗牛班记忆力训练实录 ……………018
第三节　心育课堂：记忆的四驾马车 ……………025
第二章　注意力训练 ……………033
第一节　注意力训练的重要性 ……………033
第二节　蜗牛班注意力训练实录 ……………034
第三节　心育课堂：经营注意力 ……………044

第三章　自控力训练···049
　　第一节　自控力训练的重要性·····································049
　　第二节　蜗牛班自律与超越俱乐部实录··························051
　　第三节　心育课堂：不自律就不是"人"························062

第四章　时间管理训练···068
　　第一节　时间管理训练的重要性·································068
　　第二节　蜗牛班时间管理训练月活动实录······················069
　　第三节　心育课堂：不饱食以终日，不弃功于寸阴············076

第五章　积极心态训练···084
　　第一节　积极心态训练的重要性·································084
　　第二节　蜗牛班积极心态训练月活动实录······················085
　　第三节　心育课堂：合理归因，心向阳光·······················098

第二部分　自我激发——心灵管理的软件··········105
第一章　心灵的承诺——自主性及动机管理·······················106
　　第一节　引领价值，唤起认同·····································107

第二节　调动情感，唤醒情绪 …………………… 118

第三节　管理目标，制订计划 …………………… 129

第四节　巧用奖励，及时反馈 …………………… 140

第五节　看见"需求"，激发内因 ………………… 149

第二章　心灵的力量——自信心及效能感管理 …………… 158

第一节　要自信，先成功——创造成功体验 …………… 160

第二节　你行，我也行——见证榜样的力量 …………… 166

第三节　说你行，你就行——增强自信的信念 ………… 174

第四节　有困难，不自弃——拒绝"习得性无助" …… 186

第三章　心灵的晴雨表——情绪情感管理 ………………… 201

第一节　情绪是第一动因 …………………………… 201

第二节　好情绪的三大保鲜剂 …………………… 205

第三节　减缓焦虑，轻松应考 …………………… 227

第四章　心灵的栖息地——自我及内心管理 ……………… 249

第一节　认识自我，接纳自我 …………………… 250

第二节　挖掘自我——天生我有才 ……………… 260

第三节　悦纳自我——自卑与超越 …………………… 268

第五章　心灵的避风港——和谐人际关系管理 …………… 294

第一节　沟通有道——坦言，真诚的力量 …………… 295

第二节　换位思考——善行，挚爱的种子 …………… 306

第三节　接纳彼此——尊重，和谐之花 ……………… 323

第四节　经营自我——我若盛开，蝴蝶自来 ………… 337

绪论
班级管理新理念——心灵建设

第一节 困惑：我看到的班级问题

带着满腔热血和饱满的激情，我自愿向领导申请当班主任。我想我一定能够在自己的一亩三分地上干出漂亮的事情来。然后就像魏书生一样，讲"民主"、讲"科学"；就像李镇西老师一样，用"爱的教育"来惠泽班级，和学生一起留下无数快乐美好的时光；还能像我师父张万国老师一样，长成睿智的模样，顺便提出一套自己独创的班级管理理念来。

但在刚刚得知可以当班主任的那个暑期，我诚惶诚恐，如履薄冰。因为光有热情是不够的，必须是"手中有粮"，心才不慌。班级管理的"粮"从哪儿来呢？我想到了买书读。班级管理的书，我一口气买了近20本，厚厚的一摞搬回家，着实让我家人都震惊了。他们问我："你要干吗？"我说："我要在这个假期读完这些书。""你能读完吗？""不知道，试试看嘛。"那个假期，我每天除了吃饭睡觉，就是阅读，终日蓬头垢面，也顾不得自己的形象。你还别说，那个假期我真的把这一堆书读完了，魏书生老爷子的书，来来回回读了3遍。我积累了无数个班级管理的"创意"，更是雄心勃勃，恨不得在马上到来的9月撸起袖子，大干一场。

当时才从大学毕业出来的我，依然带着几分"学生气"，就像学生的大哥哥一般。学生们都亲切地称呼我为"殷哥"。

我把很多专家和名师的做法搬到自己的班级来。于是，我们有了班名：鸿鹄班；有了自己的班报《鸿鹄日报》；有了自己独创的晨会活动"朝闻天下""口语思维训练营"等；有了"三级六部制"的干部团队，班级也是人人有岗位，人人有事做，事事有人做；我组织学生春游、爬山、自制火锅，一样不落下……

随着时间的推移，班级问题却如雨后春笋一般，让我应接不暇。

我疑惑，为什么推行任何活动似乎都不是那么顺利和有效率呢？比如，我强迫学生像魏书生班上那样，3分钟换好座位，但实际情况是有时20多分钟都换不好。

我疑惑，为什么总有班委不尽职，总有岗位负责人偷奸耍滑？比如，我希望班委能像张万国老师班级的班委一样，层级监督，人人克己奉公，主动而且积极，但实际情况是小升初的学生不知道如何当班委，这个过程好比指挥纸青蛙，要指挥一下，才跳一下。

我疑惑，为什么明明无数次的教育之后，迟到的还是迟到？逃跑的还是逃跑？寝室里讲话的还是讲话？作业不交的还是不交？……

我疑惑，为什么我们满怀雄心壮志一起策划的各种班级特色活动，推行起来步履维艰，到最后只能不了了之？为什么那些有声有色的活动在别人班级能够焕发光彩，而移植到自己班级里就只能黯淡收场？

我疑惑，为什么总有学生一心埋首教科书，绝口不谈班级活动？为什么别人班级的花生机勃勃，我们班的花要死了都没有一个人浇一点水？

我疑惑，为什么我之前一直向往的"人心齐，泰山移"的班级凝聚力没有出现，反而有无数的裂痕？有时候，一个议题，一个想法，要在班上讨论无数次，大费周章，最后还没有结果……

太多的困惑把我之前热情似火的心打入冰窖。我如一匹困兽，误入暗室，四处碰壁，但仍然垂死挣扎。很长一段时间，我甚至幻想把学生变成AI机器人就好了，只需要给他们植入某种语言指令，他们就听从我的，亦步亦趋地执行。就这么一个学期下来，我就好比一个船长，带领着这条满目疮痍的破船前行着。当然也不是那么糟糕，我所带的班，从外在看起来，和其他班没什么两样。那种"千疮百孔"是我内心的感觉，那种"满目疮痍"是我完满理想之幕上面破出的洞。

坚持写教育反思笔记是我这些年的好习惯。在无数个夜深人静的晚上，我在键盘上敲打着班级的困惑和个案处理的问题，在脑中反复回放教育场景和片段，看自己有没有处理不妥的地方，应该如何跟进和改进。冷夜寒光恰恰容易让急躁的内心趋于平静，独窗幽风恰恰容易打压膨胀而热烈的欲望。当我开始把心贴近大地的时候，当我开始把心回归班级的时候，很多以前雾里看花、水中望月的问题开始慢慢呈现出了清晰的轮廓。我想，我的心路历程绝对不是孤例，我身边有太多班主任和我一样，在困惑的苦海中挣扎。

第一，拿来主义，学到的只是"形""象""末"，而非"神""本""质"。我们总以为从名师那儿学到了一招半式就已经掌握了整个武林绝学；我们没有研究学生的欲望和需求，只求管住学生的冲动；我们没有研究特定的情境，只求用到程咬金的三板斧，一个劲儿地砍一通；我们没有搞清楚各种管理理论的缘起和来龙去脉，只求新鲜时髦。比如，班级的设岗原则，并不仅仅是老师拍拍脑门说我们班要有一个班级律师或是班级护士，如此这般就开始让其走马上任。设岗原则应该考虑两个方面：其一是班级发展需要，其二是学生内在发展需求。我们班之前闹得沸沸扬扬的班级律师岗位，就是盲目效仿别人所得，是舶来品；全然不顾初一学生发展的阶段属性，结果只能乘兴而来，败兴而归，学生意兴阑珊，留下一个名不副实的空架子。

第二，管理只为了约束学生，忽视了学生的自主管理。"管理"本来是"管物"和"理人"的合体，但我们为了"排位"好看，为了"月优班级"，为了"流动红旗"而心急火燎地偷换了管理的客体，我们的班级管理，逐渐沦落到"管人"上去了。我们制定了无数的班规班纪，美其名曰"精细化管理"，用以约束学生，并"量化"他们的行为，进行"考评"。我们眼中有的只是一个潜在可能惹事闹事的群体，"约法三章"的目的是防止他们惹事，最后管理没走向民主，反而走向了对立面。那我们是不是应该好好考虑一下，如何把学生内在自主管理、真善美的因子有效激发出来和调动起来呢？

第三，管理没有"走心"，没有追本溯源，只和千变万化的"表象"做斗争。学生的心理阶段特征是什么，我们不知道；学生的心情如何，我们也不问；学生的感受是什么，我们不想知道；学生的内在需求和动机是什么，我们不去考察……。反正我们只想管住他们的"冲动"，管住他们的"安全"，管住他们的"行为"。学生没有达到我们的要求就不行，我们就要用我们习惯的行为路径，软硬兼施，使学生乖乖就范。班主任为了更好地管理，已经让教育渐渐地失去了人味。学生的外显行为千变万化，但总是"心有千千结"，才使得这些表象如万花筒一般，我们不去"解开结"，反而希望快刀斩乱麻，直接干掉千奇百怪的"问题"。

  第四，管理没有专门且专业的科学方法。北京教育科学研究院退休教师王晓春曾说，在许多老师看来，学生上课不专心听讲，就是不想学；不好好完成作业，就是没有认识到学习的重要性；不守纪律，就是成心捣乱；早恋就是思想复杂；成绩一再下降，就是松劲了。总之，老师们把所有的问题都简单化、习惯性地总结成为觉悟问题、道德问题、认识问题、是非问题，好像只要认识提高了，一切问题就都能够解决。确实是这样的，我们总感觉苦口婆心地说了一堆，念了一通，学生的问题似乎就应该解决了。管用吗？管几天！但几天之后又是"一病回到解放前"，"天亮了还是继续走老路"。于是，我们就开始抱怨学生，"孺子不可教也，朽木不可雕也，粪土之墙不可圬也"，声称学生一届不如一届。但老师们有没有想过，光是说服教育就有效果了，那教育是不是也就太简单了？事实上，管理需要专业的知识和方法，需要用到心理学、管理学、经济学等思维，遇到问题也不能简单地道德归因和态度挂帅，需要提出多种假设和归因。

第二节 求索：班级应该管什么

  很多教育问题看似复杂，但都有一个思考的逻辑起点。那我们就可以叩问自己，我们到底需要培养什么样的人？班主任应该做什么样的管理呢？

  从教之初，我就有一个朴素的想法，我希望我们班上走出去的学生都能够学会学习，自主管理。因为漫漫人生路，老师教授的东西只是冰山一角，如果学生具备自主学习和自主管理的能力，那就拥有了一个能自己说了算的人生节奏，德性与知识技能也就如源头活水，可以永远浇灌他们的心田，惠泽他们的灵魂。

有两个机缘，让我开始再一次确认和澄清了心中那个问题。

第一，是中国学生发展核心素养的发布。学生发展核心素养，主要指学生应具备的，能够适应终身发展和社会发展需要的必备品格和关键能力。其中，核心素养提到要培养学生的自主性，自主性是人作为主体的根本属性。自主发展，重在强调能有效管理自己的学习和生活，认识和发现自我价值，发掘自身潜力，有效应对复杂多变的环境，成就出彩人生，发展成为有明确人生方向、有生活品质的人。自主发展也包含两个维度。第一个维度是学会学习。主要是学生在学习意识形成、学习方式方法选择、学习进程评估调控等方面的综合表现。具体包括乐学善学、勤于反思、信息意识等基本要点。第二个维度是健康生活。主要是学生在认识自我、发展身心、规划人生等方面的综合表现。具体包括珍爱生命、健全人格、自我管理等基本要点。①

第二，是我在研究生阶段开始转向了学习心理学。心理学给我推开了一扇门，我一踏进去，就发现了广阔的世界。从此，一发不可收。我慢慢地开始接触到了弗洛伊德、荣格、马斯洛、罗杰斯、塞林格曼等心理学大师；开始知道了精神分析学派、认知行为流派、人本主义的各自背景，以及我们平常的教育管理行为分属什么学派，有什么样的意义和弊端；我也开始慢慢地把意象对话、共情与接纳等具体技术运用到沟通当中，帮助学生开展个案诊疗。我教会学生如何学习和管理时间，经营自我，慢慢地开始拨开云雾见日出了，逐渐取得了一些小小的成绩。我逐渐意识到，教育是人学，管理要科学，功夫在事外，欲速需内力。

于是，我希望把我的管理也做出真正的教育的味道来。

一、管理的最终目的是学会生活

我们应该看到，生活的考场遍布时时处处，我们的管理需要聚焦在学

---

① 周娟：核心素养下农村小学生英语听说能力及影响因素的调查研究：以如东×小学为例[D]. 苏州：苏州大学 2018 年.

生的自我管理身上。让学生在班级这个氛围场中能够不经意地习得"自我管理"的技能，这样以后才能够在生活中延展。比如，我们班需要让每一个孩子离开座位的时候把凳子放入抽屉下边，与人方便与己方便。比如，我们班专门设置了"一亩三分地"，由以前的分配制变成承包责任制，每个人承包班级一小片领域，自己守住责任，守住初心。

班级的管理一定是着眼于学生的未来，着眼于他们以后能够自我管理的。

比方说，我认为，在未来，一个人最宝贵的是什么？我告诉学生，不是金钱，因为钱永远挣不完；可能不是时间，因为时间对每个人都是同样多的，而且一旦流逝，就不属于你。那么，最宝贵的是什么？最宝贵的就是注意力。于是，对于注意力的管理就是我们班级管理当中一个常抓不懈的点。为此班级进行了注意力月训练。我觉得，自我管理的重要表现之一是对目标的管理。为此，我们有专门的 SMART 目标管理月，教会学生制定科学合理的目标。我觉得，一个人的自律管理在很大程度上决定了一个人今后的作为。为此，班级还成立了"自律与超越俱乐部"……

不得不承认，班级进行了这样一系列活动和采取了一系列措施之后，很大一部分学生都能形成较好的习惯，当然不是全部。这就是教育的现实。

二、管理不是"无死角"，而是提供足够的发展空间

"无死角"在我看来就是希望面面俱到的"精细化管理"，就是很多学校自我标榜的"地毯式管理"，这种管理的弊端不仅仅是不给学生足够的自主权，更为罪恶的一点是把学生当作工具、机器。不讲融通，讲规矩；管理两分法，而不是人情味十足的三分法。这种管理的动机其实很多时候都是讲究一个面子和形象——你看我们班运行得井井有条吧？

关于管理的精细化，我认为这应该存在于一个组织运营的初级阶段，就相当于一只刚破壳的小鸟，湿漉漉的，需要妈妈给予温暖，直到它羽翼渐丰。但是，对于人的管理，不能总是停留在"精细化管理"之上。我反对这

种"无间隙"的过于"精细化"的管理，不是不要管理，而是要更为科学地管理。

我们班上的基本常规还是有几条的，遵守常规之外的广阔天地就是我认为应该让学生拥有的自由天地。在这片自由的天地中，我和学生可以个性涂鸦，可以放飞青春，可以播种梦想，可以自律学习……。我需要做的就是，认真窥探班级和人际出现的普遍性和个性化的问题，认真做好集体教育和个体疏导，把任何一件小事都做出教育的味道来。我们班曾经为涂脂抹粉、打毛衣、戴耳钉这种事儿开启了一场"何为美女"的大讨论，收到了很不错的效果。我就不相信任何一条精细化的管理规则和叱责、命令般的语言能够胜过心动一瞬的感觉。

人生除了追寻有意义，有时候我们还真的要做些无意义的事情，虽然看起来都很违反当下的"安全管理"——我真的曾带全班去嘉陵江边春游，我会带全班学生到操场肆无忌惮地撕名牌，我会带学生举行一年一度的元旦欢庆会……。有时候做这些，不图意义，只图能够为彼此的青春留下一抹可以细数的记忆。教育高于管理，管理服务于教育。

三、管理不是一味地解决问题，而是需要提前建设心灵

谈班级管理，离开了对个体的具体观照，都是空中楼阁，尽显苍白。因为班级是个体学生组成的学习组织，只有把目光聚焦在学生的个体心理发展基础之上，才能有效分析。我相信，一切的管理，最终落脚点都是人，而"人本"的核心又是以"心灵"为逻辑思考的起点的。

班级本身就好比一个人的身体，它的健康依赖于自身的"免疫系统"。如果我们的管理能够聚焦在"心灵管理"上面，那么就相当于加强了这一免疫系统。相反，如果我们只是关注到"奖惩"，关注到"制度"，关注到"管理"，而不去关注"心灵"，如果我们没有把注意力聚焦在心理营养上，聚焦在心理健康上，那么班级的问题就会层出不穷，即便我们皓首穷经，也难以把握问题的根源。比方说，建设心灵的重点之一就是管理"关系"。我把

关系的管理看作班级管理的动力源泉，因为只有弄明白了学生的"自我关系"和"人际关系"的微妙，才能够读懂学生幽微的内心世界和繁复的人际世界，也才能够有效地把握管理的本质——"人"。我们会发现，班委敢不敢管，会不会管，能不能管，都有"关系"或者"情绪"在其中成为中间变量。他会权衡各方关系之后才有决策行为。如果仅仅把班委不得力归咎为"渎职"，没有"责任心"，那很有可能就没有抓住问题的重点。

努力建设学生心灵，就是增强班级免疫力的手段之一。很多问题特别是根子尚浅的问题就在这个免疫系统的帮助下自我消融。

第三节　尝试：建设一间主题教室

在我脑子里有一个挥之不去的意象，对自主性的培养也好，打造一个好习惯也罢，这个过程都好比农村里"熏腊肉"的过程。腊肉怎么熏？首先要搭建一副架子，然后把鲜肉放上去，来来回回翻来覆去地熏习。腊肉要想入味，也绝对不是一蹴而就的，还需要时间。学生的德性、习惯、技能的养成也都需要这样一个"氛围"，这个氛围能"包裹"学生，让他们一走进去，就感觉到需要做出与情境相符合的举动。然后再施以系统性的专门化训练，并辅以时间的强化，慢慢地才能够有效地"内生"和"外化"。德性的习得、好习惯的养成一定不仅仅是价值说教得来的，企图通过几次说教就能够让学生彻底改变，无疑是痴人说梦。基于以上的管理想法和初中生的阶段性特点，我开始着手把自己的教室打造成一间主题教室。

于是，在带第二届学生的时候，我开始系统地在"蜗牛班"①开展了教育创新改革。

---

① "蜗牛班"的班级名来由如下：当时，班里的学苗的学习能力比较薄弱，但大家都深受儿歌《蜗牛与黄鹂》的影响，认为只要具有蜗牛一般坚持不懈的精神品质，就一定能够获得属于自己成熟的果实。故而，大家一致把班名定为"蜗牛班"。

首先是改造硬件环境：

① 硬件环境的构建，都是以习惯为主题的。

② 我们的班级理念就是：尊崇德性，养好习惯。

③ 我们的班级门联：不比起步比进步，不比智力比努力。

④ 教室里的名人名言不再是随随便便地找来两句，一切都和"习惯"这一主题有关。

⑤ 教室的后墙旁有一块醒目的 KT 板（广泛用于广告展示的装裱衬板），上面写着"21 天习惯挑战营"。

我还专门制作了《21 天习惯挑战》的表格。表格发下去的第一天，我就给我的学生发表了如下演讲：

> 同学们，我们要养成一个好的习惯不容易，因为这需要与我们人性中的深层次的懒恶丑做斗争……。我希望大家在深思熟虑之后，能够慎重地写下这个月你认为最迫切要养成的好习惯……。既然是挑战，我们就一起约定，如果当天比较好地完成了这个习惯，我们就在放学的时候去打一个钩，相反，如果不能完成，我们就从头开始，之前成功坚持的那几天全都作废……。看谁最先能够完成自己给自己定下的目标！最先完成的一批，老师给予相应的奖励。
>
> ……

⑥ 教室的外墙上面还有一张"璀璨星空"的光荣榜，用以张贴和表扬被评选出来的"习惯之星""注意力之星""佼佼之组""领航舵手"等。

⑦ 教室的黑板报上有每个月与之相符合的各类主题标语或是"硬核知识"。比如，在记忆力训练月，黑板报上就是艾宾浩斯遗忘曲线、布卢姆的认知层级标准等相应的布置。

习惯主题的教室，不仅需要在外在的硬件环境上构建，软性的制度也必须到位。我们一起商定：针对班级普遍存在的问题，每个月有一个大的习惯主题，全体学生该月的核心行为都围绕着该习惯主题或是德性主题，如诚信主题月、注意力训练月等。一周有一个小主题，如"整齐有序"评比。那如何营造软性环境条件呢？

知。利用主题班会的主阵地，进行班会强化，重构和升级认知。分别从"是什么""为什么""怎么办"三个维度入手，对学生的认知进行重构。该主题是什么？为什么重要？这些命题对于学生深入理解主题习惯、明白老师的意图起着至关重要的作用。科学实践表明，学生明白了意图和知晓了原理，对于行为活动有一定的指导意义。最后，从怎么办的角度，告诉学生一些学习方法。比如，注意力训练月里面，我们上了以下四堂班会课："经营你的注意力""注意力专区""'三定法'的案例评析""如何提升课堂注意力"。我发现，这样做至少有三个好处。第一，一个主题问题反反复复被提到，更容易深入人心。第二，系统性地打造主题班会，就避免了散兵游勇式的做法，不会想到一出是一出，拍拍脑门，想上哪堂上哪堂。还顺便解决了班主任们不知道如何上班会课的问题。与其说不知道如何上，还不如说，不知道上什么好。更多的时候，班主任们缺乏"导航"，没有"方向"。第三，系统性地研究一个问题，倒逼班主任就一个问题深入研究，更容易积累专业化的知识。

行。那是不是上好班会课就可以了呢？远远不够，因为这只是解决了学生"认知"的问题，即便认识深刻了，也不一定就能够培养好的习惯和素养。为什么？因为学生可以知道得很多，但就是不去躬行实践。这就叫作"知行不合一"，我们也都知道自古知而不行的人很多。于是，接下来的所有工作都要围绕着"行"去展开。当班主任的要能够创设出各种活动和情境，让学生在做中学，在活动中去践行。比方说，在积极心态主题建设月当中，如何培养积极的心态？如何培养科学归因和解释风格？这就不可能给学生说句话就完事了，嘴上说一万句"你要积极乐观"顶不上"写暮省"一件事。所以，围绕着"行"就要展开有效的、有针对性的活动，而这类活动恰恰就是一个班级的特色活动。到这个时候，也许你才幡然醒悟，原来所有的特色班级活动都不是拍拍脑门随便想出来的，而必须是植根于学生内在发展的需要、顺其自然而来的呀。

评。评就是反馈与评价。一个核心习惯的产生必定少不了有效的反馈。我以前给家长们做过一个报告——《如何让学习也能"上瘾"？——从网络游戏的设计谈起》。其中，我说，网络游戏的设计特别符合心理学原理，其中最大的一条就是它能够给用户及时而且有效的反馈和评价。玩得不好，就知道去选择难度合适的；玩得好就可以过关、升级，有时候还可以得到实实在在的奖赏，如积分兑换商品等。这样，玩家就能够根据反馈不断调整和修订目标，不断进行改变。因此，特色行为活动进行一段时间之后，也需要给学生反馈，反馈是为了"强化"。一个行为习惯、一个主题素养是否达成也必须清楚地呈现出来，奖励先进，帮扶落后，激发动机。

联。联系家长，家校联手。我发现，在班级里辛辛苦苦培养的好习惯或好品性，在家里两三天就可以败得精光。这就是 5+2＜0 的现象。那我必须把家长的力量也联合起来，让他们清楚明白地知道班主任在这一段时间在实施什么习惯主题，在家里他们应该如何配合老师，辅以相应的措施……

……

有了顶层制度的构建，我在我的班上系统地开展了"注意力训练""记忆王者排位赛——记忆力训练""合理归因，心向阳光——积极心态训练""自律与超越俱乐部——自控力训练"等相关主题的心灵建设。一个月或者两个月就围绕着一个大的心理品质来管理心灵，具体的操作和实录会在本书后面的章节进行详细陈述。这些活动开展之后，我的班级的风貌得到了很大的改变，班级也越来越有品位，我也从中得到了很大的专业性提升。

第四节　展开：建设学生的心灵

随着主题教室的深入建设，我越来越意识到，其实我不仅是在建设一间主题教室，我更是在建设学生的心灵，其实质是一种心灵管理。于是，接下来的日子，围绕着"心灵管理"这个核心主题，我一方面请教了西南大学心理学部的郭成、刘衍玲教授等专家学者，另一方面也展开了更为系统的思考和实践，逐渐形成了自己的品牌。

很多老师有疑惑，心灵管理能够出成绩吗？我们管理就是为了出好成绩。不管什么理论，无论你吹得再玄乎其玄，无助于学习成绩的提高也都是昙花一现，也失去了一线老师们需求的土壤与根基。对！我们每一个当老师的都希望教出好成绩。成绩是我们一线老师怎么都绕不开的一个话题。众所周知，学科教学是有利于提高学习成绩的，但是仅仅企图通过单纯的学科教学就提高成绩，也无疑是只见树木不见森林的。

这个时候我们更需要诉诸"心灵管理"。通过这几年的持续不断的实践，我把"心灵管理"初步划分出了一个边界，权且拆分成如下几个部分，并制作了心灵管理划分图，如图 0-1 所示。

图 0-1　心灵管理划分图

可以说，如果一个老师加强了对学生心灵的建设和管理，那么他所带的班级或是任教的学科极有可能获得较好的成绩。我的实践结果告诉我，好成绩从来都是管理心灵之后的副产品。为什么？我们一起探一探究竟！

首先，如果一个人没有明确的学习目标和强劲的学习动力，那么他是没有学习激情的。试想，一个学生没有足够的学习动力，就好比一辆车没有发动机一般，是行之不远的。一个学生自己不想学，任凭老师们唾沫横飞、激情四溢，学生也是听不进去的。所以，如何唤起学生的学习内驱力呢？这就是本书其中的一章要解决的问题，叫作"心灵的承诺——自主性及动机管理"。

那是不是光靠打鸡血，学生就能够学好了呢？

也不是。首先，这与他的注意力水平有一定的相关性。苏联教育家乌申斯基曾说，注意力是一扇窗，知识的阳光只有透过这扇窗才能够抵达我们的心灵。其次，学习还和记忆力水平息息相关。青春期迎来了智力发展的黄金时期，而评价智力发展的关键性指标就是有意注意力、记忆力以及创造力水平的高低。本书也针对中学生的注意力和记忆力的训练展开了详细的论述，里面有很多具体而且可操作的方法，拿来就用，特别方便。

什么是自我效能感呢？老师们可以理解为对学习的自信心和自我评价，它是影响学习动力的重要中间变量。在本书的"心灵的力量——自信心及效能感管理"一章中就系统谈到了效能感的影响因素，而这些因素就是我们进行效能感管理的着手点，里面也有很多精彩的方法。

接下来，一个人对客观事物的归因方式和解释风格，直接决定了他接下来的行为行径。比方说，在面对学业困难的时候，一个学生总是怨天尤人，不把斗争的矛头对准自己而是对准外在，不在自己身上找原因，而总是去责怪老师没教好，责怪同学影响了他，抱怨爸妈没有给自己创造良好的条件，等等，那么他很有可能丧失学习的动力。那如何培养学生积极的心态呢？"合理归因，心向阳光"主题月就对这一主题给出了一些活动策划方案。

当然，学习策略和自律能力也非常重要。我们班曾经花了两个月的时间来践行两个字、一个词——"坚持"。我们成立了"自律与超越俱乐部"，参与人员还有家长。每个人都在这段时间严于律己，和自我斗争。我们提出的口号是"不自律就不是人"。这还在社会上引起了一定的反响。

如果说课堂是学习的主战场，那么情绪就是学习的大后方。我经常对老师们讲："如果一个学生大后方的粮草不稳，那前线必定丢盔弃甲。"情绪因素实在太重要了，所以西方很多学者都说，情绪是第一动因。

最后，中学阶段，学生开始在乎朋友圈子，在乎自己有没有被圈子"接纳"。因为学生在这个时候要开始完成一个人生重要命题——自我同一性。而他所处的圈子就是实现这个命题的重要途径。所以教会学生处理好圈子的关系也是非常重要的。在处理好关系的同时，学生成长的"触须"也必须重新收回来，慢慢地认识自我，挖掘自我，悦纳自我，最终能够和自我和谐相处。

本书的第一部分，是"自我赋能——心灵建设的硬件"，其目的是"自我赋能"，也是我们班级曾经系统实施的主题训练；每一章节都是按照重要性、活动实录、心育课堂三个层面展开，既有心理学原理，又有案例实操，可操作性强。我出去做讲座时也经常讲到，老师们特别喜欢。

  本书的第二部分，我命名为"自我激发——心灵管理的软件"，其目的是"自我激发"，这些软件是心灵管理的各种要素。考虑到它们既重要，但又缺乏系统实施的连贯性基础，于是，我通过大量具体的心育实践展开叙述，这一部分相对分散一些，没有第一个部分"聚焦"。但是不管怎样，我想，只要老师们把握住了这些因素的各种维度，就抓住了问题的"牛鼻子"，就有了高屋建瓴的制度框架，填充里面的素材就会因人而异，因时而异，因地而异，班级活动或是个案处理就会开始走上专业化的道路，这是真正的"为有源头活水来"。

PART 1

第一部分

自我赋能——心灵建设的硬件

第一章
记忆力训练

第一节　记忆力训练的重要性

　　中学阶段迎来了智力发展的黄金时期，而记忆力是智力发展的几个关键性要素之一。我们首先要搞清楚的是，初中学段的评价方式在很大程度上是考察"识记"层面的知识。言下之意是，考试要想得分的前提是必须大量记忆知识，即学生口中所说的"背多分"。不难看出，记忆力水平也确实是衡量学优生和学困生的标准之一。

　　一线老师都会发现很多的学习现象：

　　比如，学生常常以为"听懂"意味着"做得对"，但现实情况就是，即便他们听懂了，考场上也经常失分。真实的原因是，学生们忽视了大脑在悄悄地遗忘。还有一个重要的原因，就是课堂是一群人在互动，且有老师和同学在启发和引导，稍微说一个词、一句话，就能够调动我们储存的记忆，但考试是一个人在战斗，很有可能因为记的东西不够熟，老是想不出来。又比如，学生误以为"做过的题目，下次自然而然做得对"，但事实却相反，很多时候即便做了很多次的题目，下次再考查的时候，分数依然不能"收入麾下"。原因何在？其实也许第一次做的时候仅仅是"时间堆砌"的结果，知识的"敏感度"根本就不够，存在"记忆漏洞"问题，而在考试的时候，解答每个题的时间是基本固定的，如果敏感度不够，依然没办法从"记忆库"中调动出来。还比如，学生误以为记忆就是每次翻开书，从第一行第一页开始看。但其实，他们忽视了自己那种轻飘飘的"看"，是只停留在了记忆的

"存储强度"上，而没有涉及"提取强度"①，所以，考试的时候依然错误百出，想不出来。这个时候就需要他们跳出"记忆的舒适区"。甚至还有学生自暴自弃地认为，自己的记忆力天然就比别人差，所以也没有背诵和记忆的积极性。其实，他们也忽视了"马要吃回头草——天才就是重复次数最多的人"。我告诉学生："记忆需要策略，但最好的策略就是坚持和重复。"

结合以上现象和平常的观察与调研，我发现学生在记忆方面还存在着明显的问题，具体说来有以下几点：第一，学生在记忆方法和记忆规律方面存在着严重的认知空缺，常常导致学习效率极低，背过的东西要么不熟，要么存在着大量的记忆漏洞，知识体系千疮百孔。第二，记忆过程需要调动自控力资源和注意力资源，极容易让人感觉疲惫，这容易让很多学生半途而废。第三，记忆的内容很多处在学生的兴趣之外，学生主观认为很乏味，消极情绪较重。第四，大量一线老师缺乏记忆力的相关心理学知识，仅仅停留在喊口号和打鸡血层面，对于学生在记忆过程中出现的问题没能有效提取和解决。

既然记忆力这么重要，而且又存在着大量的现实问题，于是，对于记忆力的训练就显得尤为重要了。这是我们每一个老师应该去思考的问题，也是建设心灵的重点之一。

记忆是一种学习策略，也同时是一种学习习惯。既然是一种"策略"，自然需要记忆方法的指导，提升学生的记忆认知；既然是一种"习惯"，就自然要遵循"习惯"生成的机理和原则。我先结合我所带的班曾经开展的"记忆习惯月"来谈谈如何从制度设计上帮助学生形成良好的记忆习惯，然后再就"策略"的指导方面进行阐述。

---

① "记忆"两个字可以拆分开来理解。"记"就是存储的过程，"忆"就是提取的过程，存储和提取的次数可理解为强度。

第二节　蜗牛班记忆力训练实录

美国心理学作家查尔斯·都希格在《习惯的力量》一书的前三章就已经通过实验揭示了"习惯"的"回路"，即"暗示—惯常行为—奖赏"，如图1-1-1 所示。

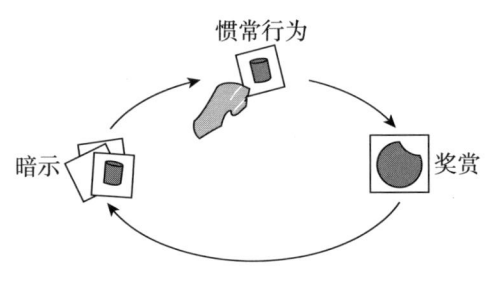

图 1-1-1　"习惯"的"回路"

在这条"回路"当中，"暗示"是一种习惯的线索，在什么环境、什么情况下，我们会用到这个习惯。"惯常行为"很好理解，就是到底应该做点什么，做哪些事情，用什么方式等。"奖赏"，就是在做完之后会得到什么好处。你要形成什么习惯和你要帮助学生形成什么习惯，首先得保证要凑齐这三个要素，三个要素缺一不可。值得说明的是，对于习惯的养成，行为很可能恰恰是三要素当中最不重要的那个，关键是你能不能给这个行为找到合适的线索和奖赏。

我得到了三点启发：首先，完整的习惯回路应该是需要进行设计的。其次，"奖赏"尤其重要，这应该是行为的动力。然而，这种奖赏需要在最初阶段依赖于外部的"规则奖赏"，所以要制定完善的奖励规章。最后，需要明确"暗示"的线索，就是说在何时、何地、何种状态之下，自然触发形成学生背诵和记忆行为的暗示。

记忆过程本身枯燥，但是把记忆活动捆绑在一个有意思和有意义的活动上，就能调动学生参与的积极性，也可以借此把"记忆策略和方法"这些枯燥的理论知识包裹一层"糖衣",方便学生吞服这剂良药。我观察到现在学生喜欢打"王者荣耀"游戏,里面的排位赛和段位名称也取得特别有意思,于是我巧妙地把记忆力活动嫁接在"王者荣耀"挑战赛上面。我们在期末考试前的一个多月进行了记忆"青铜"变"王者"的挑战赛活动,充分调动了学生的学习积极性,取得了不错的效果。

基于此,我做了如下的制度设计。

第一,赋予段位意义和价值。

等级	分值	要求讲解	奖励
倔强青铜	80分	小荷才露尖尖角之时,为师不为难你,只需要按部就班,每日若能拿下6分,那20天(注:除去假期,毛算20天,其实应该不止20天)能拿下120分。除去部分不过关的选项,积满80分应该不难。	1.奖励零食一份,奶茶一杯。 2.家长群通告表扬。
秩序白银	120分	要从"青铜"变成"白银",你应该满打满算地拿下120分(20×6)。偶尔老师赋分较高,你可以达到。	1.奖励零食一份,奶茶一杯。 2.期末有一份证书,题为"有为青年"。 3.家长群里通告表扬。
荣耀黄金	240分(加20分)	要成为名震一方的霸主,段位升至"黄金",你需要240分(20×2×6)的积分。如果你不小心到了此段位,为你再加20分进行鼓励。	1.犯错免责一次。 2.期末有一份证书,题为"好孩儿"。 3.手工烘焙一份。班主任和家长一起亲手做的哟。 4.家长群里通告表扬。
尊贵铂金	360分(加40分)	想要"黄金涅槃",你需要360分(20×3×6)。偶尔你需要等待3分,偶尔你需要完成5分的任务。	1.年初有一次换座位权利。 2.期末有一份证书,题为"好孩儿"。 3.手工烘焙一份。 4.东南亚特产一份。 5.家长群里通告表扬。

续表

等级	分值	要求讲解	奖励
永恒钻石	480分（加50分）	要想威震四海，笑傲江湖，你必须拿到480分（10×3×6+10×5×6），为师知道也不容易，但你需要借助加分。后期分值严重不够，还可以让科代表向科任老师提出"加内容加分值"。这样才能完成。	1. 奖励考试期间的温馨早餐一份。 2. 奖励和科任老师合照一张。 3. 期末有一份证书，题为"好孩儿"。 4. 手工烘焙一份。 5. 东南亚特产一份。 6. 家长群里通告表扬。
王者荣耀	520分	我也不知道，也许还需要运气吧！也许还需要机遇吧，你是不是那个"我爱你（520）"的幸运儿呢？	1. 奖励考试期间的温馨早餐一份。 2. 奖励和科任老师合照一张。 3. 期末有一份证书，题为"好孩儿"。 4. 手工烘焙一份。 5. 东南亚特产一份。 6. 享受一次老师专车接送。 7. 附赠一段神秘经历！ 8. 家长群里通告表扬。

温馨提示：本表格段位"分值"一栏还未曾经历过实践检验，若在实践中发现有不妥之处，我们可以按照比例做出相应调整。

非常明显，这就是基于"奖励"所设计的段位等级，是一种外在的"规则奖励"。制度设计的核心在于要让学生看到眼前的"胡萝卜"，需要画出一张"大饼"，这个过程是设置一个外围的"间接兴趣"，目的是调动学生参与的积极性。等学生在这个过程中充分体会到了记忆带来的乐趣，带来学业的进步，那么他们就更容易把"间接兴趣"转变为"直接兴趣"。

当然这张"大饼"肯定不能仅仅是"精神奖励"，还应该有物质奖励。物质奖励是随着段位的进阶而不断升级的，这是典型的行为主义激励模式。根据这张奖励规则表格，我在广告公司做出了第一张表格。

第二,明确识记内容。

"记忆王者荣耀"挑战赛			
今日:　　　离下一次月考还有　天			
科目	背诵内容	赋予分值	完成日期	检测形式
语文				
英语				
数学				
化学				
物理				
政史				

温馨提示:

① 由科代表当日去询问老师,每日识记内容。理科以公式为主,化学外加反应方程式和反应现象。

② 科任老师依据识记难度和容量赋予分值(1—5分),并规定完成背诵的相应时间。科代表将相应信息填入表格,进行公示。

③ 检测形式可以灵活,视情况而定,可分为背诵、默写、听写等。

④ 政治、历史轮换更新,物理偶尔可以空缺。

根据以上表格,我在广告公司做出了第二张表格,并贴在了教室的正前方。以下是某日科代表们填写并公示的内容。

"记忆王者荣耀"挑战赛				
今日：1.2　离下一次月考还有 15 天				
科目	背诵内容	赋予分值	完成日期	检测形式
语文	《鱼，我所欲也》	未讲完加 5 分 讲完再背加 3 分	把课文讲完	背诵过关
英语	第十单元日积月累 外加经典句型	3 分	1.3	听写
化学	课堂笔记	5 分	1.2—1.3	抽背
数学	知识汇总（实数）	3+1 分	未定	抽背
物理	无			
政史	《试题研究》P127 和 P128 勾画内容	3 分	1.4 之前	抽背

接下来，我还就"记忆时间指导"和"记忆过关督导人"设计了第三、第四张表格，如下所示。

记忆时间指导	
记忆时段	意义
早自习	记忆遵循"前摄抑制"规律。新的一天开始，记忆没有信息的干扰，如同空白，记忆效果普遍较好。
课间	"科学地换脑"等同"休息"。有效地进行学科交叉，信息干扰较少，效果较好；且课间时段短，更加适合文科记忆性学习，而不是理科思考性学习。 时间的"边角料"用好了，也可以织成知识的"百衲衣"。
6:00—6:30	无人管束，可大声朗读背诵。 吃饭过程，把记忆时段分割成时间片段，人为避免了"前摄抑制""后摄抑制"的信息干扰。 饭后 30 分钟，趁胃部"助消化"的血液"聚拢"之前，记忆达到黄金期。

记忆过关督导人	
语文背诵 过关抽查	黄静朵、郑雨渲、张睿、吴姗姗、沈海亮
英语背诵 过关抽查	殷振洋老师、廖欣怡、段声媛、张语恬
数学背诵 过关抽查	郑思怡、林巧、王国艳、蔡昭晨
化学背诵 过关抽查	周立彤、周奕杰、刘浩然、代易燃、刘忠政
政史背诵 过关抽查	黄大宁、黄静朵、刘妍彤、王庆苑、吴雨欣
物理背诵 过关抽查	由物理老师指定

"暗示"的线索从哪儿找？日常生活中最常用到的线索无非是三种：时间、地点、其他人。时间、地点很好理解，习惯往往是和时空绑定在一起的。我要让学生有一种意识，到什么点就应该干什么事，减少犹豫。规定"记忆内容""记忆时段"，并贴在教室的醒目位置就是为"记忆习惯"设置一种"触发器"。"其他人"的线索有二：其一，设置"记忆过关督导人"；其二，当身边的人都形成一种"氛围"时，对另外一部分群体也是一种有效提醒。

为了使得背诵过程正规化，我还制作了一张"加分卡"，用作学生加分的凭证。

蜗牛班记忆挑战赛加分卡

兹证明：
　　_____同学，在_____时间内，找我背过_____（科目）
的_____（内容），应该加_____分。
　　本人承诺将对本加分卡负全部责任。
　　　　　　　　　　　　　　　　　　　　　　　　　　　　抽背人：

如果学生能拿到厚厚一沓加分卡，这不就能起到一种很强的心理反馈作用吗？

第三，联系科任老师和家长，取得支持。

提前和科任老师做好沟通，目的在于引起科任老师重视，提前对需要识记的内容做好整体规划和阶段性拆分，要巧借"挑战赛"东风，把好钢用在刀刃上。尽量避免以下尴尬的情况：当科代表去询问背诵内容的时候，老师莫名其妙，临时抱佛脚，规定一些针对性不强的识记内容。

同时，需要和家长做好密切沟通，意图如下：第一，避免家校联系出现"真空"状态；第二，让家长用或旁敲侧击、或摇旗呐喊、或直接参与等方式对孩子进行鼓励；第三，号召家长自愿捐赠，对学生加重物资奖赏，充分引起他们重视。我的做法如下：

召开班级微信群会，介绍活动的意图和来龙去脉。在得到各位家长广泛支持和响应之后，号召家长出资 10 元/人，作为后期奖励基金，以自愿为原则。由家长委员会统一收取，保管，做好基金的收支明细。

第四，班会跟进，氛围强化。

加分和升级不是目的，而是手段。活动的过程也是"糖衣"而不是"药丸"。我希望通过开展该挑战赛，让学生增强对记忆重要性的认识，同时让学生在实践中慢慢掌握一些科学的记忆策略和记忆方法，为后期学习派上用场。于是，我在开展挑战赛的那个月还就记忆策略上了很多主题班会课。如"从中考考纲看'识记'"，这一节班会课主要是要学生看到中考对识记考查的注重，引入了"布鲁纳认知结构"金字塔等元素。还有"记忆的四驾马车"等班会课，都是根据具体的记忆科学策略来提升学生对记忆的认知。其间穿插了大量的小实验和互动，目的是让学生有切身体验，唤醒以往经验。

除了上好相应班会课以外，我还亲自为学生进行每周一次的加分。加分的过程，就是为了有和学生面对面、一对一的机会。这样我就可以就学生的相应情况，或给予鼓励，或给予支持，或给予疏导，等等。有时还要为学生设置一个头脑中的"假想敌"，让学生你追我赶，形成氛围。

在 20 多天的"记忆王者荣耀"挑战赛中，大部分学生表现出了极大的热情，为了争取积分和更高段位，他们抽空就开始背诵。"背诵内容"一栏常常"供不应求"。学习风气大大改善。最直接的结果就是，我们班在那个月的指标直接超越了以前任何时候，突围人数也大大增加。

但在此过程中，我同时发现了如下情况：

第一，记忆"贫富悬殊"拉大。记忆本身也是一种学习能力，所以学生之间势必出现强中弱之分。对"记忆的弱势群体"如何进行心理疏导，班主任应下怎样的功夫就显得尤为重要。

第二，"死记硬背"的现象也初露端倪。记忆本身也需要科学的策略，如果仅仅是为了"加分"去死记硬背部分内容，很可能只考查到了"短时记忆"，对于长远学习的益处并不大。所以，班主任还要在此过程中加强对记忆策略的指导。

第三，"制度设计"和"实践过程"的矛盾。制度看上去总是美好的，但还要放入实践中去检验才能够逐步发现问题。所以，一开始需要跟学生讲好，这些制度和条例都需要后期的"修正案"加以辅助。希望学生们在记忆过程中积极发现问题和反馈问题，然后一起解决问题。切莫盲目一刀切和一锤定音。

第三节　心育课堂：记忆的四驾马车

课堂目标

① 了解并理解学习中的一些基本现象，如"记忆漏洞""记忆抑制"等。
② 懂得记忆的几条基本规律，如先快后慢、过度记忆等。
③ 学会并尝试在学习中运用多维立体记忆、重复记忆等方法。

环节一：第一驾马车——遗忘周期与我们的记忆

师：以下是同学刘炳然出现的困惑，大家来帮他做一个诊疗吧。（呈现PPT）

【案例】

老师布置作业周末回家记单词，周一听写。刘同学耗费了大半个上午的时间去记忆，中途朋友邀约去打篮球都没有赴约。他很有成就感，觉得肯定能够得到老师表扬啦。因为这毕竟是一个大工程，很多学生没办法走完这条记忆单词之路，就败给了自己的惰性。

……

周一听写的时候，老师在上面开始念单词了，刘同学却在下面匆忙应付，很多单词都似曾相识但又模棱两可，老师又在教室四周巡视，心灵阵地已经溃不成军。结果刘同学交了一张写得七零八落的单子。

老师拿着单子，看着刘同学，很疑惑地问："你不是那种不听话的孩子呀？周末就不能腾出点时间去记单词？"

"老师，我记了的，我真的记了的。"刘同学很无辜地望着老师。

老师顿了顿，望着刘同学，也不知道该不该相信他。

……

师：你们有没有过刘同学这种情况呢？辛辛苦苦地花了大量时间，但学习效果却不尽如人意？

生：有。

师：那到底问题出现在哪里呢？

生：他没有及时复习。

师：对。我们接下来看一张图片（呈现PPT），这是一张艾宾浩斯遗忘曲线图，它揭示了遗忘的规律，同学们来总结一下最显著的一条规律。

生：记忆遗忘速度在最初会很快，接下来就会缓慢递减，直到一个趋于稳定的状态。

师：对了。再结合刘同学的情况，请同学们再次为他的学习情况做诊疗。

生：我想刘同学的问题肯定是以为自己记了就算完成任务了，潜意识当中给自己贴上了"完成任务"的标签，寻求了一种心理安慰之后，没有及时回过头去复习，所以效果就大打折扣。

师：那刘同学应该怎样拿回自己失去的领地呢？

生：也许重复就可以了。

师：对了，重复和遗忘的关系就是：重复的次数越多，忘得越慢。遗忘的速度并不是简单地与时间间隔成正比，而是先快后慢。所以重复的时候还要"先重后轻，先密后疏"。

师：那具体而言，落实到记忆方法上来看，那又应该如何找到一些策略呢？

生1：少量多次。因为之前已经花时间记忆过，所以接下来的复习就只需要零碎时间来完成就可以。每次的量也不需要太大，不需要非常大的负担，但是复习的次数一定要足量。

生2：利用零碎时间。我们可以利用小卡片随机记忆。在一天中的零碎时间随手翻翻，总会把失去的领地拿回来。

……

师（总结）：同学们都说得很好。记忆这个过程就像烧开水一样，前面一段时间需要加大火力，直到水已经烧开了，就可以减少柴火，用一把小火在锅下面保持着。这样，水不会因为釜底抽薪而降温；小火慢炖依旧让水温恒定在了100摄氏度。所以，刘同学的症结在于缺少了一把维持水温的"小火"。

环节二：第二驾马车——"记忆漏洞"与"过度记忆"

师：那你们有没有发现，即便我们有时候复习过，还是在考试的时候漏洞百出，就像有些同学最近一次的听写一样：单词明明是"silly"，却少写一个"l"，写成了"sily"；或是把"continue"写成"continu"，少写了一个"e"；"terrorist"更是记不住，好些同学只能写出一个大概——"terst"……

生：这可能是因为重复的次数还不够多吧？！

师：对了，这也一定是非常重要的原因。接下来我们讲讲造成"记忆漏洞"的关键原因之一：未能"过度记忆"。那什么又是"过度记忆"呢？（呈现PPT）

例如，要重复6遍才能全部记住30个英文单词，假设我们在重复6遍之后记忆效果为100%。如果我们再抽出时间来重复第7遍或是第8遍，使得这30个单词烂熟于胸，那么我们就把超出6遍的那些强化记忆过程叫作"过度记忆"。一般来说，为了牢牢地记住学习的内容，任何学习都应该过度学习，过度的程度在50%左右（因人而异），学习效果最好。

师："短时记忆"麻痹了我们的意识。请同学们结合"过度记忆"这条规律，再来分析一下听写单词漏洞百出的情况。

生：我喜欢在听写之前集中火力猛攻，随后马上听写，这样一个过程其实更加考查我们的短时记忆能力。我自认为我的短时记忆力好，听写的结果自然不会太差，有时候甚至能够全对。这个时候，我们的意识可能就像喝了"美酒"似的，被麻痹了，我们自认为我们已经过关。但是，试卷考查的往往是"长时记忆力"，要求我们能够从记忆的大海当中，随时提取我们所需要的"点"。但是，经过一晚上的睡眠或是更长一段时间，原本通过瞬时记忆记住的东西，只有一部分被存入了"永久记忆"，另外一部分呢，也没遗忘，处在"暂时记忆"和"永恒记忆"的过道上——迷迷糊糊。

师：剖析得十分到位。这就是为什么许多同学写出来的单词可能是"sily"，把"continue"写成"continu"，把"terrorist"写成"terst"的原因了。但是，我深信，如果给他一分钟的时间，哪怕是"瞟一眼"的时间，他的正确率都会大大提升。但是过度学习的遍数太多了，超过了范围，则会出现"边际递减"的情况，就会出现浪费时间的情况了。

环节三：第三驾马车——记忆的抑制现象

师：同学们还记得吗，老师多次要求大家在背诵的时候要把重要的内容放在最初记或是最后记，不要总是从第一段开始读背，为什么呢？这其实涉及一个记忆现象，叫作抑制。这里有一个实验。（呈现PPT）

心理学中有这样的实验：编出毫无意义的字词15个，定出顺序来按此顺序复述几次，每次都把记下来的字词打上"√"，没能记住的打上"×"。实验结果显示，差不多都是在中间第七或第八个的字词"×"号较多。[①]

[①] 佚名. 儿童复述记忆的方法有哪些 [EB/OL]. [2019-04-13]. https://www.xuexila.com/jiyi/danci/c437943.html.

师：这说明了什么情况呢？

生：最初及最后部分的东西较容易记住，而中间部分的字句不管重复几次都很难记牢。

师：原因在于，反复按照顺序记忆之后，后面的字词受到前面信息的干扰，回想的脑部活动将被抑制，这就是"前摄抑制"。前面的字词受到后面字词的干扰，则会发生"后摄抑制"，引起较难记忆的现象。[1] 因此，位于中央的字句，由于受到前后两方的抑制，便不容易记住。而且，我们总喜欢从第一段或是最开始去复述文本内容，最开始的内容重复的次数自然比较多，印象较为深刻。中间的内容或因某种原因中断的次数也比较多，所以重复次数较少，印象相对单薄。

师：基于以上原因，老师再给大家支支招：

（1）尝试着把重要的内容放在最初或最后去记。

（2）记忆大篇幅的材料的时候，可以采取分段记忆法，这样每段都有开头和结尾，就人为地制造了很多"开头"和"结尾"。

（3）合理地安排学习材料。尽量是前后相邻的学科性质不一样，防止抑制作用的发生。因为"同质化"的信息干扰性较大。比如，如果学了1个小时政治，不宜马上去学习历史或语文，最好是安排理科，也是为了避开前摄抑制和后摄抑制。

（4）合理地安排时间。很多人都说过早晨和睡觉之前是学习的"黄金时段"。因为经过一夜休息的大脑空空的，没有"前摄抑制"的影响。晚上学习过后就睡觉，不受"后摄抑制"的影响。

（注：我和学生经过反反复复的验证发现，这些所谓的"黄金时段"也都不完全适用。也有可能早上起来，没醒过神来，昏昏欲睡等。我们总结出来的"黄金时段"是，凡是经过切换大脑活动之后的那段时间都是"黄金时

---

[1] 前摄抑制（proactive interference），也称前摄干扰，在认知心理学上指之前学习过的材料对保持和回忆以后学习的材料的干扰作用。举例来说，当我们学习英语单词时，我们以前学习过的汉语拼音对我们的记忆有干扰，这就是前摄抑制，体现前面学习过的材料对记忆的影响。前摄抑制是造成遗忘的干扰原因之一。同样的道理，后摄抑制（retroactive interference），是指后来学习内容对先前学习内容的干扰。

间"。比如，上了一下午的课之后，吃完晚饭到晚自习前的半个小时，记忆效果也非常好。）

环节四：第四驾马车——多维立体记忆法

师：同学们，我们在脑中做一个思想实验。（呈现PPT）

有ABC三个人，背诵同一篇文言文或英语课文或数个单词，表现有如下三种状态：

A同学仅仅是坐在书桌前看；

B同学却大声地读出来；

C同学不仅大声读出来，而且动笔动脑。

假设ABC三个人的记忆能力和所处环境等因素都一模一样，请问谁的记忆效果更好？

生：C同学。

师：为什么？

生1：他更加积极，注意力会更好。

生2：是因为C同学动用了很多记忆的渠道，而其余两个同学记忆渠道是非常单一的。

……

师（总结）：同学们都数次提到关键词——"渠道"和"注意力"，也确实如此。因为A同学仅仅用了眼睛作为信息输入的渠道，信息输入量受到限制，且久之容易分散注意力。B同学能够大声读出来，这样一个简单的变化，其实就已经调动了三个或是四个感官渠道，让信息多管齐下地输入。C同学不仅读出来，而且动笔动脑，这个模式更好，五维感官——眼、耳、口、手、脑纷纷前来报道，这样就最大限度地扩张了信息入脑的渠道，记忆留存率会大大提高。这就好比河道，宽阔的河道承载的水流也自然更大——因为眼睛看过的信息被转化成音频信息被嘴巴读出来，嘴巴是否读得对就必须用到脑子和耳朵进行识别。读后的信息还要被耳朵听到。动手做标记，强调重点，手没有停下来，这就是"肌肉记忆"。脑子再去理解文本信息时，就能做到真正入脑入心，这是一种理解性的记忆。这也是记忆法中常常提到的

"多维立体记忆法"。

"多维立体记忆法"也称为"多通道协同记忆法",即把各种感觉器官和运动器官都动员起来,协同配合、共同参与记忆的方法。人们认识事物有多重通道,各通道的配合有利于掌握和记忆事物,也更易于在大脑内部建立各种便于"回忆"的联系。这种方法也就被广泛运用于学习,主要体现在把听、说、读、写、思和运用结合起来,适用于记忆各种性质的材料。①

研究表明(呈现PPT):

各种感觉吸收知识的比率有很大差异。一个健全的人的视觉、听觉、嗅觉、触觉、味觉五种感官吸收知识的比率如下:视觉占83%、听觉占11%、嗅觉占3.5%、触觉占1.5%、味觉占1%。从记忆效率上来看,只靠听觉获取的知识,3小时之后能记住60%,3天后只能记住15%;只靠视觉获得的知识,3小时之后能记住70%,3天后能记住40%;视觉听觉并用获得的知识,3小时之后能记住90%,3天之后仍可记住75%。②

师:所以,给同学们什么启示呢?

生1:我觉得首先还是要在理解的基础上去记忆。在理解材料之后,必须大声朗读。朗读出声能使精力集中,同时由于自己发出声音和听自己的声音这两种活动同时进行,两种感官协同"作战",所以对于大脑的刺激效果就能增强。同时,大声朗读还能够集中注意力,有利于克服外界信息的干扰。

生2:在必要的时候,比如语文的生字词、英语的单词、数学物理当中的公式等还需要动笔。

师:对!无论"读"还是"写",都属于"运动型的记忆",包含着小脑对于肌肉运动的记忆,也称为"运动记忆"。科学研究发现,"运动记忆"遗忘速度比较慢,有时甚至终生难忘。

……

师:希望今天这节心育课"记忆的四驾马车"能给同学们的学习带来

---

① 佚名. 多通道协同记忆法 [EB/OL]. [2019-03-12]. https：//wenku.baidu.com/view/628615b6a4e9856a561252d380eb6294dc88221b.html.

② 同①.

帮助。

在记忆力训练月，我还给学生讲了很多记忆的技巧和策略。比如，记忆的"存储"维度和"提取"维度；记忆的小规律，如先把它放在潜意识里，增加知识敏感度；等等。学生手里有了理论的"粮"，实践起来的时候，心里就不慌了。于是，在"记忆王者荣耀"挑战赛中也表现得越来越出色。我还记得，那一个月过后，恰恰就是期末考试，也得益于这个主题月，班级学风大大改善，很多学生都进入"指标"圈里了呢。

第二章
注意力训练

第一节 注意力训练的重要性

　　注意力是一扇窗，知识的阳光只有透过这扇窗才能够抵达我们的心灵。这是苏联教育家乌申斯基关于注意力的形象比喻。关于注意力的重要性，李笑来先生的观点很有意思。他问："最宝贵的东西是什么？"答曰："不是金钱，因为钱永远挣不完；也不是时间，因为时间一去不复返，而且对于每个生命个体都是相同的。最宝贵的是'注意力'，因为每个人的注意力品质有差异，也就决定了时间利用效能上有差异。"然而，当今社会，注意力已经成为一种稀缺资源——红尘滚滚，信息滔滔，诱惑遍地，大家都在争夺世人的注意力。面对这么多"注意力收割器"，一个中学生若能有宝贵而优质、长效且稳定的注意力，我认为也就拥有了搞好成绩的大杀器。

　　中学阶段是智力发展的黄金时段，而评价智力发展的关键性因素是"注意力（有意注意）""记忆力"和"创造力"。[①] 由此可见，注意力品质的培养是这一阶段的重要任务。很多差生就栽在注意力涣散上，因为有意注意力时间较短，而且经常被一些无关的信息干扰，导致遗漏重要知识，从而在知识结构上出现了"漏洞"，这类"漏洞"多了，就再也跟不上课堂节奏了。在课下，无论是作业也好，还是自主学习也罢，注意力涣散也导致在记忆系统中出现"空缺"，从而出现记忆不深、记忆不准、间歇性遗忘等问题。

　　我观察每一届的学生，注意力极好的人实乃凤毛麟角，注意力中下的确是普罗大众。极糟糕的人多半情况是只能在一节课上注意力集中十几分钟。

---

① 也有部分书籍和研究认为是观察力，如燕国材教授所著的《智力因素与学习》。

我曾经带过的一个蜗牛班，学苗在入口时就是经过筛选的，除了学习基础不好以外，注意力品质也十分糟糕。我在带班的头一个月，主题活动就是以"注意力"为核心而展开的。

但好品质、好习惯的培养，绝对不是"速成的"，而是"养成的"。而"养成"就是一个过程，也需要一个周期。处于塔基的品质和习惯，我需要一两个月的时间，以此为主题开展系统教育，而绝对不能浮光掠影、蜻蜓点水般地走走过场，否则是没有效果的。这个过程就像我之前提到的熏腊肉一样，由表及里，慢慢入味。①

第二节　蜗牛班注意力训练实录

为了营造一个主题氛围，班主任要让一切的活动都围绕着主题展开。营造一个主题氛围，一如营造出了一个"场"，学生心态和行为能因情境而改变。在注意力训练月中，我做足了前期准备。

前期准备

一、主题周记写作

（1）乌申斯基说：注意力是一扇窗，知识的阳光只有透过这扇窗才能够抵达我们的心灵。

（2）注意力（有效注意）是衡量中学生智力发展的关键性指标之一。

（3）易老师说，××在课堂上只能坚持听课10分钟，其余时间一直在神游，要么接嘴，要么讲话。

认真阅读材料，选取一个角度，举例分析注意力的重要性，并谈谈如何提高它。

---

① 《蜗牛班的"注意力训练月"》这篇文章发表在《班主任之友（中学版）》2017年第7/8期上。

要求：

（1）不必上网查找资料。

（2）联系自己的实际情况进行写作。

其实，写作的过程就是让学生自我反思的过程。学生一边写一边内省自己的行为，顺便揣度老师心意，在心灵上达成一定的契合度。

二、病历诊断书

在做作业或看书的时候，文慧会做一会儿就去耍一会儿。注意力不集中，小动作多，左摸摸右看看，容易受到外界干扰。做事粗心大意，虎头蛇尾，大题不会做，小题总出错。记忆力特差，单词、课文、知识点记不住，刚教过转眼就忘。总是做作业拖拉，一会儿要喝水，一会儿要吃东西，总是有各种借口。课堂随便插嘴、违反纪律，打扰老师教学。

```
                    病 历 书
病名：
病症：
病因：

治疗方法：
```

我专门拿出一节班会课，和学生做了"案例诊疗"。现象就是班上一个学生文慧（化名）的真实写照。

"病名是啥？"我问。

"做作业不认真……"学生回答。

"病症呢？"

"东摸西搞……"

"那同学们告诉老师，病因是什么？"

"注意力不集中。"

"那有没有治疗的方法？"

我把问题一抛出，就让学生就此展开讨论。我当然也有我的解决妙招，但这个过程还是交给学生，因为唤醒沉睡的意识也无比重要。那一节课，我就像开了一个听证会,让学生分小组就文慧同学的问题开处方,这次班会课很成功。

三、自创金句

我对学生说:"同学们,名人有名言,但草根也有草根的金句。以后我们的教室要用同学们的金句来装点,而不是名人的名言。同学们以'注意力'为题创造属于自己的金句,老师筛选出10句优秀金句,及时推送给家长,还会附上姓名和照片做成KT板,贴在教室外墙,供全年级师生来来回回观瞻……"

同学们一下子来劲了,于是也就确实出现了一些金句。

注意力是一匹野马,有强大意志力的人才能驾驭。——赵进才

决定老鹰抓取猎物的不仅仅是它的视力,还有它的注意力。——牟海源

……

做这些前期准备工作都是为了营造氛围,让学生能够明白老师的态度,及时调整行为。无论是主题周记写作、病历诊断书,还是自创金句,都是促成学生自我反思的过程,有利于促成学生认知与行为的焦虑感,这种焦虑感或许会引发学生行为的改变。用学生艾雅源的话来说就是:"在创作过程中,第一个想到的人就是自己;最容易得到的素材就是自己的问题……"

进程阶段

一、班会强化,认知重构

分别从"是什么""为什么""怎么办"三个维度入手对学生的认知进行重构。首先,注意力是什么?为什么重要?这些命题对于学生深入理解主题,明白老师的意图起着至关重要的作用。科学实践表明,学生明白了意图和知晓了原理,对于行为活动有一定的指导意义。接下来,从怎么办的角度,告诉学生一些学习方法。注意力训练月里面,我们着重上了以下四堂班会课:"注意力及其重要性""'三定法'的案例评析""如何提升课堂注意力""注意力专区——心流体验"。

班主任把管理工作做到这一步就够了吗?

当然不够！即便每周一次的班会课都是围绕着注意力去展开，但说是一回事，行动是另外一回事。自古就有"知易行难"的说法。即便班主任企图通过班会、说教、阅读、讲理等方式去唤醒学生的内在价值认同，也仍然存在着行动落实的问题。接下来班主任要继续思考的问题就是，如何重建学生行为，以期符合这一阶段的要求呢？

我把心理学的知识和初中生这一阶段的心理特点结合在一起，开展了符合具体班情的特色行为监管活动。

二、行为量化，重在自我监督和同伴互评

第一阶段：游戏导入，旨在激发学生兴趣（20天）

舒尔特表训练，坚持10天

舒尔特表可以通过动态的练习锻炼视神经末梢。心理学上用此表来研究和发展心理感知的速度，其中包括视觉定向搜索运动的速度。舒尔特方格训练表在 5×5、4×4、3×3 等方格内随机呈现 25、16、9 个数字，要求练习者以最快速度按照一定顺序读完或者点完全部数字，记录练习者所用时间检测训练效果，该训练集合了对注意的稳定性、广度、分配和转移等方面的训练。[①]

时间安排：每节英语课的课前 3 分钟的定时训练和放学后的 5 分钟，并记录时间。一开始，我说："同学们，准备掐表，一二三……计时开始……"一声令下，学生们迅速掐表，迅速看表。有时候，我还要故意唱一首歌，或讲个笑话之类的，故意制造一些干扰因子，并告诫学生不能为之所动。

与此同时，我对学生说："同学们，我们都要坚守忠于自我的原则。不要受到他人影响而盲目掐表，草率记录。我们不比起步，比进步；不比智力，比努力。只要是比昨天的自己更优秀，我们就心安理得。"于是，全班同学在每天训练的这一小段时间里都极为专注。

我还专门制作了如下的舒尔特训练表，用来帮助学生记录看表的时间。

[①] 傅鈜.浅析如何让乐器学习和舒尔特表有效结合来提高注意力[J].北方音乐，2011（6）：89.

6	25	5	23	8
19	21	16	9	22
3	2	24	7	10
15	18	1	13	11
4	20	17	22	14

训练次数	1	2	3	4	5	6	7	8	9	10
用时（s）										
训练次数	11	12	13	14	15	16	17	18	19	20
用时（s）										
训练次数	21	22	23	24	25	26	27	28	29	30
用时（s）										

一般来说，学生通过一段时间的训练，都会有非常显著的效果。学生通过表格的记录，就会发现自己这段时间的付出都是有显著效果的。第一次和最后一次的成绩两相对应，这中间的差距就是注意力提升的表现，学生的自信心就会因此大大提升。并且在一次一次的训练当中，学生对于训练的目的一次次清晰，也就明白了老师的良苦用心。这也有利于把这种集中注意力的品质和态度迁移到课堂和做作业的过程当中。

猜猜 90 秒，坚持 10 天

考虑到学生"长时间吃一个菜会生厌"，注意力训练月到了中期的时候，我也给学生换了一个口味。我们也在课前 3 分钟和放学的时候玩一玩"猜猜

90秒"的小游戏。

游戏规则如下：

① 所有学生闭上眼睛静坐，强调不能睁开眼睛，不能相互交流。

② 老师叫开始，学生开始在心里默默计时，当学生感觉到了90秒的时候就站起来，睁开眼睛。

③对照自己设定的秒表，算出"秒差"，最为接近90秒者获胜。

刚开始的时候，绝大多数学生都在相距甚远的时刻站起来，经过训练，学生渐渐找到感觉，最重要的是提炼出了很多集中注意力数数的小技巧，也就能够轻轻松松觉知时间的微妙了。在见到学生都能够胜任小游戏，脱颖而出的时候，我适时导向课堂的注意力、学习过程中的注意力，让学生真切地感受到投入注意力的过程就是认真浇灌的过程——你把注意力放在哪儿，哪儿就会开花。

第二阶段：运用积极目标和意志力的力量（15—20天）

我对学生说："同学们，我们前些时间的训练都还带着浓浓的游戏成分，是一种兴趣导向的训练，这些活动都能够使我们兴致勃勃、津津有味，但并非一切的学习都是那么有趣，相反，有许多学习过程往往会使人索然寡味或者令人感到困难重重，但又必须经此获得某些知识，所以后面阶段的训练可不能这样啦。中学生做事可不能总凭借着那点兴趣，而更多的是要靠意志力……。后期，老师决定，一定要把'意志力'引入训练过程，尝试着用'意志力'去约束同学们的注意力。"

那什么是"运用积极目标和意志力的力量"呢？这种方法的含义是：当自己给自己设定了一个要自觉提高注意力和专心能力的目标时，那么在非常短的时间内，集中注意力这种能力就有了迅速的发展和变化，由此可以提炼出"目标导向"和"意志定向"两个关键词。

途径一："三定法"指导下的计划

学生要在训练中完成这个进步。要有一个目标，就是从现在开始，自己要比过去善于集中注意力。不论做任何事情，一旦进入，能够迅速地不受干扰。于是，我要求我们班的学生采用"三定法"来提高自己的办事效率。

"三定法"即"定向""定量""定时"。

"定向",明确自己要干什么,这就是之前我们谈到的写计划。

"定量",这个任务大约有多少内容。比如,今晚有几个学科有作业?每个学科要做哪些内容?

"定时",每一个任务大约需要花费多少时间来完成。

我要求我的学生在"三定法"的指导之下,每天在完成家庭作业之前就把这一套东西全部写在《预册》①上面,使之可视化。比如,物理,内容是完成卷子一张,时间:7:50—8:30,大约40分钟。

一旦目标被制定出来,学生就非得严格按照这个目标去做。在这个过程中,我让学生做到两点:第一,尽量用自己的意志力去约束自己的注意力,即此时此地,我需要做的事儿就只有那么一件,我要无条件地在40分钟之内把物理试卷做完。第二,利用自己的好胜心,自己挑战自己,自己跟自己竞争和比赛。如果完不成,甚至还可以给自己规定一些惩罚措施,这些惩罚可以让家人监督完成,这样做的好处是,让你对没有直接兴趣的事,产生间接兴趣。

途径二:用意志力监控课堂注意力

课堂是学习的主战场。学生在课堂上能否集中注意力是学习成败的关键。但是很多初中生刚刚从小学升到初中,有效注意的时间非常短,稍不注意就走神。而初中的课业内容相对较多,如果有效注意的时间较短,课堂重点就被冲淡,知识的阳光不容易照进学生沉睡的心灵,那么注意力监控就显得非常重要了。第二阶段的课堂注意力监控是第一阶段注意力训练的延伸,是"三定法"效果的有效测试。如果说第一阶段的注意力集中训练是由兴趣引导,那么第二阶段的注意力集中训练则需要个人的"意志力"介入,心理学把这称为"元认知监控技能"。于是我设计了一张"课堂注意力监控表",用以学生自我监控注意力。

我对学生说:"训练开始请对自己进行一个测试,以40分钟的课堂作为一个单位,每次走神了就画上一笔。当完成这个任务的时候,其实你就已经

---

① 写《预册》是我所带班的一个班级习惯。其宗旨是提升任务管理效率。因为其中有一栏是"预计用时",故而称之为《预册》。

神奇地发现，自己可以 40 分钟专注地做一件事情了。监督自己的注意力然后画笔画，数量的多少不重要，重要的是给自己一个参考。看到能够量化的进步产生的多巴胺，让人有幸福愉悦的感觉。这就是为什么几乎所有的游戏都有一个等级制度。如果哪一天你专注于课堂或者作业而忘了画笔画，恭喜你，专注神功修炼成功！"

当然，在这个过程中，个人的力量总是有限的，人有时会屈膝于自己的惰性，所以我对学生说，"选好同路人"也很重要，选择一个离自己很近的同学，最好是自己的同桌，能够在彼此走神的时候温柔地互相提醒。于是需要在表格里填写一个或几个合作伙伴。

课堂注意力监控表									
姓名：			课堂注意力时间：			合作伙伴：			
科目	监控区	科目	监控区	科目	监控区	科目	监控区	科目	监控区
科目	监控区	科目	监控区	科目	监控区	科目	监控区	科目	监控区
科目	监控区	科目	监控区	科目	监控区	科目	监控区	科目	监控区
科目	监控区	科目	监控区	科目	监控区	科目	监控区	科目	监控区
科目	监控区	科目	监控区	科目	监控区	科目	监控区	科目	监控区

忠告

途径三：联系科任老师

班主任的力量是有限的，我虽然能够在我的课堂上经常提醒学生用好舒尔特训练表和课堂注意力监控表，但是假如语文和数学等科任老师未能够对这个行为继续进行强化，那么效果肯定是大打折扣的。所以，我专门召开科任老师会，把我对学生的要求给科任老师讲一遍，让他们在自己的课堂上也要腾出时间来关注学生注意力的情况。

途径四：建立家校联系，习惯外延

通过微信群以及微信公众号平台，我每周向家长们发出两篇关于注意力训练月的相关文章以及要求。第一周我推送了《别让三心二意"迫害"了你的注意力》。文章中，我陈述了学生做作业的现象：

当你在做作业或看书的时候，你会做一会儿就去耍一会儿。要么看看自己的手机QQ有没有人找，群里面有没有人聊；没有动静的话，你就百无聊赖地再握着笔写几个字；突然间感觉嘴巴有点"淡"，于是你的脑海之中电光火石地搜索着家里或许有吃的，突然间想到了以后，你就马上起身抓一把瓜子放在你的书桌面前，边吃边做；吃久了，你或许又想喝点水，然后又起身去端水喝；你仍然是边吃边做作业，又过了一会儿你又去上个厕所；接下来爸爸妈妈又让你去帮一个忙……。如此一来，你看看，你的注意力在这么一次简单的作业中就被分散了无数次。而当你已经慢慢习惯了这种模式，你的注意力差的习惯就已经慢慢产生了。所以，突然间要让你40分钟全神贯注地面对一节课，那真的是太难了。

随后，我又继续推送了相应的《〈预册〉指导原则——三定法》《分段听课法》《随堂附和法》《集中注意力的十个方法》《注意力的作用》等相关文章，让家长们也开始紧随班主任的步伐，一起监管学生。

反馈评价

一、过程性问题反馈

在注意力训练月进行过程的中期，也就是刚刚训练完了两周之后，我专门召开了一次班会——蜗牛班注意力训练月阶段性反思与总结。在上班会课之前，我又让学生先写了500字左右关于这两周注意力训练的问题与反思。然后在班会上，我们着重讨论了以下四个问题：

（1）记录两张表格的时候出现了什么问题？

（2）能针对问题提出解决的措施吗？

（3）对于如何提升舒尔特表格成绩，你有什么心得分享？

（4）老师监督有问题吗？怎么避免？

同学们根据反思和讨论都找到了进程中的诸多问题。比如，课堂注意力监控表会忘记记录；观察舒尔特训练表时也有焦虑情绪，看到周围人都开始记录时间的时候，自己总会慌乱；科任老师对学生的监督不够……

我们根据这些问题找到了相应的措施。容易忘记记录表格的同学，就选好一个"同路人"，相互监督和提醒；针对科任老师忘记监督的情况，专门设立一个注意力督员的岗位，代替老师的监督工作；针对观察舒尔特训练表时的焦虑问题，我们统一共识：忠实于自己内心，不和别人比，和自己比，不比起步比进步。

二、奖励先进

在教室外墙上，我做了一块"璀璨星空"的亚克力盒子。其中，有一个板块是"习惯之星"的评比，我们每周都会把"注意力之星"评选出来。评选的流程如下：

（1）小组内部商议推选，推选出小组内部两个"课堂精灵"。他们是课堂上"分神的次数"最少的而且相对比较活跃、爱举手回答问题的同学。

（2）利用班会的时间做3分钟关于"注意力提高"的演讲，而且我规定，演讲的内容不能假大空，只罗列实事，梳理自己进步的点滴。

（3）同学们投票，选出最真实、最打动人的9个人。

（4）9个人最后再通过一轮或数轮有意注意力的考核，留下4名同学成为一周的"注意力之星"，由班费出资表扬，并有机会把照片放入"璀璨星空"之中，由全年级的老师见证。

经过两个月的注意力训练，我在月末又让学生写了一次反思总结，并且访谈了班上过半的学生，谈到注意力训练过程中取得的成绩时，全部学生都表示有意注意力得到了非常大的提升。粗略统计，课堂上平均有意注意时间提高到了 20 多分钟，相对于以前十几分钟而言，已经有了长足的进步。班上最厉害的学生，平均每堂课的有意注意时间为 32 分钟。这也表明注意力训练月取得了阶段性的成果。

注意力训练月中的几堂班会课也值得一提。第一堂课，我受了吴修铭的《注意力商人》和李笑来《把时间当作朋友》这些书的启发，为孩子们上了一堂"经营注意力"的班会课。

第三节　心育课堂：经营注意力

课堂目标

① 懂得对于中学生而言，注意力和学习有着重要的关联性。

② 知晓注意力的作用，明白注意力不集中的危害，从而唤起学生对注意力要集中的认同与重视。

环节一：最宝贵的资源

师：同学们，你们知道吗，这个社会什么东西最宝贵？

生：时间。（学生异口同声地回答）

师：不对！因为上帝给每个人的时间都是相同的，给你 24 小时，也给别人 24 小时，你有他也有，怎么说是最宝贵的呢？

生（见这个司空见惯的答案被否定之后，马上改口）：金钱。

师：钱也不是，钱可以挣嘛。

生：是不是注意力？（有学生试探性地回答道，估计是由本月的大主题延伸而想到的）

师：在每个人的眼中答案是不尽相同的，但在我心目中最宝贵的就是注意力。同学们是不是想知道为什么？

生：嗯！

师：我不能马上告诉你答案，但我可以问大家几个问题吗？第一，同学们知道央视晚上 7 点钟的广告很贵吗？而凌晨 3 点的广告就没那么贵。为什么？第二，为什么很多公司都喜欢请大家耳熟能详的明星来做广告呢？第三，为什么电视台要争夺收视率？收视率指代的是什么？第四，为什么很多自媒体通过流量就能够挣大钱呢？

（这几个问题非常具有时代感，学生感到很新鲜，于是都积极思考）

生：晚上 7 点的时候也许是看电视的人多的时候，看广告的人也多，获得的注意力也就多……

……

（每个问题的答案都直指"注意力"这个词，学生回答的过程中也就明白了老师的意图）

师：注意力很贵，现在的商人都在竞相争夺我们的注意力。从某种意义上来说，注意力就是金钱。这点大家同意吗？

生：同意！

师：那注意力对于我们中学生而言又有什么意义呢？我们首先来做一个活动。

环节二：注意力的作用

游戏规则：

① 大家手拉手围成一个大圈，先伸出左手掌心向下，再伸出右手，食指朝上，再把你的左手放在紧挨同伴的右手食指上。

② 老师读故事《乌鸦和乌龟》，当出现乌鸦、乌龟这两个词语中的任何一个时，请马上用左手去抓同伴的右手食指，同时把你的右手食指快速从同伴的左手下逃出来，这就叫"左抓右逃"。

③ 如果你的右手食指被抓住，或者你的左手没有抓住别人的右手食指，那么你就失败了，做两个蹲起。

引导语：森林里有一座小小的城堡，里面住着可怕的巫婆和他的仆人乌鸦。突然有一天，天上慢慢飘来一片片乌云，转眼间就乌黑乌黑的，什么也看不见，不一会儿就下起了大雨。在狂风暴雨中，巫婆听到有人在敲门，开门一看，原来是一只乌龟，还有一只乌贼。它们要求巫婆让他们进屋。巫婆同意了，可是乌鸦不同意，它和乌龟是多年的宿敌。雨越下越大，大家也越吵越凶，乌贼指着乌云对巫婆说："雨这么大，乌鸦却不让我们进去，我和乌龟都会生病的，再不开门，我一定会让你的城堡变得乌烟瘴气。"最后，巫婆还是没有给他们开门。没多久，雨停了，太阳出来了，乌云也散了，巫婆和乌鸦这才打开门，看见乌龟已经冻得缩成一团。

学生们爱玩，课堂氛围也很热烈。学生完全被引导语中的几个"wu"字搞蒙了！但有些同学一定是全部逃脱，可以分析原因；每次都失败的同学也一定有，也要自我反思。活动之后让学生进行分享，从而也就得出了注意力的作用。这个过程需要引导学生进行，热闹背后一定需要冷静地思考注意力的作用。

师：活动做完了，大家也都感觉到注意力的重要性了。那同学们能不能谈谈注意力到底有哪些作用呢？

生1：监督自己的作用。

生2：还有甄别信息的作用。

……

师（总结）：同学们刚才分享的成败经验，加在一起就是注意力的作用了。

首先，选择和保持功能。

注意可以把精力指向老师的讲解和其他学习目标，排除与学习无关的不利影响，选择自己所需要的学习内容和实践。注意力集中的人更能够把所关注的东西记住。有心理学家做过实验：注意学习记忆材料和不注意学习记忆材料，效果相差9倍。可见，注意力集中的人无论在自主作业还是听课效率方面都有明显的优势。

其次，调节与监督功能。

注意可以使人的大脑某一个或某几个机能区保持兴奋，使人积极思考，与此无关的东西则被抑制，被抵挡在了外面，从而保证学习活动的顺利进行。另外，注意可以使人的感知、观察、记忆、思维效果增强，因而减少错误。① 很多同学经常都说自己犯了不该犯的"小错误","粗心大意"等,都是因为不善于调节和监督自己的学习活动。如果能够提高注意力,就可以少犯或是不犯这类"粗心"的毛病。

由此可见,增强自己的注意力,提高自我的注意水平,能够专心致志一心一意地干事情,对于中学生来说,确实非常重要。

环节三:注意力不集中的危害

师:魏书生把注意力比喻成聚光镜的焦点,没有它,燃点再低的物质也不会燃,没有良好的注意力,再浅显的知识也记不住。苏联教育家乌申斯基曾说,注意力是一扇窗,知识的阳光只有透过这扇窗才能够抵达我们的心灵。法国生物学家乔治·居维叶说过,天才,首先是专注力。那同学们结合自身经验,分享一下注意力不集中的危害有哪些。小组之内先交流,然后分享。

生1:办事时总是丢三落四,如经常忘记学习用品放在哪里。我妈妈经常说:"你生命的一半时间都在找东西和在找东西的路上。"

(众笑)

生2:我学习上容易分心散漫。上课难以集中注意力,对课堂内容一知半解。作业拖沓,学习时易走神、发呆、被无关事情吸引,导致学习费时、效率低下。

师:有类似问题的同学请举手。

(几乎全班中招,无一幸免)

生3:我这个人抗诱惑和干扰的能力差,上课时小动作多,如玩铅笔、玩橡皮、玩课本、撕书等,容易导致课堂上违规、违纪等情形,容易给老师造成我不喜欢这堂课的误会。

生4:还容易错误理解、轻视或疏忽别人传递信息的真实含义,致使人缘不住。有一次……

师:谢谢同学们真诚的分享,注意力其实是一种有效但有限的资源,管理好、分配好这份稀缺资源我们才能够取得成功。爱因斯坦曾说,吻一个漂

---

① 王平. 如何培养学生学习注意力的新探[J]. 中国校外教育(理论),2007(9):115.

亮姑娘还能稳稳地开车，说明这个人吻得不够专心。

（众笑）

师：要想取得成功，有时候真的要进入一种"心流"的境界，要进入一种忘我的状态，注意力的闸门仅仅开出一条口子，让全神贯注的能量流入学习的田野。我们来看看以下几个故事。

（故事分享：常昊学棋；陈景润思考撞树；爱迪生忘记婚礼大典）

师：这些例子都告诉我们，学习工作效率高、成果好的人都是有良好的注意力的。注意力是一切智力活动的保证，良好的注意力可以使人最大限度地发挥自己的潜能……。既然同学们已经意识到注意力的重要性了，最后一个活动，我们要创造以"注意力"为主题的金句了。

环节四：注意力金句创作

于是就有了前文所提及的"草根金句"创造赛。这堂课趣味性和互动性很强，学生参与度也很高。课程目标非常简单：其一是让学生重视注意力；其二是通过分析注意力的作用和注意力缺乏的危害来唤起情绪，升级认知。接下来，班主任就要从"怎么办"入手来培养学生的注意力。

为期两个月的注意力训练月活动落下帷幕了，我们班也借此机会培养了一些好习惯，如填写《预册》。我们还分析了注意力不集中的五大原因，并且教会了学生在课堂上管控注意力的很多小妙招，如整理老师思路法、随堂附和法、分段听课法等。学生了解并感受到了有一种注意力高度集中的美妙状态叫作——"心流"，而达到心流的最好方式是让任务难度和能力匹配。我把大量的心理学知识融入学生课堂一线的学习过程中去，带来了落地可实践的方法，收到了不错的效果。

第三章
自控力训练

第一节 自控力训练的重要性

　　自控力又称自制力，是善于控制自我的能力；也是指个体在不受他人影响的情况下，进行自我延迟满足的过程；是个体能制订、执行计划，并对自己的行为进行调控保证达成目的的能力。我们经常谈到的"坚持"就是它的"孪生兄弟"。自控力（自律力）是人的一种意志品质，即善于控制和支配自己行动的能力。这是一个人成功的重要因素。自控力是自我意识的重要组成部分，是个体从幼稚走向成熟的标志；直接影响着学生学习、生活、社交以及人格品质的发展。已有很多研究显示，适度的自控能力对积极乐观态度、自信心等身心健康指标有着不可忽视的作用。国内学者徐宏图等人的研究表明，低自控力的孩子与很多不良行为有关，如吸烟酗酒、成绩不良、学业期待低等。对孩子而言，它比智商更能影响孩子的成绩，尤其越往高年级，越需要自控力来管理其学习和生活。国内外的大量研究表明，自控能力是儿童成为优秀学生的必要条件。[①]

　　高尔基说过，哪怕对自己一点小小的克制，也会使人变得强而有力。我们发现，升入高年级，学习压力会越来越大，时间会更紧张，生活节奏会更快。如果没有自控力，面对枯燥的学习生活，孩子很容易选择逃避或放弃。在我的蜗牛班，有很多的孩子在心理疏导和状态激发之下，有了学习的动机，可因为缺乏自控力，很有可能学习中一遇到困难就退缩不前，自己也处在沮丧和懊恼当中。

[①] 李晖，等. 儿童自我控制干预的研究综述 [J]. 中小学心理健康教育，2016（1）：4-7，11.

所以培养孩子的自控力，就相当于给了孩子自信和力量，给了孩子成功的未来。很多研究都发现先天的智力并不是做成一件事的核心，很多人总是觉得自己不够聪明，但更多时候是缺乏自控力。有一个与自控力相关的非常著名的实验，叫作"延迟满足实验"，也叫作"棉花糖实验"。研究人员找来数十名儿童，让他们每个人单独待在一个只有一张桌子和一把椅子的小房间里，桌子上的托盘里有这些儿童爱吃的东西——棉花糖、曲奇或是饼干棒。研究人员告诉他们：可以马上吃掉棉花糖；或者等研究人员回来时再吃，这样可以再得到一颗棉花糖作为奖励。他们还可以按响桌子上的铃，研究人员听到铃声会马上返回。对这些孩子来说，实验的过程颇为难熬。有的孩子为了不去看那诱惑人的棉花糖而捂住眼睛或是背转身体，还有一些孩子开始做一些小动作——踢桌子，或拉自己的辫子，有的甚至用手去打棉花糖。结果，大多数的孩子坚持不到三分钟就放弃了。一些孩子甚至没有按铃就直接把糖吃掉了；另一些则盯着桌上的棉花糖，半分钟后按了铃。这一实验持续多年。从1981年开始，研究人员逐一联系已是高中生的653名参加者，给他们的父母、老师发去调查问卷，针对这些孩子的学习成绩、处理问题的能力以及与同学的关系等方面进行提问。

沃尔特·米歇尔（Walter Mischel）在分析问卷的结果时发现，当年马上按铃的孩子无论在家里还是在学校，都更容易出现行为上的问题，成绩也较差。他们通常难以面对压力，注意力不集中，而且很难维持与他人的友谊。而那些可以等上15分钟再吃糖的孩子在学习成绩上比那些马上吃糖的孩子平均高出210分。实验并未就此结束。米歇尔和其他研究人员继续对当年的实验参加者进行研究，直到他们35岁以后。研究表明，当年不能等待的人成年后有更高的体重指数并更容易有吸毒方面的问题。[①]

所以，我也经常跟学生说："只要智力不是太拖后腿，自律可以帮助你实现很多你可能想都不敢想的事情。可能你和另外一个和你差不多聪明的人的差距就在自控力上。"可是这样一份重要的能力（非智力因素）却常常被

---

① 佚名.心理学实验的启示：孩子未来的成功并非因为智力[EB/OL].[2019-05-17]. http：//www.openlab.co/forums/thread/352808/1.

老师们所忽视。

第二节　蜗牛班自律与超越俱乐部实录

在我心目中，自律是心灵的韧劲。一个人有多自律，心灵的韧性就有多强。于是，我很想在我的班上专门腾出一段时间，主题聚焦在"自控力"上，搞一些活动，唤起学生内心对自控力的重视，也企图播下一些自控的"种子"，终有一日它们长成参天大树，伴他们一路披荆斩棘！

搞一个自控力训练月的想法一直在我心中酝酿发酵，当然我也做了很多准备。但是导火索还是下面这件事：

一天，一个母亲急匆匆地来到我的办公室，说："老师，请原谅我没有事先和您预约，我必须向您汇报一点急事。"原来，孩子沉迷于智能手机和"王者荣耀"，常常深夜趁着家人睡觉的时候起来和班上同学打排位赛。这个妈妈是通过解锁和观察浏览记录才发现的这些问题，于是联想到孩子屡禁不止地使用智能手机问题，才到办公室来汇报这件事。

据此，我暗中摸排之后也确实发现，班上有好大一部分学生都在背地里打这款游戏。如何帮助学生转移游戏的注意力，代之以另一学习习惯，就成了我的当务之急了。

前期预热

教师准备：阅读文献与书籍。

教师作为班级习惯的引导者和建构者，必须要让所有的行为都有理论和科学的归属，不能只是拍拍脑袋做出没有依据的决策。于是站在巨人的肩膀上就是有效途径之一。在正式开展自控力训练月的前夕，我阅读了大量的文献作为准备。在完成《自控力》《心理学与自控力》《小决心》等书籍和十几篇文章的阅读之后，我开始酝酿在班上要实施的一系列措施。

教师准备：发表演讲——家长和学生动员。

班级危机也可能是转机，我借智能手机和网游的整风运动，把家长和学生都召集到一起，在提出要求之后发表了一次题为《从延迟满足谈起——自律给我自由》的演讲。演讲中，我首先谈到了20世纪60年代，美国斯坦福大学心理学教授沃尔特·米歇尔设计的著名的关于"延迟满足"的实验（该实验内容见前所述）。

最后我做了一个类比：

"……眼下这款爆火的游戏就好比实验中的那个棉花糖，如果各位想未来有更大的利益在等着你，请你暂且把它放到一边。你的自律终究让你们成为自由的人。"

在慷慨激昂的演讲过后，学生和家长纷纷表示愿意和老师一道，管控好智能手机，管控好自己。

活动一：成立自律与超越俱乐部

现在是"互联网+"的时代，充分利用好互联网的各类平台有利于推进教育教学的进程。于是，成立名叫"自律与超越俱乐部"的微信群，并给出了《自律与超越俱乐部策划书》，如下。

口号与目标：自律给我自由

自律内容：自己选择一个或两个急需用意志力改正的坏习惯或是要培养的好习惯。如：戒烟；管控手机使用时间；坚持锻炼身体；坚持每天重做5道数学错题；坚持每天听写单词；坚持每天写时间管理计划表；坚持每天练字；坚持天天写日记；等等。不能选择自己已经坚持或自控力较强的领域，如我不能够选择天天写文章，因为这个习惯是我已经培养出来的。必须选择逃离"舒适区"这类任务，如成为腹肌男。这就需要绝对的意志力介入了。同理，学生和家长不得选取正在坚持，或已经培养出来了的习惯或事件。

俱乐部入会门槛

家长（任意一位）和孩子共同参与原则，缺少其中任何一方不得参与俱乐部。

量身制订属于自己的"坚持计划"。《坚持计划书》包括家长自身的计划书和孩子的计划书。缺少计划书者不得入会。

自愿缴纳会费 50 元。

奖惩措施

家长和学生双方履行计划书上相应任务连续 1 周（7 天）的，可获得殷老师独家准备的相应礼物一份。（礼物是惊喜，不提前透露）

家长和学生双方履行计划书上相应任务连续 2 周（约 15 天）的，可一次性发放红包 10 元。

家长和学生双方履行计划书上相应任务到期末考试的，可一次性获得 60 元红包。

若是挑战失败，50 元会费不予退还，自动转入下一期的奖励经费之中，作为挑战成功者的奖励经费来源。（假期还会进行一期为期 30 天的挑战赛）

附注：财务全部公开，由俱乐部部长殷老师和俱乐部财政部部长统一监管。财政部部长管钱，殷老师管账。绝不以此为目的，侵犯家长的财产。

活动原理：研究发现，意志力是可以传染的，当我们看到或是想到自控力强的榜样的时候，也可以增强我们的自控力。同时，我也坚信，一个人可以走得更快，但一群人可以走得更远。

活动二：写"两个自我的对话系列日记"

与此同时，我还要求学生写日记。

要求：

学生每天必须写"两个自我的对话系列日记"（见图 1-3-1），直至期末考试。

3—5 句话，100 字左右，

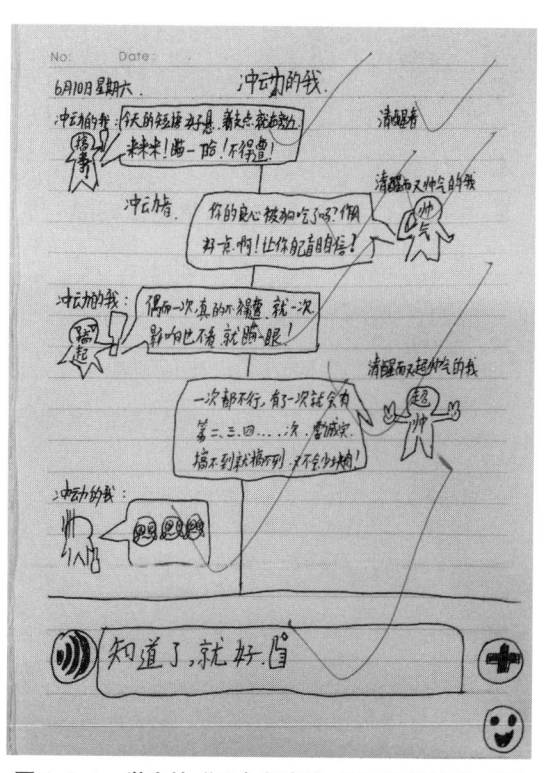

图 1-3-1　学生的"两个自我的对话系列日记"截图

言简意赅，简明记录当天在意志力角逐当中胜出的一方。不能多写！只能100字以内。

注：不愿意给学生造成课业负担；相对于冗长来说，简易记录更是一种能力；老师坚持每天批改。

活动原理：我们的头脑中总是有两个自我（控制的自我和冲动的自我）在斗争，所以日记反思本身就是让学生在此过程中不断认清自我，看清楚并描绘出两种相抗衡的想法，积极扶持理智我。同时，坚持记日记也是一个锻炼自控力的管控行为。

实施阶段

在拟定了两个活动的草案之后，我首先是通过家校讨论的方式来获得活动的"正统性"，即这个活动必须是得到家长拥护和支持的活动，是一个他们都觉得有意义且愿意参与的活动。在家长们纷纷表示配合和支持之后，我就大张旗鼓地开始动员学生和家长参与到活动当中。但是要想让活动更完善、更正规、更落地、更持久，我还通过以下步骤培训引导家长和学生参与到打卡行动当中来。

步骤一：签订《自律与超越俱乐部三方协议书》

形式和内容同等重要，签订三方协议书的过程本身就是为活动加权的过程。同时，在活动初期就能够明白家长、学生、教师三方的责权利，也有利于加深家长、学生对活动规则的理解。

自律与超越俱乐部三方协议书

尊敬的家长/亲爱的同学：

你好！感谢参加自律与超越俱乐部。这说明了你本身有欲望提高自我。如果我们能够牵手在一起，唤醒你心中那个沉睡的巨人，那么于我们彼此来说将是人生幸事。如果你开始给自己套上了一个自律的紧箍咒，那么超越迟早会产生；如果你稍微延迟一下对自己的满足，那么也许未来会获得更大的好处和利益。

所以加入此俱乐部，你需要遵守相应公约：

① 家长和孩子自愿且共同参与原则。

② 家长和孩子必须制订出一份可以执行的《坚持计划书》，并需要审核。

③ 家长和孩子需要履行承诺，坚持天天在俱乐部里打卡，并用手机编辑一小段关于坚持做事的心情，可长可短，晒在群里。由老师转给住读学生看。

④ 每个参与学生必须坚持写"两个自我的对话系列日记"，日记不必太长，100字以内，记录自己坚持做事情的心情或者纠结时候的心路历程。

⑤ 每对入会成员需要自愿缴纳50元的俱乐部会费。

家长义务：

① 履行自己的那一份计划书。

② 坚持天天打卡，签到。

③ 坚持督促学生完成计划内容。

④ 坚持写一段反映心情或进行反思的话。

⑤ 家长挑战失败之后必须上交1000字的《情况说明书》。

学生义务：

① 履行自己的那一份计划书。

② 坚持天天打卡，签到。

③ 坚持完成100字日记。

④ 坚持督促家长完成任务。

⑤ 学生挑战失败之后必须上交1000字的《情况说明书》。

老师义务：

① 建立平台。

② 定期推送相关学习文章，让家长了解相应进程状况。

③ 负责期末考核计划书上的完成内容，并发放相应奖励。

④ 记录并公开俱乐部总开支。

⑤ 作为家长和孩子之间的强有力纽带，可以适时为孩子呈现家长努力的照片。

⑥ 负责检验审核《坚持计划书》制度的科学性和合理性。

我们坚定地相信：

一个人可以走得快，但一群人可以走得更远。

一些东西只有放在阳光底下才能够防止惰性的霉腐。

家长签字：

学生签字：

老师签字：

步骤二：制订属于自己的自律与超越俱乐部之《坚持计划书》

执行力失效的一个重要原因是计划本身不合理。很多家长和学生在制订计划之前就存在好高骛远、急于求成的心理，恨不得把自己全身的毛病都一次性解决，这势必在今后执行的过程中路漫漫其修远兮，道阻且长。班主任要有对活动情况的预见性，就要对学生和家长的目标制定进行必要的培训，对计划书严格把关，严格审核。

我建议我的学生和家长制定"小决心""小目标"，并教给他们以下八个原则：

① 目标要小——可以立即行动。

② 目标的由来——谈谈缘起，动机。

③ 目标可量化——可以看得见。

④ 目标要被监控——确定监督人。

⑤ 目标需要汇报——确定汇报方式。

⑥ 目标完成的时间——用什么时间完成。

⑦ 目标预期达成——目标达成到何种程度。

⑧ 目标评估方式——方便考核。

我还制作了格式统一的自律与超越俱乐部之《坚持计划书》，让家长和学生填写。

自律与超越俱乐部之《坚持计划书（学生版）》

计划目标：

缘起：

执行人：

执行监督人：

方法：

完成时间：

达到的熟练程度：

汇报方式：

评估方式：（可以和"汇报方式"一样，如果是记单词，殷老师可以亲自测评）

附：

时间	计划内容	想对自己说的一句话	自评（10分）	监督人测评（10分）
6月9日				
6月10日				
6月11日				
6月12日				
6月13日				
6月14日				
6月15日				
阶段一测评：				
6月16日				
6月17日				
……				

最后，我发现学生的目标多是以学习为中心展开的。如：每天额外完成5道数学错题，每天额外记忆10个单词，等等。而家长的目标则是五花八门：有的家长决定"每天给年迈的父亲打一个电话"；有的家长决定"每天朗读一篇美文，上传到喜马拉雅APP"；有的家长决定"每天跳一场坝坝舞"……。家长学生齐上阵，都希望对方见证彼此的自控力，相互影响，彼此支持。

步骤三：过程监控，相互支持

我们规定，只有家长和学生的"计划书"都获得审核通过之后才有资格"扫码入群"（但仅限于家长）。入群的家长纷纷开始在俱乐部里打卡并且简要汇报目标完成的情况。但在这个打卡的过程中也存在一个主要问题：缺乏精神支持。造成问题的原因主要有二：其一，大家忙着自说自话，自打自卡，也就忽视了同辈的动态；其二，计划在实施的过程中也会遇到方法上的困惑。

针对以上两个情况，我要求俱乐部里面的各位家长都进行自我介绍，相互关注，相互鼓励，并且相互答疑解惑。如，孩子坚持一段时间后提出玩手机的要求，到底要不要满足？又如，中断性的自控力会不会失效？等等。与此同时，我也从科学实证的角度开始给家长们出谋划策，在过程中适时发一些文章给他们阅读，如《对抗诱惑，不让你的目标搁浅》《你的牙齿，藏着你的自律》《坚持后的"放纵"》《试运行小目标》等，用以升级家长的认知，提供切实可行的方法。

反馈与评价

活动反馈

一个班级活动实施到一定的阶段之后，必定要有一定的反馈和评价。一个月以后，我向家长问了如下问题：

参与自律与超越俱乐部给你带来了什么？

完成任务的过程中，你有什么心得或者启示？

完成任务的过程中，还有没有需要完善的地方，如何改进？

家长们根据问题开始进一步反思，纷纷留言，表现得极为热忱。留言深广，极具质量，为此，我还把家长们的反馈整理成了名为《薪火相传》的小册子。

有些热情的家长还通过录制视频的方式来感谢自律与超越俱乐部所带来的一系列想象不到的意外收获，我也把视频剪辑出来上传到了腾讯视频平台上。

活动评价

在活动结束之后,就要对学生和家长的行为给予考核,考核就要有标准。标准的制定一定要尽量考虑周全。鉴于此,我特意制定了《自律与超越阶段性考核办法指导纲要》,作为阶段性评价的标准。

自律与超越阶段性考核办法指导纲要

考核方式:自评、互评。

除了学生和家长自评以外,我会抽取部分学生和家长进行考核。

＿＿＿＿＿＿(填写学生姓名)自评				
学生的目标是什么		家长的目标是什么		
学生是否完成目标	自评分数	家长是否完成目标	自评分数	
如果未完成请写出原因				

对自评分数做如下说明:

满分10分,及格分为6分,优秀分为8分及以上。

忠实自己内心的原则。

参考标准如下:

1.家长是否坚持每天完成任务并打卡,学生是否坚持每天完成任务并打卡(部分住读生需要找相应老师打卡,则不需要上传照片)。

标准:如遇特殊情况,有一天两天中断并说明原因,可视为完成该项任务。中断天数大于2天则挑战失败,自评分数为6分以下。会费不予退还。

2.家长目标是否达成,学生目标是否达成。

标准:如果家长达成目标,学生未能达成目标,则视为挑战失败。学生自评分数则为6分以下。家长未能完成目标,而学生完成目标,视为挑战持平,家长自评分值为6分以下。可返还50元会费。

3.在完成任务的过程中,学生的情感态度。

标准：主动且非常配合；被动但愿意配合；被动且不愿意配合。

前面两项标准已经失败了，则不用参考这一条标准。如果前面两项指标完成了，可以适当考虑这一条。

4.完成目标的熟练程度。

标准：完成且非常熟练或者效果非常不错；完成但不熟练或者效果一般。

前面两项标准已经失败了，则不用参考这一条标准。如果前面两项指标完成了，可以适当考虑这一条。

附注：①自评分数值相对主观，各位家长内心自有标准。如果自评表为合格，我们退还50元。优秀则奖励10元。不合格或者未完成，会费不予退还。

②但凡打了合格及以上分数的，老师就需要考核。谢谢合作。

③家长和学生一起商量着来。

通过自控力训练，大多数学生和家长都表示自己非常感谢这个俱乐部，因为他们培养了很多好习惯。俱乐部的会员之间也建立了深厚的友谊，正如龙渝川妈妈所言：

第一次和孩子一起参加了这次自律与超越俱乐部的活动，说实话很感谢殷老师给我们搭建这个平台，让我在这个活动中认识了很多优秀的家长，也见证了他们的坚持。

回想短短的几周，有汗水，有感动，更多的是坚持。每天余林峰妈妈好听而又励志的声音伴随着我开始一天的工作，听着她的声音感觉心情很舒畅。还有伍同学妈妈每天与她父母有意思的聊天记录，也让我有所触动……。不坚持不知道，原来我也能做到。

为期两个月的自律与超越俱乐部带给大家满满的感动。家长的《坚持计划书》五花八门，远远超出了我的预期。有的家长决定每天跳一场坝坝舞。有的家长为了训练自己的普通话，决定每天朗读一篇亲子美文，并上传到喜马拉雅APP。有的家长决定每天读书，要读完蒙台梭利的论著。还有一个家长的小目标是每天给年迈的父亲打一个电话，录音，然后转化成文字，整理成一个亲子联系簿。起因非常简单，她觉得人到中年，上有老，下有小，然而基本上都是把精力和时间放在小孩子身上，忽视了对父亲的关照，于是她决定重拾那一段美好的亲情，好好经营。所以，每天要给父亲打电话。刚开始打电话的时候，她父亲莫名其妙，总觉得是不是她生病了，将不久于人世，闹出了一些笑话。也并不是一开始就有话题，只能聊聊饭点的那些事，不过坚持下来之后，聊天的话题也开始天南海北，也开始温暖人心了。还有一个家长，她制定的小目标是"每日下班后背诵诗词一首"，一开始本想敷衍敷衍，背背四言绝句，什么"千山鸟飞绝，万径人踪灭，孤舟蓑笠翁，独钓寒江雪"之类的。后来她的女儿不服气了，跟她杠上了："不行，妈，你背的太简单了，从明天开始必须背难一点的。"于是，我们这位忙里忙外的母亲就开始背《蜀道难》《将进酒》《长恨歌》了，最后还直接背到了《离骚》，"帝高阳之苗裔兮，朕皇考曰伯庸；摄提贞于孟陬兮，惟庚寅吾以降。皇览揆余初度兮，肇锡余以嘉名……"，这都不够，后来还开始背诵毛泽东诗词集了，如果我没记错的话，第一篇叫作《七古·送纵宇一郎东行》。每天下班之后，这个妈妈就拿起书，摇头晃脑地读起诗词来，然后去女儿那儿背诵，不过关还要重来。那女儿的小目标是什么呢？就是每天完成五道做过的数学错题，由妈妈出题。其实，对于学习相对落后的学生而言，我倒真的不觉得他们需要跨入题海书山，他们需要的是非常简单的、可落地的一些小事情，小事情坚持做就不小。

　　再比方说，我在那两个月布置的英语作业看上去也十分"简单粗暴"。我对学生说，同学们，练习册和阅读篇目都别做了，唯一要做的就是把我们到目前为止学过的单词来来回回听写5个回合。同时，我对家长承诺："麻烦大家帮个忙，每天坚持给孩子定时定量地听写。只要大家把单词关搞定，剩下的就交给我，我保证，大家一定能够考出好成绩。"大家知道吗？后来，坚持两个月之后，学生们基本上每个人都有好几个听写本，密密麻麻，厚厚一沓，看起来很有成就感。一个人最怕的是"高不成、低不就、学不精、专不透"，"将军当不了，士兵不想当"。我了解我们班的学生，与其仰望星空，不知去向，还不如脚踏实地，抓起一件事就"说了算，定了干；一不做，二不休"。只有这样，才有可能扶植内心自律的幼苗，日拱一卒，积少成多，经年累月之后，就一定能够看到自律的效果了。

第三节　心育课堂：不自律就不是"人"

课堂目标

① 了解自律品质在人类进化过程中的必要性。

② 体会并领悟到"延迟满足"对于中学生成长的重要性。

③ 制订自律计划，看到"坚持"在未来显现的"价值"，从而增强自律的效能感。

环节一：贪吃不是罪

师：班上是吃货的同学请举手。

（全班同学不约而同地举起了手）

师：同学们，同样作为吃货的老师，一方面感觉很快乐，另外一方面感觉很愧疚。不知道你们有没有这种感觉？

生：有。

师：那老师就想继续问问大家，贪吃到底是不是我们人类的错？

（讨论并分享）

生1：存在即是合理，美食的存在就是合理的，所以贪吃也一定是合理的。（众笑）

生2：贪吃有利于存储脂肪，抵御严寒。

生3：试问世上哪种生物不贪吃？人类也是生物界的一员，所以，人类，吃吧吃吧没有罪。

……

师：同学们说得好！贪吃本无罪，"食与色"这些行为是写入了我们人类基因序列里的。为了生存和繁衍，人类肯定要吃，而且必定贪吃。为什么呢？同学们想呀，人类的祖先最开始以采集狩猎为生。在物资匮乏年代，在短衣少食的情况之下，人类只有把打到的野猪全都吃下才是最佳的生存策略。因为只有有存储在皮下的脂肪，才能够面对未来各种不确定的情况，对吧？

生：对！

环节二：贪吃也是"罪"

师：但随着时代的发展和进步，吃货也有"罪"了，为什么？

（讨论且分享）

生1：人类已经有足够的食物了，未来的不确定性降低。

生2：吃好像已经不是问题，因为贪吃而产生的各种疾病才是"问题"。

……

师：人类进入农耕文明以后，"游猎"就被"定耕"所取代。正如同学们谈及的那样，食物开始充盈，有上顿没下顿的日子一去不复返。但是，这里面就有一个深层次的悖论出现了，同学们发现了吗？（停顿）

（生沉默）

师：悖论就是时代太快，进化太慢。什么意思呢？就是说，在短短的几千年时间，人类创造物质的速度如车轮滚滚，然而基因的进化却慢如蜗牛。比方说，我们现在已经不需要过多的卡路里，但基因序列上"存储脂肪"的片段却依然存在，这个片段不断地促使我们人类吃东西，以备不时之需。但这一基因片段不知道的是，我们已经不需要过多担心"食物短缺的不确定因素"了，我们已经有相当充沛的物资了。所以，在这个时代，如果我们还在贪吃，那就会引发哪些疾病呢？

生：糖尿病、脂肪肝、高血压、高血脂……

师：请问这些疾病在远古时代有没有？

生：没有。

师：对了。这就是因为我们的基因还没有跟上时代的脚步。

环节三："自律"是相信"延迟"后能"满足"

师：贪吃会影响人的身体健康，所以我们要——

生：管住嘴，迈开腿。

师（故意刁难）：说得轻巧，这么容易就"管"住嘴了？殊不知，基因的力量可是滔天骇浪，基因驱使的诱惑可是一股洪流之力呀。这就需要我们——

生：自律。

师：所谓"自律"，通俗地说，就是自己"管住"自己。同学们，我认为，"自律"这个词一定是随着时代的发展而衍生出来的，而且专属于人类。很难想象，吃不饱、穿不暖的人猿会谈"自律"，极端落后的时代也绝不可能奢谈"自律"。因为"快"就是一种策略，"满足当下""及时行乐"当属那个时代的智慧。

那老师就要问大家两个问题了：

第一，为什么当下的人类要大谈特谈自律，且以自律为荣，以自律为生存高级智慧。

第二，既然都是存在于基因里的，那人类何以自律？凭什么能够自律？

（生讨论和分享）

生1：对于第一个问题，因为不自律的人，就容易放纵，放纵容易走向毁灭。

师：说得好，放纵容易走向毁灭。（板书）

生2：我以前看到，美国的上流社会，其实对体形都是非常看重的。因为他们认为，不能够控制体形的人，自律性也一定不行。这可能也是因为社会价值发生了变化吧。

……

师：对于第一个问题，同学们做了充分的讨论；第二个问题却没有触及——我们何以自律？

这个问题确实很难回答，那接下来，我们做一个活动，请同学们写下你们最自律的一些事，并认真探寻一下为什么你们能这么自律。

我们首先来看看殷哥自律的那些事和理由。

自律的事	理由
坚持锻炼身体	坚信生命还长，要有质量地生活，而不是苟且地生存。
坚持定期存钱且理财	坚信前几年要有一定的财富积累，后面才有可能不迫于生计而做自己不愿意做的事。

续表

自律的事	理由
坚持读书和拿证	坚信对脖子以上的投资最有效益。
……	……

师：接下来该轮到同学们了。这个时候，你最需要静下心来和自我来一场真诚的对话，打开意识的黑匣子，认真找找尘封的那点记忆——哪些事我引以为傲？我之所以默默地走了很长一段时间，是因为我坚信……

自律的事	理由
坚持	是因为我坚信……
坚持	是因为我坚信……
坚持	是因为我坚信……

（生讨论且分享）

生1：我在画画方面特别自律，是因为我坚信我的人生价值可以在画画上面获得。

师：何以见得？

生1：其实，我学习成绩不怎么好，但恰恰在画室让我觉得特别有价值感，因为老师总表扬我。一开始我没有特别感兴趣，现在越来越有强烈的动机了。

师：说得好。

生2：我平板支撑可以做4分钟多。（众叹服）

师：能撑这么久，你肯定坚持了很久。

生2：对！一年多了。

师：这么累，你也能自律，是怎么做到的？

生2：是因为我坚信美丽的体形是一种傲娇的资本。

师：好一个傲娇的资本！自律就是一种资本。大家认同吗？

生：认同。

生3：我在使用手机方面很自律。因为我觉得别人在玩而我没玩，是一种不同寻常。而且我坚信我可以腾出更多的时间充实和丰富自己。

……

师：同学们，你们有没有发现一个秘密？什么使我们能够"自律"？你能不能从你自身出发，从众多同学的分享当中抽丝剥茧地总结那么一条规律？（停顿，等待）

（鸦雀无声）

生：带来价值？带来好处？

师：什么时候带来好处？

生：在未来？

师：请坐。正确。你会发现，我们能够牺牲当下的利益，我们能够克制自己当下的欲望，我们能够忍受当下的痛苦，而选择另外一条"背离基因"的路，选择一条"少有人走的路"，是因为我们坚信，在未来我们能够获得价值或好处，是因为我们坚信，我们的"延迟"在未来会获得双倍或者多倍的"满足"。同意吗？

生：同意。

师：同学们还记得老师曾经给大家讲过斯坦福大学做的那个"棉花糖实验"吗？请看视频。（播放视频）

师：视频中的孩童，能够自律，就是因为他们相信他们能够获得"双份棉花糖"。对我们而言，"棉花糖"是不是一个很好的隐喻呢？

环节四：论证——不自律就不是"人"

师：做了这么多铺垫，老师如果抛出这个命题——"不自律就不是'人'"，请问在座各位同意吗？

生：同意。

师：那能不能够论证一下这个命题呢？

生1：只有畜生才是想吃就吃想睡就睡想要就要，是人还要干点人事。（众生笑）

生2：人与人之间的差别有时候比人和猪之间的差别还要大，区别就在

于能不能够"自律"。从外在来看，都是行走在世界上的一张皮，无甚差别；但皮囊之下自律的品质才是千差万别的。（掌声）

生3："自律"把人类分成了三六九等。不自律的人是没有脱离低级趣味的人，不自律的人是任由基因驱使的人，不自律的人是受基因支配而不是受自由意志支配的人。既然是"被支配"，那就可以看作"低级趣味"和"基因"的"奴隶"，被纯粹欲望奴役的，往往是畜生。（掌声）

……

师："不自律就不是'人'"是噱头，但我们必须承认一点，在这个时代，自律常常是"低级人"和"高级人"的内在标尺。

环节五：自律与超越

师：刚刚同学们的宏论有点义愤填膺，而且有不少哲学的色彩。我就怕你们是嘴上的巨人、行动的矮子。

那你在今后的学习生活中还有没有特别想以"自律"为武器去克服的方面呢？

请同学们完成以下表格。

心向往之 （想坚持的事）	理由	行有所止 （想杜绝的事）	理由
	我坚信		我坚信
	我坚信		我坚信
	我坚信		我坚信

自控能力的培养绝非朝夕之功，虽然我们班在这两个主题月当中取得了不错的效果，但我也绝对没有一劳永逸、撒手不管的思想。在日常生活中，只要有良好的契机，我都会就此主题对学生加以润泽。比如，我还跟学生讨论过"真正的学霸——时间的长期主义者""坚毅""为什么我们不能坚持？"等话题。这些话题都与自律和自控有关，这就再次唤起了学生的认同，增强了他们的警觉。

第四章
时间管理训练

第一节 时间管理训练的重要性

我把"时间管理"也纳入心灵管理的范畴有如下原因：个人的意志品质表现在现实生活的方方面面，其中时间管理（time management）很能反映出一个人的意志品质。与此同时，时间管理还有着众多意义。比方说，时间管理和学习成绩方面，大量心理学的实验研究发现，学生的时间管理能力和学习成绩呈正相关，即时间管理能力强，尤其是时间管理中的时间监控能力强的学生，学业成绩普遍优秀。再比方说，时间管理在心理健康方面，时间管理对学生的心理健康影响主要体现在学习压力、适应不良和心理不平衡三个方面。研究显示，初中生时间管理训练对于降低学习压力、增强适应能力、增进心理平衡是有用的。时间管理还和成就动机、自我价值感等变量都有着相关关系。有研究显示，在进行时间管理训练后，学生的成就动机有显著增强，其中主要的变化是追求成功的动机有显著的增强。[①]

其实，如果中学生善于管理时间，也就是善于管理自己。这个道理很简单，一个善于管理时间的人，一定是有事可做的人。有事可做，让自己充实起来，也能够帮助学生在浮躁、紧张的中学生活中安驻一颗平稳的心。俗话说得好，"勤奋一日，可得一日安眠；勤劳一生，可得一世长眠"。所以，时间管理也一定是心灵管理的重要一环。

但是中学生的时间管理现状也存在着一些问题，具体表现在以下几个方面。其一，很多中学生知道时间管理的重要性，意向比较强烈，但是由于

---

① 黎兵，杨嘉乐. 初中生时间管理倾向、自我效能感、学习归因与学业成绩关系的研究 [J]. 心理学探新，2004，24（4）：67-71.

中学生行为存在一定被动性、缺乏足够的自制力和毅力等，他们真正进行有效时间管理的自觉和计划性不够。其二，可控时间与不可控时间结构不够合理，比如周一至周五不可控时间比重过大，内容较为单调。学习日里，每天的不可控时间太多。其三，时间管理教育欠缺，教育方法和手段等相对滞后。目前的时间管理教育主要是以思想教育的说教为主，在内容上偏重于时间的意义和价值理论，方法和手段也不是十分有效，实际上没有让学生真正学会掌握运筹时间的方法和技能。其四，没有养成良好的时间管理习惯。习惯是一种无形的力量，一个人要有效地管理时间，就必须具有这方面的动力。初中生不是缺乏学习习惯，也不是时间管理倾向不强，而是缺乏时间管理的习惯，没有将时间作为生活学习的首要因素，也没有将时间安排作为安排一切事情的前提。其五，时间管理的实际操作能力欠缺。中学生虽能开始着手对时间进行设计和安排，但实际利用和运筹时间的能力还十分有限，层次还很低下，虽能确立一定的目标，但控制、分配、驾驭以及反馈时间的行为能力还很不够，往往"计划赶不上变化"，结果不如预期好。[①]

基于此，非常有必要把"时间管理"当作一段时间的主题，集中培训。值得注意的是，但凡时间管理，就一定涉及目标和任务。所以，本章会把时间管理和目标管理放在一起来讲。

第二节　蜗牛班时间管理训练月活动实录

营造教室氛围

为了营造一个主题氛围，班主任要让一切的活动都围绕着主题展开。营造一个主题氛围，一如营造出了一个"场"，学生心态和行为能由情境而发生改变。在时间管理训练月中，我们班把教室的墙面全部贴上了有宣传标语的KT板或是广告写真。

[①] 西汪董. 中学生时间管理意义、现状和原因 [EB/OL]. [2019-05-23]. https：//wenku. baidu. com/view/e4023ccee06eff9aff807ba.html.

第一张KT板是一个总体要求：

关于时间管理

时间管理出效率！

要求人人准备一个《预册》本，按照"三定法"来管理自己的时间和干事情的效率。

晚自习前10分钟，全班统一做规划。

首先，罗列出今晚上的所有事情。

其次，把自由可支配的时间算出来。

再次，按照任务的重要性和难易程度，分配时间。

时间和任务一旦确定，埋头就做，绝不分心。

其余的KT板是一些时间管理的方法、策略，当然也有珍惜时间、把握当下的励志语录。

第二张KT板：

关于时间管理的"二八定律"：如果你有10分钟用来学习，2分钟一定是做计划，8分钟用来执行。

第三张KT板：

关于时间四象限：

管理知识U盘化，即插即用，减少犹豫。

要背诵的学科的资料全部收集整理好。

计算出每一个学科要背要记的东西有哪些，然后根据时间四象限做好分布：首做重要紧急之事；重要但不紧急的事（半衰期长），长期投入做。

第四张KT板：

关于卡片法：卡片法对于零碎时间的管理尤为重要。只有手里拿着知识，脑里有了时间，心里才会踏实。

第五张KT板：

关于"忙"：要让自己有规划地忙起来。时间要见缝插针地利用。整块时间需要分配给理科，因为理科需要集中的时间较长。零碎时间需要分配给文科，因为文科学习，就好比健康餐饮，少量多次。

第六张 KT 板：

关于休息：文理交相学习，换脑也是一种休息。

第七张 KT 板：

关于零碎时间："时间的碎片依然可以织成一件知识的'百衲衣'"，所以，"要和时间做朋友"。想要效率出在零碎时间上，就势必要让零碎时间产生效用。零碎时间之所以为零碎时间，关键在于它是"自由可支配"的；零碎时间之所以重要，在于它的长效性。

第八张 KT 板：

"说了算，定了干；一不做，二不休。"种下一棵树最好的时间是在十年前，其次是现在。学习最好的时间是在起始年级，其次是现在。唯独行动能够解除你的焦虑。

第九张 KT 板：

关于清净六根：不要为了故意融入一个群体而选择刻意迎合。

不要为了赢得他人的"注意"而故意纵容心魔。

不要为了一时兴起而忘乎所以，忽视了你学习的天职。

和你走在一起的人，一定要是能够给你带来正能量的人，选对同路人，学习路上不孤单。选不对同路的人，你除了多了一分喧嚣之外，晚上还多了一分焦虑和空虚。

有时候，有朋友圈，并不代表有朋友；天天在聊天，并不一定谈心。

相反，独处，也并不代表孤独……

每一张 KT 板的力量需要在被充分理解之后才能够焕发活力，也只有被充分理解之后的道理才能够被践行。所以，以上的每一张 KT 板都会在这个主题月当中被充分阐释，后文会集中体现。

认知强化

每一个主题都要有相应的心育课程打头阵，解决的是认知升级的问题，告诉学生为什么要进行时间管理和怎样才能高效地管理时间。时间管理训练月当中，我给学生提供了很多的学习资料和好的心育课程，如"闯关三部曲，雷霆战拖延"，主题是如何对抗"拖延症"；还给学生介绍了心理学家赖斯的管理"七禁忌""生物钟三节律""任务 SMART"等各种新知。这些年，我在这一主题方面做的探究非常多。举其中一课为例，这堂课叫"不饱食以终日，不弃功于寸阴"，后文会有具体呈现。

时间管理其实就是对自我的管理。心理学家赖斯也总结了时间管理的七条禁忌。

第一，困惑。如果你不知道做什么，时间管理就没有意义。

第二，犹豫不决。犹豫不决意味着一个人对某一任务不是一次性完成，而是要花很多次的时间，从而使惶恐和紧张更加严重。

第三，精力分散。精力分散是企图做超出需要的甚至超出可能的事情，这会降低问题解决的效率，反而又给人的精神带来更大的压力。

第四，拖沓。拖沓是时间的窃贼。

第五，逃避。人们常常不经意间就能冒出许多逃避工作的想法。

第六，中断。中断对复杂的工作伤害最大，这样的工作需要一段启动时间来找到节奏，而不断的中断则要求附加的时间来重新定位和再启动。

第七，完美主义。不少人在生活中会为自己设定很不现实的目标。[1]

这对于老师而言是非常有启示的，我也把这些时间管理禁忌分享给学生。时间管理的最终目的是能够高效学习。我还陆陆续续地引导学生进行高效学习，介绍了一些方法和策略。其实，在教室氛围营造的时候，班上在广告公司做了 9 块 KT 板，这就是一些具体的方法，在此后的班会课上，我都逐条拿出来给学生解释，讲明背后的原理。有些方法很落地，很好实施，如"三定法"，我们就进行专题讨论；有些主题比较新颖，对学生而言是新事物的，如"生物钟三节律"，我们就上成微班会课；有些话题是学生熟知的内容，如"时间杀手——犹豫"，就只需要看看文章，适当提点一下学生就好。总之形式多样，关键是要入脑入心之后能够运用到学习生活中去。

---

[1] 刘枫. 浅论时间管理的要素 [J]. 人力资源管理, 2017（6）: 79.

任务管理及时间管理

还是之前讲过的道理:即便心育课程都是围绕着"时间管理"去展开说教,但说是一回事,行动是另外一回事。自古就有"知易行难"的说法。即便班主任企图通过班会、说教、阅读、讲理等方式去唤醒学生的内在价值认同,但也仍然存在着行动落实的问题。接下来班主任要继续思考的问题就是,如何培养学生制订计划的好习惯。

第一张表格:SMART 目标管理

SMART 最早是 1954 年由管理学大师彼得·德鲁克在《管理的实践》当中提出的,后普遍运用于公司的目标和绩效考核之中,在杰克·韦尔奇手里运用到极致,曾经创造出了营销奇迹。SMART 取自英语单词 Specific、Measurable、Attainable、Relevant、Time-bound 的首字母,拼合在一起,恰恰是"聪明的,明智的"这个英文单词。我首先把 SMART 目标管理引入,让学生制定"明确而具体""可衡量""可达成""具有相关性"和"有最后期限"的宏观目标和子目标(如图 1-4-1 所示)。然后在我们教室后墙专门腾出一块区域,张贴每个小组的 SMART 目标,使之可视化。

图 1-4-1　学生的 SMART 目标管理表

第二张表格：晚自习作业管理

我要求班上每个学生都有一个《预册》本，按照"三定法"来管理自己的时间和干事情的效率。晚自习前10分钟，全班统一做规划。首先，罗列出当晚所有事情。其次，把自由可支配时间算出来。再次，按照任务的重要性和难易程度，分配时间。时间和任务一旦确定，埋头就做，绝不分心。

第三张表格：课间零碎时间的管理

最后我还做了一张零碎时间管理表格，引导学生把零碎时间利用起来。可能会有老师质疑，有没有必要把学生压得这么死？课间也要压榨？其实，这是你不了解我班班情。我们班的学生学习自主性相对较弱，而且学习基础确实不敢恭维。入学的时候，班级平均成绩就是年级倒数一二名。所以，能够调动我班学生学习积极性已经非常不容易了，能够营造一点学习氛围也是要花费我巨大精力的，我也确实希望他们能够快马加鞭，节约时间。同时，我跟学生解释，并不是要求大家把每一个课间和每一个时段都安排得"密不透风"，大家也可以专门腾出一两个课间，写上"买卤鸡蛋""去楼下闻玉兰花香"，甚至是"约会"。即便是自己之前安排好的学习计划，如果实在不在状态，也可以暂不执行，这都是非常灵活的。问题的重点不在于学生课间都干了什么，而在于他有没有充分利用零碎时间的意识。我想，站在阳台上，伸伸懒腰，深深呼吸一口新鲜空气，望着远处的巍巍缙云，看着眼前涛涛的嘉陵江水，顺便找几句古诗词来读读背背，找几个单词来念叨念叨，也未尝不是一件放松心情、提振信心之事，总比他们课间追逐打闹来得实在。

天天坚持，样样落实							
_____月 _____日 任务分配表格							
时间段	任务	时间四象限	备注	自我评估			自我激励
早起到校							奋斗的青春最美丽，奔跑在路上，我幸福且充实，我爱现在的自己
课间1 （3—5分钟）				☺	☺	😢	
课间2							

续表

天天坚持，样样落实					
_____月_____日　任务分配表格					
时间段	任务	时间四象限	备注	自我评估	自我激励
课间 3					
课间 4					
午休前时段（10 分钟）					
午休					
课间 5					
课间 6					
课间 7					
晚自习后看能否挤出一小时自由可支配时间					
10 分钟制订第二天计划，且保证 23：30 之前睡觉，不拖延。					

温馨提示：

第一，时段安排也不一定非要满满当当，有时状态不好也可以不用安排，或者安排了也不一定做。

第二，文理科需要间杂。

第三，零碎时间交给文科，大块时间交给数学和物理。

第四，注意力的交换就是休息的一种方式。

第三节　心育课堂：不饱食以终日，不弃功于寸阴[①]

课堂目标

① 通过小活动，让初一学生认识时间、感知时间。

② 呈现学生日常生活点滴，让学生认识到自我时间管理的问题，促成学生对此问题的反思。

③ 介绍时间管理四象限法等方法，让学生学会并寻找适合自我的时间管理策略。

课前准备

① 收集班级学生浪费时间的各种生活图片并制作主题班会课PPT。

② 下载MV《时间都去哪儿了》及背景音乐《滴答》。

③ 打印纸质的时间尺。

④ 提前一周，让几个学生去了解并实践如番茄工作法、时间四象限、日程清单等方法。

活动步骤

一、导入及热身小游戏——时钟扮演

师：有一个奇怪的银行，它给每个人开账户，每天进账86400，每晚12点清零，这个银行注入的是什么呢？

生：时间。

师：对了，时间大家熟悉吗？（指了指墙上的挂钟）

生：熟悉。

师：时钟我们每天都在看，那你会模拟时钟吗？请每个大组派一个同学

---

① 该部分由作者与本校教师杨晶合作完成，发表于《班主任之友》2017年第7/8期。

到前面来根据要求扮演时钟，用两个手臂分别代表时针和分针，反应速度最快、最准的同学有奖品。

师（总结）：时钟不只在墙上，还应该在我们身上，在心中，在手中。

【设计意图】引入主题。设计小活动，符合初中学生认知特点，激发学生参与的积极性。

二、认识时间，感知时间

环节一：认识时间

师：这是最近刚刚获得设计大奖的一个家居用品创意，这个设计想告诉我们什么？

生1：我们的一生都在时间年轮上行走。

生2：时间每一分每一秒都在流逝，就像这树墩表盘被切割一样，我们的时间是有限的。

生3：这个小视频中的人一出现，这个刀子就停下来了，可能是在告诉我们，人能够把控时间，让生命的年轮不那么快被切断……

师（总结）：同学们总结得很好，这个广告关于时间的寓意实在太好了。我们可以做如下解读：时间是悬在我们头上的尖刀，我们稍不留神，生命的年轮就会被时间之刃切断；时间也是一个顽皮的孩子，一离开我们的关注，就开始到处乱跑以致无影无踪。不关注时间，那就是自取灭亡。其实，时间并不能主宰我们，反而是我们在规定时间，所以有了我们今天的班会。

【设计意图】此活动利用了时下广告元素，新颖且有深度，让学生同桌间讨论，有利于激发学生对问题的深入思考，唤起学生对时间重要性的价值认同。

环节二：感知一分钟

师：同学们，富兰克林曾说，你热爱生命吗？那么别浪费时间，因为时间是组成生命的材料。每个人生命就是由一个个一分钟构成的，不懂得珍惜零碎时间的人也不会珍惜整块的时间。你知道一分钟有多长吗？

现在请你们背对黑板站立，我喊计时开始，谁能准确在一分钟时回头，便为胜利。

（进行"谁最接近一分钟"活动）

师：做完这个活动，大家有什么感受呢？

生1：感觉到这个活动还是比较简单，我只需要在心里默数60下就可以了，就基本接近一分钟了。

生2：我的时间观念特别受周围人的影响，他们转过头的时候，我也就乱了阵脚。

生3：感觉心里有点紧张，常常30几秒就转过身来，才发现一分钟这么长。

……

环节三：挑战一分钟

师：我们以前玩过"激情拍掌"，当时同学们都发现一分钟拍的次数可能比之前预设的要多很多。今天我们来挑战一分钟写数字，请在纸上按顺序写数字，看谁写得最多？大家觉得一分钟自己能写多少个连续的数字？

生：50个？！

生：70个？！

……

师：那同学们就试一试。

（进行了"挑战一分钟写数字"活动）

师：玩完"挑战一分钟写数字"这个游戏，大家最直接的感受是什么？

生1：我写了90多个连续数字，大大超越了我的预估。

生2：……其实，我在专注做事的时候，效率很高。

……

师（总结）：同学们总结得有道理。其实，老师告诉大家：一分钟说长也长，说短也短，但大家都已经发现，只要是大家专注做事的时候，一分钟其实也很长，也真的能够做很多事情。那么，大家还发现一个问题没有，除了专注以外，我们要想充分利用好时间，要想在单位时间里提高做事情的效率，还需要什么？

生：目标。

师：对了。我们的目标非常明确，就是尽可能多地写数字，目标明确且单一，这样就甩开了顾虑，说了算，定了干。这样也就踢开了犹豫。

【设计意图】通过"谁最接近一分钟"和"挑战一分钟写数字"两个活动，首先要让学生真真切切地感知时间；其次，明白一分钟的妙用。但是老师一定还要进一步挖掘学生能充分高效利用一分钟背后的原因——定时、定向地去做事情，甩开拖沓和犹豫，从而为后面的活动埋下伏笔。

三、反思时间——时间都去哪儿了？

环节一

师：每一分钟，我们都可以做很多事情，可以读500—600字的故事、用键盘打100字、写70字、心跳66次，全世界有152个新生命诞生。一分钟都如此可贵，那每一天呢？仔细回想你每一天的时间，将不能用于学习的时间刨除，看看还有多少时间用来学习。假如一个人的寿命为70年，那么他的时间开支如何呢？（呈现PPT，见图1-4-2）

> 假如一个人的寿命为70年，一位城里人的时间开支大致如下：
> 看电视5.8年，打电话3.5年，步行2.3年，乘车与旅行3.5年，文体活动5.8年，用餐（含准备时间）7年，谈话、交友2.3年，睡眠20年以上。假如人能工作40年，实际工作时间还不到9年，一生中无法利用而浪费的零星时间至少在7年以上。

图1-4-2 寿命为70年的一个人的时间开支

环节二

师：请同学们拿出课前发的时间尺，时间尺有24个小格子，代表一天24小时。请同学们仔细反思开学以来自己在校期间的时间分配平均数据，在时间尺上将自己不能用于学习的时间及所做的事情写在相应的格子内，并将这部分撕掉，看看每天用于学习的时间是多少，再去掉其中的上课时间，看看自己每天能够把握的用于自主学习的时间又有多少。

（等大多数学生撕掉了上述的"时间"后）

师：看着手中本来一样长的时间尺，同学们手里还剩下多少时间呢？哪些同学愿意来分享一下呢？

生1：我还剩6个小时。

生2：我还剩2个小时。

……

师：大家所剩时间长短不一，这中间的差距是怎样产生的呢？这些是我抓拍的你们的日常，仅有的一点时间，你们好像并没有珍视。（呈现同学们日常一天浪费时间的图片，图中除了扫地的同学，其他同学要么闲聊，要么东张西望，要么无所事事，如图1-4-3所示）

【设计意图】设计"撕时间尺"能够更好地促成学生对自我时间利用的反思。呈现学生浪费时间的图片的时候，开始学生是在笑，而后陷入深思。这一步骤的目的是直面自我问题。

图1-4-3 学生日常学习生活中浪费时间的场景

四、我这样利用时间

师：浪费时间的现象触目惊心。如何才能高效地利用时间呢？古人云，"君子性非异也，善假于物也"，在管理时间的过程中，我们还需要利用好一些适合自己的方法和原则。老师先给大家介绍一些。

① 安排不被干扰的时间。用半小时到一小时来思考、工作，抵过散漫一天的效率。

② 严格规定完成的期限。"你有多少时间完成工作，工作就会自动变成需要那么多时间。"——巴金森法则。

③ 做好时间日志。用了多长时间在做哪些事情，详细记录，找出浪费的时间，找到根源并做出改变。

④ 同一类事情一次做完。学会列清单，重复做同一件事情，便会熟能生

巧，效率自然会提高。

师：老师提前一周让班上几个同学对以下几种方法做了一些了解，并根据自己的实际情况做了一周的实践。我们把掌声送给他们，让他们来给我们分享一下他们的时间管理策略。掌声送给第一个同学。

生1：我了解的是时间管理四象限法。这个方法将要做的事情按处理顺序划分：先是既紧急又重要的，接着是重要但不紧急的，再到紧急但不重要的，最后才是既不紧急也不重要的。四象限法的关键在于第二类和第三类的顺序问题，必须非常小心区分。另外，也要注意划分好第一类和第三类事，都是紧急的，分别就在于前者能带来价值，实现某种重要目标，而后者不能。这一周，我把我要做的事情划分成这几类，然后写在不同颜色的便笺上面，我把我的课桌的四个角想象成了四个象限，于是就把这些便笺类别分别贴在这些区域……

师：这个方法对你来说有什么好处？

生1：通过一周的训练，我脑子第一反应就是把我的任务和作业进行分类，都有点强迫症了……

（众笑）

生2：我了解的是番茄工作法。使用番茄工作法是这样的，选择一个待完成的任务，将番茄时段设为25分钟，专注工作，中途不允许做任何与该任务无关的事，直到番茄时钟响起，然后在纸上画一个 × 短暂休息一下（5分钟就行），每4个番茄时段多休息一会儿。它有以下原则……

师：这个方法给你带来的好处是什么？

生2：能够帮助我提高注意力……

生3：我这一周实践的方法是日程清单法。顾名思义，就是把我们今天的任务和作业按照时间点插入。大家首先看看这个清华学霸姐姐做出的"日程清单"。

（众嗟叹）

生3：这个方法的首要工作是，计算可自由支配时间，就是清算出一天之内我们可以自由利用而不受干涉的那些时间，如课间10分钟、午饭后的2

个小时……，通过这个方法，我感觉我做事不再慌里慌张，至少杜绝忘记做作业这样的事儿发生了。

【设计意图】本环节聚焦在"如何做"这个层次，旨在教会学生一些实用的时间管理方法和策略。学生现身说法就把各种空洞的理论落地了，让学生影响学生，让同伴影响同伴，更能够唤起学生内在的认同。

五、回归个体，坐实策略

师：感谢这几个同学的分享，他们的成功实践也向同学们证明，只要你找到合适的方法，就能够和时间做朋友。但是个体的学习是有差异的，不能一概而论。接下来，老师想给大家介绍四项普适性的时间管理策略。

第一，找到时间的"边角料"，即你们平日浪费的、看似零星的时间。这一步有利于让你们明确"可自由支配时间"。让你们找到并计算出一天当中时间上的一亩三分地，这是一切时间管理策略的前提。

第二，见缝插针地安排学习、生活、锻炼等事务，并遵循一些科学原则。如文理间杂、劳逸结合、应用记忆抑制规律等。根据时间的边角料，安排进去适当的任务，一样可以织成知识的"百衲衣"。如饭后宜背书，如用脑模式需更换，等等。

第三，截止日期法。做每一项任务的时候都人为地设定一个截止时间。科学研究表明，人在接近截止日期的时候效率最高，而且在这段时间里还有利于提高个人的注意力。

第四，寻找监督对象，确保执行力。从认知层面解决的只是知晓，如何天天坚持、样样落实呢？我提供的方法之一是寻找监督对象。监督对象可以是同桌、学习方面的假想敌，甚至是父母或者班主任。最后能够保证时间监管可视化，能够落地实施。

六、课堂延伸

师：同学们根据刚才几位同学的方法和老师介绍的这些策略，在课后自己制作一份属于自己的《时间管理企划书》。

结束语

师：任何一个利用好时间的人都是热爱生命的人。这不，大家请看汪国真的《热爱生命》，全体起立，集体朗诵。

生（齐）：我不去想是否能够成功，既然选择了远方……

师：我们想拥有更美好的生命，我们想拥有更多时间去感受生命中的更多美好，去陪伴那些值得我们陪伴的人。而做这一切，却需要时间。而有些事，可能你不抓紧去做，就没有机会了。我们现在陪伴家人的每一天，都是他们余下生命中最年轻的一天。

本堂课摆脱了"时间管理教育"中以思想教育的说教为主的形式弊端，穿插小活动，充分调动学生参与的热情和积极性。巧设问，重反思，从而让学生自己悟出"道理"。在实践方法的教授上，不是偏重于时间的意义和价值理论的灌输，而是让"尝鲜"的学生了解并实践，把空洞的理论全部落地，从个体铺开到集体，实际上也是让学生真正掌握运筹时间的方法和技能。但德育生成原理是"内生外化"的过程，即便从认知上解决了"是什么""为什么""怎么做"这三个层面的问题，也不能保证初中学生从情绪情感上真正接纳，更不能保证初中生从行为上能有效贯彻。再加上初中生的自控力本身不强，"知易行难"和"行之不久"的问题也就十分凸显。这也为后面的行动研究提供了新的课题，即如何让时间管理策略与方法"行之久远"。

第五章
积极心态训练

第一节　积极心态训练的重要性

　　心理学有很多派别，其中精神分析学派在面对心理问题的时候，都要追根溯源，喜欢把问题聚焦于原生家庭和个人成长的经历。比如，一个人因为极度缺乏安全感，喜欢踽踽独行，那在精神分析学派的心理学家眼里，可能是这个人小时候在父母那儿没有得到足够多的爱和关注。再比如，一般情况下，精神分析学派心理学家也认为，原生家庭破裂的碎片多多少少会砸向孩子，使得其在成年之后出现各种心理问题，出现一些"情结"。事实也确实如此，很多心理问题基本上是由原生家庭导致的。但这是事实的全部吗？也好像经不起推敲。有心理学家一定会问："是不是原生家庭破裂的人以后都会有心理问题？有没有人小时候成长的环境十分艰辛，但成年之后心理还是非常健康呢？"第一个问题的答案是不一定，第二个问题的答案是肯定的，有！而且是一定有。即同样是来自破裂或者重组的原生家庭，一个人可能成长得非常不健康，另外一个人却可能成长得非常健康。

　　那我们不禁要问，面对同样一个情景——家庭破裂，会有"健康"和"不健康"两种结果，那中间到底是什么在起作用呢？在这里就不得不谈一个影响中学生健康成长的非常重要的关键性要素——归因。所谓"归因"，是人们对自己或他人行为原因的解释和推论。一个人的归因方式往往体现出他对客观事物的解释风格。

　　当下流行的"积极心理学"，在我看来，其实质就是探讨一个人的"归因方式"和"解释风格"，它分属"认知流派"。以往的心理学，尤其是精神分析学派，常常把目光聚焦在一个人的"阴暗的问题"上，认为只有把"问题"都解决了，人才能够健康；积极心理学之父马丁·塞利格曼教授认为需要转换一种思考方式，为什么我们总是要把目光聚焦在已经出现的"问题"上面？为什么不让"积极的""阳光的"那些东西充满我们的心灵呢？即便面对着同样的问题、同样的情景、同样的困难，只要我们积极阳光、正气正向正能量，那我们的情绪和心理问题都是可以调节且能治愈的呀。

所以，他就在美国宾州各学校做关于儿童乐观思维方面的实验，通过一种名为"ABC法则"的训练，帮助孩子们培养出乐观的精神。A（Adversity）——代表负面、不好的事件；B（Belief）——代表负面事件发生时内心自动化的悲观想法、解释，不经过训练，通常意识不到这些想法、解释；C（Consequence）——代表负面事件的后果（负面的感受、行为）。其中，B就好比一张"筛子"或者是一个"过滤器"，任何负面的事件都是要经过人这个过滤器才能够造成不同的"C"。所以，我们能够控制的不是事情本身，不是结果，而是自己看待问题的角度。

与此同时，大量的实证研究也有力地指出，归因方式和中学生的学习成绩之间存在着相关性。进一步说，归因方式成了学业成绩和学习动机之间的一个中间变量。这怎么理解呢？比方说，一个学生在面临着学习问题的时候，总是把斗争矛头对准外界，怨天尤人，在别人身上找原因，那么，这很可能影响他接下来的学习热情，进而影响他的学习成绩。相反，如果学生习惯于内归因，那么他可能认为是自己努力不够，或是方法不对。这样他会进一步调整自我，从而点燃新的热情火把。

由此看来，谈心灵管理，还不得不谈"归因"，因为这可能会影响学生一生的幸福。如果在青年时代就能够抱定积极乐观的心态去面对世界，那我相信，幸福就一定会稳稳地坐在孩子的肩膀上。

第二节　蜗牛班积极心态训练月活动实录

其实我一直都坚定地认为，任何行为或者思想的转变，想要通过一节课就彻底改观，概率其实是很小的。于是，我们班还专门拿出一个月的时间作为积极心态训练月。在这个月里，我们做了一系列与之相关的事情。

在积极心态训练月里，最值得一说的一堂心育课是"我要告诉你一个秘密"。在这堂课的最后一个环节，我和学生做了一个非常经典的实验——两盆花的命运，这个实验贯穿了整个主题月，给了学生巨大震撼。这一堂课最主要是解决一个问题——为什么我们要"积极"？答案就在一个"秘密"之中。我要给学生讲的"秘密"是一句话：人经常挂在嘴边的话或是常常闪现在脑子中的念头，最终会成为我们外在的生命预言。但是如何证明呢？

首先，要让学生真真切切地明白，人的思想、信念和语言都是有无穷力量的，我们统称为"心灵能量"。

其次，我要告诉学生，"心灵能量"可以塑造我们的容貌和生命的状态。

最后，我还要让学生真正地看到"心灵能量"这个没办法直接观察和测量的东西。接下来，我就具体呈现那堂经典的课。

环节一：我要告诉你一个秘密

活动一：我的自画像和口头禅

师：我们首先做一个活动。请你在 A4 纸上画一幅自画像，同时在自画像的旁边写出 5 句你经常说的话。

如果你不知道自己经常说的 5 句话，那请你写出 1—2 句，然后把剩下的几句，让周围的闺蜜或兄弟帮你写出来。

补充任务及提示：

任务一：写出自己常常挂在嘴边的一些话。

任务二：单独写几行你对自我形象的自我评价。

任务三：简要描述你的自画像。

部分结果呈现（如图 1-5-1、图 1-5-2、图 1-5-3 所示）。

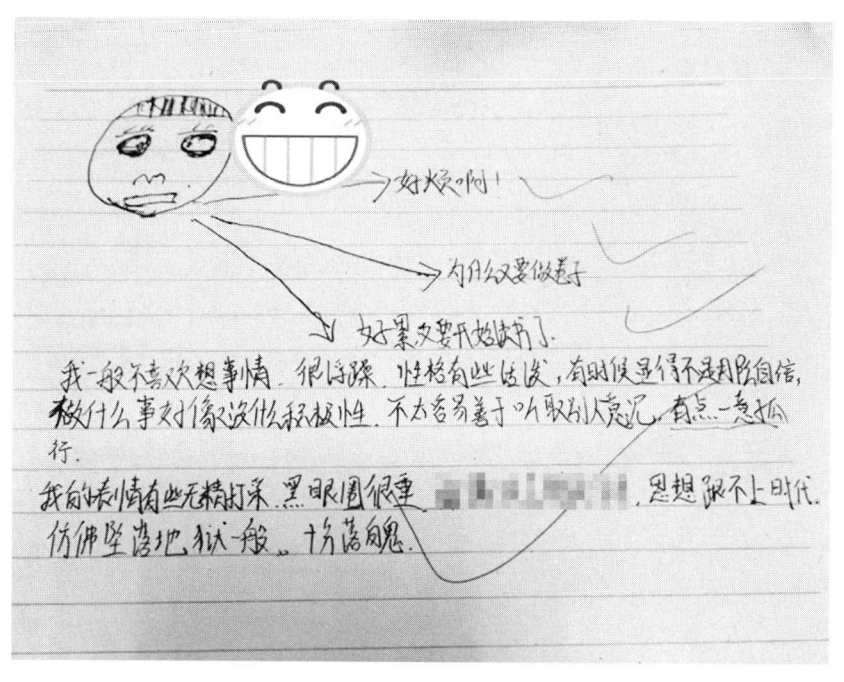

图 1-5-1 某学生的自画像、口头禅和自我评价

图 1-5-2 某学生的自画像和口头禅

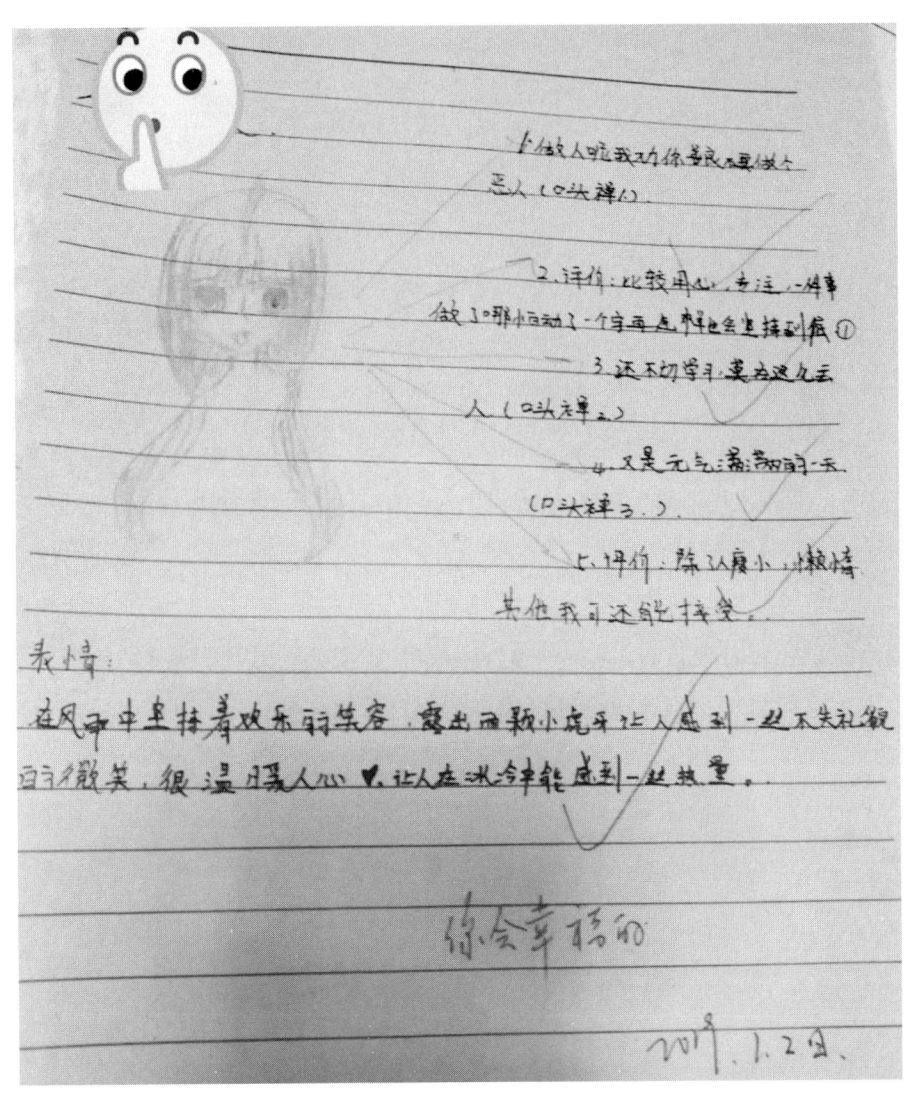

图 1-5-3 某学生的自画像、口头禅和自我评价

【分析】部分学生的语言和形象都是比较消极和被动的状态。

【设计意图】让学生觉察自己常说的话和自己的容颜，是在为后文的"秘密"做铺垫。

师：在新年的第一天，我想给大家讲一个"秘密"。这个"秘密"就是，一个人常说的那些话，可能会成为他自己的生命预言。即，一个人外在生命经历和其内在意识，是镜像的关系。意思是，你可以通过一个人的外在生命经历，看到他的内在想象，也可以通过他的内在想象，看清楚这个人的外在生命经历。大家也许还不是很信，那我给大家讲几个案例。

活动二：案例评析

【案例一】

师：我曾经接触过一个学生，他说得最多的一句话是："麻烦死了，算了。"

师：大家能够猜到这个学生在教室的生命状态是什么吗？

（事实他们没有猜到，呈现 PPT）

师：他的生命状态是非常贪睡。

师：心理诊疗如下。其实，是因为他内心认为自己遇到困难的时候，没办法克服。这份沉睡，是为了保护自己。至少在瞌睡、沉睡和困顿中，他是自己说了算的。如果我们有办法窥探他潜意识的黑匣子，一定能够看到，他的潜意识在日日夜夜告诉他——遇到困难，你没办法做到。如果去做了，你也不太可能成功，别人也会怀疑你，伤你自尊，与其这样，还不如用"麻烦死了，算了"的状态来伪装起来。

（一边讲述，一边呈现 PPT）

【案例二】

师：我曾经接触过一个学生，他说得最多的一句话是："我不知道。"

师：他的生命状态是踽踽独行，把自我封闭起来的姿态。

师：心理诊疗如下。如果我们去窥探他潜意识的黑匣子，一定能看到，他的潜意识在告诉他——和朋友交往好难，我好容易受到伤害。一句"我不知道"就像一堵墙，在切断沟通和探索。

【案例三】

师：我还接触了一个学生，他就在你们同级，某班。我发现他经常说的一句话是："我也很厉害呀。"他当时的同桌也是一个大学霸，黄翟，可比他还厉害，每次都排班上的前几名。但他也不"虚"，即便自己有些时候考得很差。虽然和黄翟对比起来，他有点相形见绌，但他依然有一份天然的自信，就有一种舍我其谁的气魄……。这个同学，你们也能猜到他现在的状态。

生：一定考得很好。

师：对！还真不瞒你说，现在他就是班上状态最好的几个之一，而且成绩总是名列前茅。他的班主任和我都为他在初三阶段这种爆发力表示惊叹。

其实，我们长成现在这个模样，是我们内在想象，特别是我们日日夜夜运转的潜意识所导致的。心理学家荣格说，你的潜意识指引着你的人生，我们称其为"命运"。

接下来，老师再给大家分享一个故事，这个故事是从武志红老师那儿听到的。

（分享女处长的故事）

一位女士，是一个大城市的处级干部，各方面条件都很好，但她经常鼻青脸肿地去上班，因为她的丈夫家暴。

第一任丈夫家暴，她离婚了；第二任丈夫还家暴，她又离婚了。第二次离婚的时候，她正好40岁，她发誓再也不结婚了，因为觉得男人都不是好东西。

可是有个好男人一直在追求她，这个追求者别说对女人暴力了，他甚至从来都不和女人吵架。这位女士离婚后，他更用心地追求她，女士被打动，于是和他结婚了。

没想到，结婚后的第二周，她又被打了。她打电话叫了几个朋友过来看她，而正巧，其中有一位是我的心理医生朋友。

你可以想象一下，在这种场合你会怎么做。我猜，大家十有八九会去指责家暴男。她的朋友们就是这样做的，她们质问家暴男，你难道不知道她有多不幸吗？你怎么可以这样对她！不过，我的心理医生朋友不同，她没有参与指责，而是问，请告诉我，你们到底发生了什么？能不能讲讲细节。

细节是魔鬼，魔鬼般的细节一讲出来后，所有人鸦雀无声，再没有人去指责这个男人。细节是，他们因为很小的事吵架，好像就是因为做菜盐放得不对，越吵越激烈，吵着吵着，女人对男人说："你是不是想打我了？像某某某打我妈一样。"女人说的某某某是她爸爸，因为她很恨爸爸，所以都是直呼其名。男人说："怎么可能，我今天和你吵成这样都很奇怪，我平时都不和女人吵架的。"这个女人歇斯底里起来，开始大喊："你就是想打我！打呀！打呀！不打你不是男人！"她刚喊的时候，男人没做什么，但她癫狂地喊了很多次后，男人脑袋突然一片空白，然后一拳挥了出去，将他最爱的女人打倒在地，嘴角流血。在男人脑袋一片空白的时候，其实发生了一个很重要的转变，就是他被洗脑了。①

师：同学们，如果我们能够给这个女人做一个心理诊疗的话，我们一定能够发现——

这个女人预言了男人都不是好东西，而当她真遇到一个好男人的时候，就会去改造他，把他改造成坏男人，这样虽然她活得痛苦，但却证明了，自己是对的。根本就没有好男人嘛！

这在心理学上也叫作"自证预言"。"自证预言"是一种心理暗示，心理暗示蕴藏着巨大的能量，这种能量会深刻地改变周遭发生的很多事情，甚至能够决定我们的命运。

……

因为这些案例和故事离学生很远，他们未必感受深刻，我怕他们觉得这些东西都是"鸡汤"，所以，我还给学生做了一个实验。

活动三：希望之花 VS 绝望之花

实验准备：

买两盆几乎一样的花——生命力一样，花骨朵一样，还有叶子的旺盛程度和色泽度也一样。

实验过程：

1. 我把两盆花摆在讲桌上，让学生随便指点一盆花，宣布其"绝望"和"死亡"的命运。另外一盆花恰恰相反，很幸运，被钦点为"希望"和"旺盛"的代表。前一盆命名为"绝望之花"，由刘妍彤同学贴上标签——"绝望之花"；另外一盆花则与之对照，幸运地成为了"希望之花"。

2. 控制水分和光照强度，两盆花保持一致。

---

① 武志红. 什么是自我实现的预言 [EB/OL]. [2019-07-26]. https://m.igetget.com/share/course/preview/BWKMaDqbomgY9Gd6nVpvm5dWMD①T5IfvVNcgaG74VXZnINJw5Zy74e32jN8OkOzvL.

3.唯一的变量就是对不同的花施加不同的话语和寄予不同的信念。

实验结果展示：

1.负能量的信念和语言，甚至让那朵绝望之花的花骨朵"不敢"绽放。

2.负能量的信念和语言，让绝望之花的花叶在第7天开始泛黄，凋谢；而希望之花则蓬勃向上继续生长。

3.绝望之花和希望之花在第12天基本变成了两株不同外在"命运"的植物。

4.21天左右的时候，绝望之花彻底宣告死亡。

这个实验活动在班上赢得了学生的关注，给了学生很多生命意义的启迪，也是"心灵能量"存在的最好佐证。后来，我也不失时机地引导学生自己再来看看之前常常挂在嘴边的那些话和那一张自画像。不断提醒那些较为消极、身负负能量的学生要转变自己的话语体系和脑中预设的自我。因为如果继续这么消极怠工，他们很有可能成长为自己最不喜欢的那个自己，他们也很有可能把自己身上最美好的东西给埋藏。

心灵能量确实存在，它改变着我们的思想、行为或是容貌。这背后的机制其实归根结底是"暗示"在起作用。比方说，如果我们意识到自己是一个"粗心大意"的人，那我们就在脑子里面存储了一个"粗心大意"的"观念"，一旦这个观念形成之后，我们就喜欢从现实生活中去捕捉各种各样的"证据"来验证之前存储的那个"观念"，而不符合"粗心大意"观念的就会被我们的注意力自动屏蔽掉。于是，生活中的"事实"不断佐证"观念"，"观念"又向磁铁一般不断去生活中搜寻"事实"，循环往复，最后，我们就给自己成功地贴上了一个"心灵标签"。"观念"去搜集"证据"的过程在心理学上叫作"自证预言"。

环节二：看见——故事汇里的阳光

上好心育课只是每周例行之事。此外，我们班级约定，在积极心态训练月里，每天下午放学之后，都要花15分钟进行"看见——故事汇里的阳光"的分享活动。这些故事都是我们精选的人物故事。我们规定，班级每个学生按照学号准备一个积极正面的人物的一段故事，当天讲述的是他们在遇到困难时所做出的积极回馈。那段时间，我们分析了童第周、曾国藩、毛泽东、宗庆后、林肯、钱学森……，当然也不仅限于历史人物，有时候学生还选择卡通人物，如《火影忍者》里面的漩涡鸣人，《灌篮高手》里面的樱木花道……。后来，我们还把学生在诚信月里读的那本《爱的教育》的部分章节拿出来分享。

今天我分享的是童第周的故事。童第周出生在浙江省鄞县的一个偏僻的小山村里。由于家境贫困，小时候只能一直跟着父亲学习文化知识，直到17岁才迈入学校的大门。

读中学时，由于他基础差，学习十分吃力，第一学期期末平均成绩才45分。学校令其退学或留级。在他的再三恳求下，校方同意他跟班试读一学期。

此后，他就与"路灯"常相伴：天蒙蒙亮，他在路灯下读外语；晚上熄灯后，他在路灯下自修复习。功夫不负有心人，期末，他的平均成绩达到70多分，几何还得了100分。这件事让他悟出了一个道理：别人能办到的事，我经过努力也能办到，世上没有天才，天才是用努力换来的。之后，这也就成了他的座右铭。

大学毕业后他去比利时留学。在国外学习期间，童第周刻苦钻研，勤奋好学，得到了老师的好评。获博士学位后，他回到了灾难深重的祖国，在极为困难的条件下进行科学研究工作……

在分享完童第周的故事之后，我发问："同学们可以想一想，如果你是童第周，屡考屡败，又屡败屡考，你会怎么看待自己呢？"

在我看来，有些设问是不用回答的，道理不言自明。

又有同学分享了陈坤版的《钱学森》电影片段。大致就是青年钱学森在学成归国之后，临危受命，身处大漠，潜心研究，但面临着众多不可抗拒的外部环境：

① 设备极其简陋；

② 周围同事理论缺乏；

③ 缺乏帮手；

④ 苏联撤走资源；

⑤ ……

生：如果钱老把火箭研究的不利因素都归结于外部这些环境，我相信这事儿也是没办法搞了，可就是遇到问题首先想自己的原因的这种态度，让钱老最终依然把火箭发射升空了。大家还记得其中一个片段吗？当火箭发射失败的时候，钱老面对着地面那个大坑，苦思冥想……

就是在一个一个的故事当中，我们都见证了积极归因的力量。每一个故事、每一个人物，单独拿出来讲也许都是一瞬间感动的事，但是经年累月地放在一起来讲，也许就会形成一个能量场，悄然无息地感染着场里面的每一个人。所以，我主张"一月一事"的集中训练，把我们认为的主要任务都训练得透彻一点。

真的很神奇！你越是挂牵着什么事，那个事情就好像真的要发生似的。那一个月是积极心态训练月，宇宙的"吸引力"法则就给我筛选了很多适合的好材料好文章，送入我的生命之中，就好像真的是"念念不忘，必有回响"一样。其实，我知道这是我注意力闸门的"选择性"所致。不管怎样，我把收集到的材料用于班会课，讲给学生听。比如说其中一堂课是"从'费斯汀格法则'谈起"。

师："费斯汀格法则"是指，生活中 10% 的事件是由发生在你身上的事情组成的，而另外的 90% 则是由你对所发生的事情如何反应所决定的。换言之，生活中有 10% 的事情是我们无法掌控的，而另外的 90% 却是我们能掌控的。

费斯汀格举了一个例子：卡斯丁早上起床后洗漱时，随手将自己的高档手表放在洗漱台边，妻子怕被水淋湿了，就随手拿过去放在餐桌上。儿子起床后到餐桌上拿面包时，不小心将手表碰到地上摔坏了。

卡斯丁心疼手表，就照着儿子的屁股揍了一顿。然后黑着脸骂了妻子一通。妻子不服气，说是怕水把手表打湿。卡斯丁说他的手表是防水的。

于是二人猛烈地斗嘴起来。一气之下卡斯丁早餐也没有吃，直接开车去了公司。快到公司时突然记起忘了拿公文包，又立刻转回家。

可是家中没人，妻子上班去了，儿子上学去了，卡斯丁钥匙留在公文包里，他进不了门，只好打电话向妻子要钥匙。

妻子慌慌张张地往家赶时，撞翻了路边水果摊，摊主拉住她不让她走，要她赔偿，她不得不赔了一笔钱才摆脱。

待拿到公文包后，卡斯丁已迟到了15分钟，挨了上司一顿严厉批评，卡斯丁的心情坏到了极点。下班前又因一件小事，跟同事吵了一架。

妻子也因早退被扣除当月全勤奖，儿子这天参加棒球赛，原本夺冠有望，却因心情不好发挥不佳，第一局就被淘汰了。

在这个事例中，手表摔坏是其中的10%，后面一系列事情就是另外的90%。

都是由于当事人没有很好地掌控那90%，才导致了这一天成为"闹心的一天"。试想，卡斯丁在那10%发生后，假如换一种反应，比如，他抚慰儿子："不要紧，儿子，手表摔坏了没事，我拿去修修就好了。"这样儿子高兴，妻子也高兴，他本身心情也好，那么随后的一切就不会发生了。[①]

师：那接下来同学们以小组为单位谈谈你生活中符合"费斯汀格法则"的故事。

这些材料都很具有吸引力，学生也很感兴趣，讨论也非常激烈。最后我们得出的结论就是：这都是心态问题。其实能帮助自己的不是他人，而是自己。倘若了解并能熟练运用"费斯汀格法则"处事，一切问题就迎刃而解了。

环节三：写"心灵摄像头对准啥""阳光心态"日记

我号召学生在那一个月一直坚持写"心灵摄像头对准啥""阳光心态"的系列日记，记录每天发生在自己身上的事，且对这些事做出合理解释和归因，以此培养学生积极的归因方式和解释风格。当然这也需要一定的时间来引导。魏书生老师把坚持写日记看作"坚持道德长跑"，于是我也引用了其中一些话在班上做动员。

---

① 孙贤奇. 掌控人生的90%[J]. 意林, 2016 (3)：19.

"同学们，日记能使我们记住自己做过的重要的事、见过的人、用过的物，记住自己的教训，训练自己的心态。人很奇怪，许多过去好的经验、好的想法常常忘记。人这一辈子如果不背叛自己童年少年时期心灵深处真善美的一面，坚持自己童年时勤奋上进的好习惯不动摇，那么每个人都会成为杰出的人。"

"同学们，写日记有利于提高分析问题、认识问题的能力。日记内容很大一部分是在你心态平和的时候写的。情绪平和的时候写出来的东西更具有理性认识的功能，这个时候你更容易客观公正地分析原因、看待问题……"

"写日记有利于改变自我、超越自我。很少有人劝自己狭隘、损人、消极、懒惰。精神正常的人一般都在日记中劝慰自己、鼓励自己：要宽厚、要助人、要积极、要勤奋……。这些发自内心的劝说同来自外界的劝说鼓励相比，作用更大。"

"……希望同学们心灵的摄像头都对准事物的真善美，而不要总是聚焦在世道的假恶丑方面……"①

在写日记正式上路之后，我也欣喜地发现学生在训练归因方面真的有所转变。下面是2018年4月27号张浩然同学的日记摘要：

这是一个特殊的日子，殷哥把我说了一顿。

其实这个事，我认为是应该的。因为我确实没有按老师的要求办事，我也不会抱怨殷哥"大打出口"。如果我是老师，我也会这样做，"对事不对人"，"公平公正公开"。

我想也可能是因为我是个好孩子，殷哥怕我期中考了高分而骄傲，也想告诫我，不要被分数冲昏了头脑。

想想也是，殷哥这是很关注我的表现呀。不然何必浪费他三分钟的生命呢？

也许殷哥感觉到了我的锋芒毕露，所以想杀杀我的锐气吧！

来吧，殷哥，我不怕！

---

① 魏书生. 班主任工作漫谈 [M]. 北京：文化艺术出版社，2011：102.

环节四：我思故我辩

谈到归因和解释风格，自然分为"合理"和"不合理"、"理性"和"非理性"、"积极"和"消极"这些维度。在"心育课堂：合理归因，心向阳光"那一章节，我们会涉及归因方式问题。在班级里，我还曾经把积极心理学之父马丁·塞利格曼的书《活出最乐观的自己》推荐给学生和家长，大家共读一本书。我深信，阅读的过程就是自我审查的过程。为了促进阅读，同时也为了训练学生合理归因，我把全书的第12—14章的内容拿出来和班上学生一起分享，其中《乐活人生的ABCDE》《帮你的孩子远离悲观》里面生动的例子都是我们练习归因的教材。

书中扩展了"ABC法则"，改为了"ABCDE"模式，ABC我们已经知道各代表什么，D代表反驳（Disputation），E是激发（Energization）。"ABCDE"模式就是要求我们不断审查经过我们脑中的各种想法，通过自我思辨的过程，来达到激发自我的状态。例如：

不好的事：我最近每晚去上课，想拿一个硕士学位。当我看到我的试卷时，发现成绩不理想。

想法：朱蒂，你考得真烂，绝对是全班最差的。我真是笨死。我应该面对事实，承认自己不够聪明。我年纪太大了，不能跟那些年轻人拼，即使我拿到学位，谁会放着20来岁的年轻人不雇，而去雇用一个40岁的女人？我在注册时一定是发疯了吧？怎么会想到重回学校念书？对我来说实在太晚了。

后果：我感到非常颓丧和无助。对自己不自量力，想去念硕士的想法感到难堪、丢脸，我决定退学，安于现在的工作。

反驳：我太小题大做了。我希望全拿A，结果拿了三个B，这并不是太差。我可能不是班上考得最好的，但也不是考得最差的。我去查了别人的成绩，坐在我旁边的家伙拿了两个C、一个D。我没有达到理想的标准并不是因为我的年纪，虽然我40了，但这不会使我比其他人笨。我考得不好是因为我有太多事要做没时间看书。我要上班，又要照顾家，在这种情况下，拿到这个成绩算不错了。我现在知道了我要花多少时间复习才能得到好成绩，下次我会更努力。我先不要去想谁会雇用我，从这个学校毕业的人都找到了理想的工作。我现在要想的是好好学，赶快毕业。

激发：我对自己和成绩都很满意。我会继续念下去，我不会让年龄成为绊脚石，我知道年龄对我不利，但是船到桥头自然直，到时候再烦恼也不迟。①

书中大量的举证，学生通过这些活生生的例子，看到了一个个鲜明的"反驳"记录。学生多了一个"合理归因"的工具，以后在面临类似的事情时或许可以用得上，想得到。

其实，当老师的我们也都知道，自己所做的这一切也不一定理想和完美，也有部分学生是不一定买账的，也有部分学生肯定是不会入脑入心的，也有的学生是天生的乐天派，不用施予归因训练的教育。但是，既然我们选择了它，既然我们认定了它的重要性，那就还是要坚持做成体系，抱定"改变一个是一个，能做多少做多少"的态度。

第三节 心育课堂：合理归因，心向阳光

谈归因，不得不提韦纳（Winner）。韦纳是当代著名的归因理论家，他把归因和动机结合起来，概括出人们对成败结果推断的主要原因，又从不同维度进行原因分类，各维度都有特定的心理学意义，与个体期望、情感相联系，不同的归因对将来行为产生的影响不同。

韦纳发现，一般人把工作成败的原因主要归为：能力、努力、任务难度（情景）、运气、身心状况等。在以学生为调查对象时，学生们对考试成败的归因，多以前四项（能力、努力、情景、运气）为主。这些因素可以归入三个维度：

控制源，即个体认为影响其成败的因素是内部因素还是外部环境因素。在此维度上，能力、努力和身心状况属于内控，其他则属于外控。

---

① 塞利格曼.活出最乐观的自己[M].洪兰，译.沈阳：万卷出版公司，2010：102.

可控性，指个体认为影响其成败的因素，在性质上能否由个人意愿所决定。在此维度上，各因素中只有努力一项是可以凭个人意愿控制的，其他各项均非个人所能为。

稳定性，指个体认为影响其成败因素在性质上是否稳定，是否在类似情境下具有一致性。在此维度上，能力和任务难度是不随情境而改变的，是比较稳定的，而其他各项均为不稳定。①

我在西南大学心理学部读研究生阶段对中学生的归因方式和成绩这一块比较感兴趣，毕业论文也是这个方向，于是读了较多的文献。大量的心理学实验表明，学业与学习自我效能感、学习动机、自尊、学业情绪等因素呈显著的相关关系。因为学生的学业归因既是对过去学业成就的自我知觉，同时也会影响他们今后的情感、期望及其相关的学业行为，所以，老师正确分析指导学生学业成败归因有助于增强学生学习动机，从而形成一个健康积极的"自我"。

有鉴于此，我们需要有意识地创设一些心育课程来引导学生对自己的成败合理归因。我们都知道，学生在进行"自我剖析"时，有时候正确合理，但也有时候会出现偏差。我们的目的就是帮助学生形成积极的归因倾向，让归因行为中的"借口"和"偏差"降到最低。以下就以"合理归因，心向阳光"作为一个课例具体呈现。

课堂目标

① 学习归因的概念，了解简单的归因常识。

② 体会并尝试生活中各种情景下的合理归因。

③ 让学生领悟到合理归因的目的不是为失败找借口，而是寻找努力的方向，不是一味自责，而是相信自己可以完善，从而为培养积极心态指明途径。

---

① 汪胜亮，中学生成就动机归因训练对学业成绩的干预研究[D]. 南昌：江西师范大学，2009.

课前准备

① 准备针线若干。

② PPT。

③ 准备情景剧《考试之后》。

课堂环节

环节一：穿针引线

活动规则：

①每组派两位同学参加。

②一位同学拿针，一位同学拿线，在 5 秒钟内将线穿过针孔。

③要求：开始前两个人都必须将手放下，时间到时拿针的同学必须放手。

④其他同学监督，用数"5、4、3、2、1，停"来帮助计时。

活动有挑战成功的，有挑战失败的。老师可以就此展开设问。

师：请参加游戏的同学谈谈成功或者失败的原因，如果再给你们一次机会，你们会怎样做？也请同组的其他同学发表看法。

生 1：我觉得还是我们太慌张了，我的手在抖，他的也在抖。

生 2：我们组拿到的针是几个小组当中最小的针，针眼是最小的，当然难度也是最大的嘛。

……

待学生分享完成之后，老师就此总结：同学们谈得很好，一个简单的穿针引线活动，同学们就分析了这么多"为什么"，同学们通过分析原因找到了自己努力的方向。应该说，在我们生活学习的各个侧面，都离不开成功与失败，也免不了要找找原因，寻求解决问题或获得成功的最佳方案。今天老师带给大家的就是"合理归因，心向阳光"。

师：归因是观察者对他人或自己产生的行为结果的原因进行知觉或推断。通俗易懂一点就是——寻找行为结果的原因，即你对学习、工作、生活成败的原因做出的一种判断。每个人都会为自己的行为结果找原因。有些人因为找到合理原因而明确了努力方向，从失败走向成功；有些人则总是寻找失败的原因，作为自己再次失败的借口，一蹶不振。寻找"为什么"是为了明确下一步"怎么办"，所以我们的归因方式直接影响着我们的行为结果。同学们，你们习惯于如何归因呢？下面我们以考试为例，来测一测你们是怎样为自己的行为结果找原因的。

环节二：归因自测

师：期中考试完了以后，你对考试成绩好坏是如何进行归因的呢？下面请同学们做一个简单的自我测试（如图1-5-4所示），在题后打"√"。

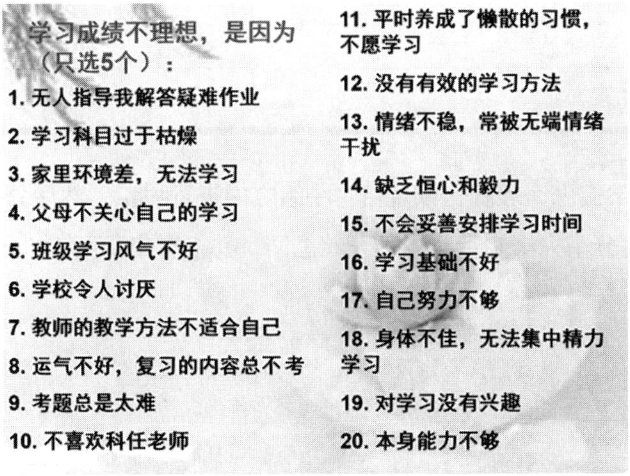

```
学习成绩不理想，是因为        11. 平时养成了懒散的习惯，
（只选5个）：                    不愿学习
1. 无人指导我解答疑难作业    12. 没有有效的学习方法
2. 学习科目过于枯燥          13. 情绪不稳，常被无端情绪
3. 家里环境差，无法学习          干扰
4. 父母不关心自己的学习      14. 缺乏恒心和毅力
5. 班级学习风气不好          15. 不会妥善安排学习时间
6. 学校令人讨厌              16. 学习基础不好
7. 教师的教学方法不适合自己  17. 自己努力不够
8. 运气不好，复习的内容总不考 18. 身体不佳，无法集中精力
9. 考题总是太难                  学习
10. 不喜欢科任老师           19. 对学习没有兴趣
                             20. 本身能力不够
```

图1-5-4 学习成绩归因的自我测试

师：如果你倾向于更多地选择前10个答案，那么，你是个外部控制的人，也就是说你习惯于将事情的成败归因于外部。如果你选择的答案大多是后10个选项，那么，你善于从自己的内部寻找成败的原因，你是一个内部控制的人。

统计的结果还是非常令人欣慰的，班上绝大多数学生都能够看到是自己的问题，仅有少数几个学生倾向于外部控制。在众多外部因素中，第8条是上榜率最高的。

环节三：学习归因理论

师：心理学家韦纳认为人们一般把成败的原因归结为以下几个方面：能

力、努力、任务难度、运气等。并且,他把人们归纳的这些原因进行了分类:根据来自内部还是外部将它分为内因和外因;根据能不能被我们个人意愿所控制将它分为可控和不可控;根据稳定性将它分为稳定与不稳定。

(用图表形式和学生一起分析各个因素的特点)

归因类别	成败归因向度					
	因素来源		可控性		稳定性	
	内	外	可控	不可控	稳定	不稳定
能力	√			√	√	
努力	√		√			√
任务难度		√		√	√	
运气		√		√		√

师:同学们怎么理解这张表格?小组之内进行讨论,然后分享。

(待学生分享完毕之后,老师开始总结,并投影出示图1-5-5中的内容)

能力强——充满信心,趾高气扬
能力弱——丧失信心,听之任之

努力——继续努力,争取再胜
努力不够——相信只要努力就能成功

任务难——埋怨客观环境,寄托减轻任务
任务易——提醒自己认真学习

运气好——侥幸
运气差——自认倒霉

图1-5-5 成败归因

环节四:情景表演——得失寸心知

旁白:考试后,八年级某班的两位同学在教室里坐在一起,闲聊起来。

甲:唉!这书真读得苦啊!

乙:喂,这次考试考得怎样?

甲:唉,别提了,真是惨不忍睹啊!连哭的勇气都没了。

乙:你平时够努力的,怎么会没考好呢?

甲:是啊!小学是"希望之星",初中就成了"流星"!唉,看来自己真的不是学习的材料啊，再努力也恐怕没用了！——你呢？

乙：我？我跟你一样：小学也算"希望之星"，现在就成了"扫帚星"！但是我认为自己不笨，之所以落得今天这地步，都得怪老师没有把我们管好教好！你想，学生没学好，不怪老师，还能怪谁呢？

师：同学们，刚才的情景剧中，两个同学面对学业失利，是如何归因的？若是这么归因，你们可以猜到他们以后会怎么做？

生1：他们如果把学习失败的原因归结在不够努力上，就有可能在未来更加努力地学。

生2：乙同学认为是老师的问题，那接下来肯定就会戴着有色眼镜去看待老师，怨天尤人，自怨自艾，就有可能丧失斗志。

……

师：同学们都总结得很不错。其实，合理归因是可以训练的，但我们还得来看看，什么是我们认为的合理归因呢？（投影显示）

合理归因的方法：

① 不一味埋怨外部环境，要多从自己内部找原因，激发自我责任感和信心。

② 要尽量找自己可以改变的原因，不要过多归因于不可改变或太难改变的原因。

③ 培养自己积极的思考模式，多从积极的角度来思考分析问题，相信自己！

④ 合理归因的目的，不是为失败找借口，而是寻找努力的方向；不是一味自责，而是相信自己可以改善。

环节五：我的试卷分析表

师：同学们，请大家拿出最近这次英语考试的试卷，逐一分析一下你的得失原因，并填写《我的试卷分析表》。

这次英语考试，我之所以取得满意（或不满意）的成绩，是因为什么？

合理归因方式：

①课堂效率：_____。

②作业情况：_____。
③自身态度：_____。
④复习情况：_____。
⑤其他：_____。

将这些原因归类，想一想，主要是外在原因还是内在原因引起的？今后应该怎么做？

师：合理的归因是对过去事情的全面总结，更是下一步行动的好的开端。合理归因的目的是明确努力方向，去取得更大的进步和成功！每次归因之前，应当有这样一个信念——命运，只能掌握在自己的手中！今天的生活是昨天选择的结果，明天的生活需要我们正视自我，在今天做出合适的判断、明智的抉择。人生没有公式也没有法则，但是你的思维方式决定你的生活轨迹。你的未来会怎样呢？[1]

积极心态训练月的宗旨是在学生心中播下一颗"积极信念"的种子。即便学生来自不同的家庭环境，每个人也有独特的气质特点，也面临着各式各样的社会情景问题，有着各种不同的经历，但是追求"幸福"却是我们共同的诉求之一。合理归因、积极心态的训练就是把黑白的世界，涂染成五彩斑斓的缤纷世界的过程。看问题的透视镜变了，世界就变了。"我，才是一切问题的根源"，一念上天堂，一念下地狱，我的心在哪里，幸福和成就就在哪里。我们为学生播下一颗幸福的种子，希望他们能够在未来自然生长。愿普天下的学子都多一分幸福和爱的能力。

---

[1] 徐晓芳. 高中心理课教案：合理归因 [EB/OL]. [2018-07-23]. http：//www.bjdcfy.com/qita/xlfdkja/2017-10/1032120.html.

PART 2

第二部分
自我激发——心灵管理的软件

第一章
心灵的承诺——自主性及动机管理

　　自觉性是人作为主体的根本属性。所以"自主发展"也是中学生发展的六大核心素养之一。"自主"的另外一面就是"他主",换句话说就是"被迫"。一个人为什么会是"被迫"或者是"他主"呢?根本原因是没有"参与动机",即一个人没有"我想要"的欲求。没有了欲求,就好比一辆车没有了发动机一样,当然不能发挥主观能动性了。

　　"学会学习"是学生自主发展的重要一环,而"学业动机"又是"学会学习"的先决条件。如何激发学生的学业动机呢?这一直是一线老师深感头疼、迫切想解决的问题。因为学业动机强的学生不要老师督促都知道主动学习,相反,对于学习动机比较弱的学生,任凭老师怎么"打鸡血",都是一副松松散散的样子,活成了一个"佛系"青年。这到底是怎么回事呢?

　　从行为发生的基本心理机制上看,动机是推动学生行为的直接动力。一个学生的学习动机是在主观需要和客观需要共同作用下,通过"内驱力"和"外在诱因"的形式被引发的,但在具体的学习情境中,情况要复杂得多,有很多因素都共同决定着学生的动力因子。本书无法事无巨细地讲述,只能勾勒一个外在轮廓,画出关键性部位,至于说血肉筋骨嘛,都还需要各位老师和我一同去描绘和填充。

第一节　引领价值，唤起认同

心育实践 1　人生资本论

心育思考

我以前看过一个实验，大致是说，实验人员把被试分成两组，目标都是尽可能多地收集塑料瓶。其中一组被告知，他们的行为事关"环保""全球变暖""公益"……，因而每个人都有"责任"；另一组则被告知，只要收集到一个塑料瓶就会被给1美分。大家可以猜一猜，哪一组最终收集的塑料瓶更多？

答案是：被告知收集塑料瓶是"责任""公益"，有利于"环保"的一组，他们收集到的塑料瓶最终远远多于被给钱的那一组。

也许是钱不够多，不够诱人，但从经济学理性人的角度出发，难道不应该是"有钱"总比"没钱"好？"有一分算一分，一分也是爱"呀？但恰恰不是！因为人的行为动机不仅仅有"利益"的驱使，还要受到一个人抱持的某种高尚且有意义的"价值观"的驱使。

一直以来，人们普遍认为价值观引导行为，个体的价值观与行为之间具有一致性。由于学生的价值观不同，因而不同学生对行为本身的认知、评价和意义建构也不同，由此引发的学习行为自然也就不同了。

实践背景

我在接手蜗牛班的时候，班上很多学生出现厌学倾向，上课提不起精神。我们班有"一口一谈"制度，即班主任每口约谈一名学生，按照学号来。从部分学生口中，我才了解到学生有如下想法："即便自己不读书，以后也有混头。""自己不用非要当别人的马仔。""可以在重庆卖小面，而且收入不菲。""辛苦点，发传单一天还不是有100多块。"……很多学生学习提不起劲，懒懒散散，三天打鱼两天晒网，浑浑噩噩。

再加之媒体铺天盖地地进行创业热潮的吹捧，让很多学生误认为即便自己是低学历，以后也可以通过创业、学技术等途径来实现自我。当然，这都没错，但毕竟是片面的。于是，我也在班级里开展了数次班级活动，企图对学生进行价值纠偏和引领。下面以心育实践"人生资本论"为例。

心育目标

①通过讨论创业类型，纠偏学生盲目形成的"读书无用论"的认知。

②引导学生思考人生资本在于对大脑的投资，而学习就是最大的投资。

③让学生树立正确的学习观，增强部分学生学习动力，辅助班级形成良好的学习风貌。

课前准备

①分组，全班共48人，分成8组，每组6人。

②分工，前4组分别收集田家炳、宗庆后、严彬、何享健的创业故事；后4组分别收集李彦宏、张朝阳、丁磊、马化腾的创业故事。

③讨论，且浓缩其主要经历，推选一人进行故事汇报，以PPT的形式。

心育过程

师：各位同学，请看大屏幕，这位大神是谁？

生：马云。

师：你是怎么认识他的？

生：他特别有钱，还是中国首富。

生：每次说到淘宝、支付宝，我就会联想到他……

生：我看过他自主创业的故事，很励志……

师：你在哪儿看的？

生：机场等飞机的时候看的他的演讲……

师：各位同学，我知道你们当中很多人都佩服马爸爸，都钦佩他的企业家精神，也有很多同学以他为榜样想自主创业，老师做一个简单调查，班上以后想创业当老板的同学请举手。

（班上一半学生举起了手，而且多半是男生，其中宋涛同学举得最高）

师：那同学们，老师再问一个问题，如果创业的话，你觉得需不需要高学历？

生：不要！

生：要！

（教室里瞬间炸开锅，学生就此展开激烈的争辩）

师：好了，我们一个一个说！

生：老师，我觉得不要，很多创业成功的人其实都是中小学学历，有些甚至还没有怎么读过书。你看田家炳先生就是其中一个例证，小时候家里穷，没办法读书，后来依然为社会做了这么多贡献。

师：感谢李佩轩同学的发言，那会不会田家炳先生是一个孤例呢？（我故意引出学生的话匣子）

生：老师，完全不是，还有好多人都是如此呢。我们小组经过调查，发现宗庆后也只有初中文凭，最后一样干成了大事。

生：还有李嘉诚，小学学历，很多本科生、硕士、博士之类的都在为他打工呢！

（此言一出，全班很多人都在笑）

师：好像很有道理的样子，那有没有持不同观点的同学呢，即认为文凭和创业有关系的呢？（我正在期待另外一波同学的反驳，但等了好长一阵，之前坚持另外一个阵营的同学都没有举手的迹象，难道是被说服了？）

生：我认为文凭只是轻飘飘的一张纸，也不能说明任何问题。你想呀，创业这个事儿需要的各种交往能力，这些都是书本没办法教给我们的。创业筚路蓝缕，风里来雨里去，需要更多的是吃苦耐劳的精神品质，文凭也代表不了这些品质。

（完蛋了，不仅没出现我想要的局面，反而被补刀，全班都在为这番"高见宏论"鼓掌，再加之周知颖同学口齿伶俐，更能为她的观点加分。现在班上呈一边倒的态势）

不过这个情况也在我的预料之中，我开始发话："不读书，可以创业，那我们首先来看看有钱人的抉择。"随即，我展示了PPT。

师：同学们，这是马云的儿子，非常低调，我们平常都没怎么看到过他的新闻。我就想请问同学，马云这么有钱，那他的儿子在干吗呢，创业还是读书？你们猜猜看！

生：读书。

师：奇怪了，我还以为你们要说他在创业呢。同学们猜对了，马云的儿子没有创业，而是在读书，据说是在美国的伯克利大学上学，也是一所名校。那同学们，我们就奇怪了，马云要是愿意让自己的儿子创业，肯定会给予非常大的资金支持，而且凭着马云的实力，让他儿子的企业赚得个盆满钵满也一定不是问题，那还让他去读书干吗？先不着急回答我，再想想看。

我继续翻动PPT，问："同学们，再看看这是谁？"

生：李嘉诚和他的儿子。

师：对！这就是你们刚才也提到的李嘉诚，旁边这位是他的儿子，李泽钜。你们猜猜看，李嘉诚的儿子是先读书还是先创业？

生（几乎也是一边倒）：先读书。

师：对，李嘉诚之子李泽钜也是先读书后创业。那他是哪儿毕业的呢？我随即放映出PPT，并读道："李嘉诚之长子，李泽钜1985年毕业于美国斯坦福大学（全球排名第3），获得土木工程学士学位、结构工程硕士学位，同年起加入长江实业。"

我都没有给学生留时间，继续进攻："同学们，这人你们比较熟悉了，谁呀？"

生：王思聪！

师：对，王思聪很高调，大家都知道他在创业，而且老爹给了5个亿的创业资金，王思聪也争气，也赚了好几十个亿，翻了几番。那他是不是一直都在创业呢？并没有，那我们来看看他毕业的学校吧。

王思聪，北京普思投资董事长，自小被送到国外，在新加坡瑞士村小学（Swiss Cottage）读小学，在英国温彻斯特学院（Winchester College）读中学，后在英国伦敦大学学院（University College London）读大学（全球排名前10）。同学们，你们想都想不到，在大学的时候，王思聪是读什么专业的！猜猜看。

生：金融？

师：不对！

生：法律？

师：不对！

……

师：王思聪是学哲学的，一个看似没用的屠龙之学呀。

生：为啥呢？（学生大惑不解）

师：西方很多人更看重的不是实用性的学科，而是诸如哲学、美学、数学这类通识学科。假设我们以摄影学为例，毕业就可以凭着一技之长谋生。但随着科技的进步，胶卷被数码取代了，数码说不定又要被AI代替……所以我们之前学的东西都不一定能够紧跟社会的步伐，因为社会发展太快了，但你要是读了美学专业就不一样了。无论时代如何变迁，摄影专业所需要的美学基本原理、基本要素是不变的……（这样，我也给学生答疑解惑了）

师：同学们，现在可以回答我了吗？为什么这些创业大佬们不直接给钱让孩子去创业，而是让他们先读书再创业呢？

生：老师，读书是为了更好地创业。

师：说得很好，那你们还能够想到我们这个社会哪些人是先读书后创业，而且非常成功的呢？

生：马云、马化腾、史玉柱……

师：对，同学们都说得很好。2016年互联网峰会在乌镇召开，这些互联网大佬们在一起吃了个饭，网上简称其为"乌镇饭局"。我们一起来看看这些乌镇创业大佬的背景。（一边说，我一边把大佬们的图片挨个呈现出来，并展示了如下表格）

公司	姓名	毕业院校
腾讯	马化腾	深圳大学
美团	王兴	清华大学
小米	雷军	武汉大学
今日头条	张一鸣	南开大学
红杉资本	沈南鹏	耶鲁大学
京东	刘强东	中国人民大学
摩拜	王晓峰	厦门大学
联想	杨元庆	上海交通大学
知乎	周源	成都理工大学
……		

师：同学们，其实企业家基本上可以分成两派，一派来自"社会型大学"，另外一派来自"全日制大学"。所谓"社会型大学"企业家，泛指没有接受过正规高等教育，而是通过在社会中摸爬滚打成长起来的人。"全日制大学"企业家就是同学们刚才看到的"乌镇饭局"的那些人，泛指首先接受正规大学教育，再通过创业取得成功的人士。之前老师也让同学们分组收集了部分企业家的创业故事，接下来的时间交给你们。

（学生分别简要介绍了田家炳、宗庆后、严彬、何享健、李彦宏、马化腾、张朝阳、丁磊的故事）

师：同学们，话已至此，已不用我多说，其实我们已经发现了，高学历的企业家发家致富之路要平坦不少。这一点大家认同吗？

生：认同！

师：我还有一个数据想告诉大家，马云1999年创立阿里巴巴时35岁，马化腾1998年创立腾讯时仅有27岁，1999年李彦宏创立百度时也只有31岁……，然而"社会型大学"企业家们创业的平均年龄是多少你们知道吗？（我停顿了一下，想等学生们猜）

（学生纷纷摇头）

师：56岁！这个数据来自网上，我不知道准不准，姑且认为它准，从这一点，我们又能看出什么问题？为什么？

生："社会型大学"企业家可能需要不断地摸索，因此耗费的时间应该更多。

生："全日制大学"企业家们走的弯路更少，他们靠的应该是独到的眼光和扎实深厚的专业知识吧。

……

师：今天我们的这节课叫作"人生资本论"，课已至此，我想得出这个结论，不知道同学们同意不同意：

人生资本论告诉我们，无论读书或是不读书都能创业和就业，同学们千万不要听信社会上的谣言，说什么学历没用，说什么文凭只是一张轻飘飘的纸，它奠定了我们未来发展的竞争力。

生：同意！

这堂课收到了不错的效果，但毕竟显得单薄了一点，而且总觉得还有些话没说完，于是在一周之后我又上了一堂心育课"校园招聘——学历的背后"。

心育实践 2 校园招聘——学历的背后[①]

心育目标

① 通过校园招聘活动，让学生明白学历所蕴含的价值，即学历蕴含了未来发展的竞争力。

② 帮助学生树立正确的学习观，增强部分学生的学习动力，辅助班级形成良好的学习风貌。

心育过程

师：同学们，上次我们就创业和学历问题进行了一次深入探讨，现在想

---

① 这个校园招聘的心育课灵感来源于贾高见老师《小班级　大教育》一书的《读，善其身》一文。

请问同学们，读书重要不重要？

生：重要！

师：今天我们再来做一个校园招聘的活动。活动规则非常简单，全班站起来，老师会给同学们一些招聘机会，每一份工作都有一些入职门槛，同学们好好对照自己，自己符合标准就站着不动，达不到要求就坐下去。记住，这个活动一定要忠于自己内心，明白了吗？

生：明白了！（同学们激情很高，摩拳擦掌，跃跃欲试，都准备开始来找工作了，全班状态很"燃"）

师：第一份工作是福特公司的销售人员，试用期2个月，试用期工资2500元，转正以后5000元。同学们，这份工作工资高吗？

（班上说高的也有，说一般的也有，说很低的也有）

师：不管高不高，同学们首先看自己能否获得这份工作再说。第一个要求，做事认真、细心、负责……（我边念边观察班上学生的动态，班上没有学生坐下，随即，我继续点动鼠标，PPT上显示出了第二条标准）

师：第二个要求，适应早晚班制度。同学们，这条标准的潜台词是什么呢？

生：加班！

师：觉得自己适应不了加班的，平常好吃懒做的就坐下去。

（班上坐下去了几个人）

师（继续播放PPT）：第三个要求，口头表达能力好，沟通能力较强，有销售经验优先。嘴拙的人可以坐下去啦。

（班上仅有一个女生坐下去了，她平常实在太安静，她坐下去了也不足为奇。到目前为止，班级绝大多数学生还站着，这意味着他们觉得自己都还符合条件）

师：最后一个要求：高中及以上学历。

（看到这里，全班愣了一下，都纷纷移动板凳，坐了下去）

师：同学们还别嫌弃工资低，要是同学们初中就肄业，就连这份销售员的工作都找不到。

师：准备好了吗？来看看第二份工作。第二份工作是会计。同学们觉得会计怎么样？

生：还不错，稳定！我妈妈就是会计。

生：先得看看工资再说！

师：那咱们就来看看工资吧：基本工资 4500 元 + 五险一金 + 年终奖；平摊下来一个月也有 8000 元左右，在一二线城市也勉强够养家糊口啦，在三四线城市就算殷实啦。同学们觉得怎么样呀？

（绝大部分学生点头，示意我，这份工作还差强人意）

师：第一条，思维敏捷，接受能力强，能独立思考，善于总结工作经验。（学生好像找到点什么套路似的，都鬼精鬼精的，凡是不好量化的基本不肯主动坐下去了）

师：同学们，思维敏捷这些能力咱们暂时都不说啦，"能独立思考"这一条你们能做到吗？班上凡是抄了别人作业被抓到过的同学请坐下去吧。

（于是，就坐下去了四五个）

师：第二条，认真细致，爱岗敬业，吃苦耐劳，有良好的职业操守。

师：第三条，熟练应用财务及 Office 办公软件，对金蝶、用友等财务系统有实际操作者优先。

生：老师，啥是金蝶，用友是啥呀？

师：我也不知道，但肯定是某款软件吧。

生：哦，那还行，凡是与手机、计算机相关的东西我们都还行。

师：最后一条，会计相关专业，大专以上学历，2 年相关工作经验。

（看到这一条，学生无可奈何地坐下去了）

师：怎么了？都萎了？之前不都是雄心勃勃的吗？

生：老师，这些都有学历指标，我们都是初中生，这有意思吗？（有学生冒出来了一句话）

师：说得好，同学们，你们知道吗？接下来这份工作就还没有硬性门槛，它有几个好处。第一，它的社会地位高，待遇不菲呀。

生：是什么？年薪几何？（一谈到钱，学生眼睛亮了）

师：海外销售经理，年薪不低于50万——（我故意扯长嗓音）

生：哇！

师：第二个好处是，它只有一道题，而且给我们45分钟时间，很宽裕的。说不定同学们误打误撞，还真就能够把这份工作搞定呢！

生：啊？还有这等好事儿？老师，快放PPT呀！

（待到全班学生站定，放出了题目）

师：请问，英国每年进口多少个高尔夫？

（空气仿佛在全班顿时停止了流动，学生呼吸似乎停滞，高涨的情绪和荷尔蒙似乎被打入冰窖，瞬间冷凝。这到底是一道什么题？什么条件都没有，是一道数学题，是一道金融题，还是一道纯粹的地理题，需要我们了解一下英国打高尔夫的人口？）

（2分多钟过去了，就连最固执的学生见大部队纷纷倒戈之后，也只好不甘心地坐下去了）

生：老师，快给我们看答案，我们既好奇又不服气。

成功吊起了他们的胃口，我也暗暗开心，于是展现PPT公布答案。

"英国买"其实就是英国进口。进口的数量与市场需求有关，市场需求与人口有关。英国有多少人口，这个我脑子里要有数。可以假设16岁至70岁之间有多少英国人，其中最有可能打高尔夫球的30岁至45岁之间的人有多少。为了使数据精确，我还在答题纸上写明了如何进行抽样调查。写完步骤后，我再假设50万人口在打高尔夫球，这些人当中经常打的有多少人，这些人估计每年要用多少球，其他的人会多久打一次，需要用多少球。这些数字加起来就是英国总的市场需求。①

师：你们知道吗？当时在众多的求职者当中，也只有一个受过专门金融财会训练的研究生脱颖而出，获得了这份工作。这道题很明显不是需要我们给出一个多么准确的数字，而是需要我们给出一个分析问题、解决问题的思路呀！没有经过系统学习的人能够解题吗？请问没有之前累积的学习成本，

---

① 佚名. 当代大学生的素质要求 [EB/OL]. [2019-07-23]. http://www.docin.com/p-672853071.html.

能够和这 50 万的年薪扯上关系吗？显然是不能的！

师：这几份工作都通过学历这一个关口把我们直接挡在了门外，直接通过学历给我们划出了界限，同学们你们还敢说学习不重要？

师：网上有一篇文章叫作《上了好学校才知道，读书无用论都是骗人的》，我们一起来猜一猜为什么作者会这么说？又是为什么"上大学""高学历"对于我们的未来确实又这么重要。我想听听同学们的想法。

生：好的大学也有很多好资源吧——教授的一席话可能就会改变我们一生。我曾经听我妈妈说，北大学生光是听几年讲座下来都很不得了。

生：高学历其实意味着学习成本、时间成本高，自然意味着回报应该更高，就会拿到更高的薪水，所以重要。

……

（学生你一言我一语，都纷纷给出了自己的想法，所有这些想法汇总到一起就是我想引导的价值观。然后我把《上了好学校才知道，读书无用论都是骗人的》这篇文章和学生分享了，因为学生之前有所思考，所以听得也格外认真）

课到最后，我抛出了一个问题：为什么老师们、父母们要让大家努力学习，争取上大学？其实，我心目中一直有一个我的答案，在此和大家分享一下：

在未来能够遇到一群和你同样优秀的人！

中考将决定你去哪个高中！

高考将决定你上哪个大学，遇到哪一群人，在哪个城市定居，遇到一个什么样的 ta，和 ta 厮守一生。

价值观的形成肯定是家庭、学校、社会、媒体等综合因素共同作用的结果，单靠学校这一因素其实很难突围，尤其是现在网络媒体的选择性、片面性的价值观导向，在信息不对称和小概率事件的频繁推送之下，青少年学生很容易被"洗脑"而获得不全面甚至不健康的价值观。但这并不代表我们老师就无所作为，因为价值观的形成与发展一定要有"自我构建""自我教育"的过程，即一定要由他本人亲自"认同"且"内化"，再加以选择之后才能够慢慢形成，这个过程就像"熏腊肉"一般，由表及里，慢慢熏习。这就给了我们"一线生机"，只要是我们的老师认知有所升级，肯动脑筋，勤于钻研，通过互动整合的各种活动，如同上述校园招聘活动，遵照学生情绪和意愿，纠偏认知，唤起他们的内在认同，最后也能让学生产生"自觉自为"的学习行为动机。切忌简单的价值说理和价值灌输，相反，要让学生亲自参与到课堂当中来，在亲自参与的过程中去产生"感受—感动—感悟"的心灵历程，①这样价值观就能够自我内化而后建构。

第二节　调动情感，唤醒情绪

心育实践 1　新年烛光会，谈"遗憾"

心育思考

情感是学生对客观现实的态度的体验，学生在学习中表现出来的喜怒哀乐都与学习动机息息相关。美国心理学家汤姆金斯（Tomkins）明确指出，情感具有"放大"内驱力的作用。例如，个体缺水，血液成分有所变化并感到口渴，这是感觉。口渴到急迫程度，使人无法忍耐，就形成了情绪。这就是因为情感放大了内驱力，从而形成了动机的力量。我们平常所说的"打鸡血"，其实就是在利用学生的情绪、情感因素。"唤醒"是情绪的维度之一，"高唤醒"情绪也有利于促进学习内驱力。同一个学生，假设在学业动机的支配下进行学习，在情绪高涨和情绪低落两种情况下，学业动力强度也肯定存在着非常显著的差别。情绪高涨时，他会全力以赴，努力奋进，克服困难；情绪低落的时候，他就像被霜打了的茄子，缺少干劲，遇到困难就中途放弃。教师在教学活动中适时通过调动情感因素这一因子来激发学生的学业动机，也是一个非常不错的选择。

---

① 李季，等.小活动 大德育[M].广州：暨南大学出版社，2012：7.

"唤起情绪"有另外一个略含贬义的名词，叫作"煽动情绪"。"煽动情绪"最好的方式之一莫过于演讲，而且最好是"当众"。至于说为什么，这一点不去细说，社会心理学很多实验已经证明。所以必须公正地说，任何站在讲台上的教师，都是紧紧握住话语权的人，他可以相对轻松地使用权威效应去利用学生的"情绪"。所以，"唤起情绪"必须是基于"良善"的目的，有"光亮"的生命底色。为此，为师者应当谨言慎行。

我很喜欢抓住关键节点和契机，营造相对正式的氛围，并适时发表一段有感染力的演说以唤起学生积极正向的情绪。我们每个人都应该经历过人生的各种"典礼时刻""仪式时刻""励志时刻"。每逢仪式，我们总是容易被氛围裹挟，或励志，或煽情，或感动，或血脉偾张。生活要有仪式感，因为它帮我们铭记一些生命中重要的东西，同时也"激活"某些宝贵的"基因"。

我们的学生经历过的重大典礼仪式实在太多了，我发表的各种演讲也不胜枚举。比如《追忆逝水的童年》是我在学生最后一次儿童节上的讲话；《打破心灵的贝壳》是我在学生"退队入团"典礼上的讲话；《种下我们希望的种子》是在开学季时，我给每个学生发放一小袋"花种"之后的讲话；还有期末之前的动员讲话《鲜衣怒马，野蛮生长》……。这里，我详细谈谈在元旦辞旧迎新期间，我们班开的一次烛光晚会，但基调不是"浪漫"，主题也不是"许愿"，而是"遗憾"。谈遗憾，就有利于唤起学生对未卜命运的焦虑情绪，从而有利于激发学生珍惜时光、用功读书的内在动力。

心育目标

① 让学生厘清"遗憾"概念，遗憾的本质是，"我本可以，但未能……"。
② 唤起学生对未卜命运的焦虑情绪，激发学生认真学习的内驱力。
③ 让学生把握当下，全力备考，使之明白"全力以赴"是"遗憾"的大敌。

心育过程

引导语：

新年快到了，在这夜幕降临、华灯初上的一刻，我们把灯关上，用烛光点亮教室。

人生中重大的场合，我们喜欢用烛光，因为烛光和灯光不同。白炽灯照亮的是一片，烛光照亮的是一点，一片的光明太分散，不聚焦，没有明暗交界，于是就没有黑白的晰分和对比，最后，光明对于我们而言，就显得微不足惜。

烛光不同，它虽照不远，但很聚焦，有黑白的交织，于是眼前的亮，因为有了黑，显得更亮；眼前的黑，因为有了焦点，也显得更浪漫。

我们的内心在明暗交织的夜晚也更容易出现泾渭分明的立场。

我们的内心在光影绰绰的场合也更容易出现赤诚相见的态度。

于是，今晚，我希望大家在正式的场合能够用心聆听，用心倾吐。

【设计意图】营造氛围，铺陈基调。目的在于唤起与场景相匹配的情绪。

师：今天，我们只谈一个话题——遗憾。同学们，在你们眼中，什么是遗憾呢？

生1：遗憾就是后悔。

生2：遗憾就是想干的事没干成。

生3：遗憾就是内心的一种悔意。

……

师：同学们所说的都不错。遗憾，我查过字典，字典里有各式各样的解释，我最喜欢的一个解释就是四个字——"我本可以"。"我本可以"这四个字一读出来，就略显悲情——它显示出梦想和现实的错位感；它显示的是能力和达成之间的落差。我们不会遗憾那些远在天边、力有未逮的东西，我们只会遗憾我们"本可以，但没有……"的东西。

遗憾的东西范围很广大，它——

可以是一件未完成的事；

可以是一个错过的人；

可以是一个本可以放飞的梦想；

可以是一个本应该完成的计划；

可以是一种面向未来的胸怀；

可以是一个要养成的习惯；

……

不管怎么样，遗憾之所以是遗憾，就在于上帝给予了我们每一个人一个共同的标准——"期限"。遗憾之所以是遗憾，就在于"时限已到，我本可以，但未能……"。初中三年这段路，截至此时此刻，即将走完，还剩最后的六分之一。请同学们在A4纸上写下10样你最遗憾的人和事。请用"三年期限已到，我本可以，但是……"的句式来写出你心中的无限遗憾。

（生分享，伴随歌曲《时间都去哪儿了》）

师：听了同学们的遗憾，我都怀疑人生了，真的。（众笑）如果人生之树已经开花结果，那么一点落叶、一个树洞这样的"遗憾"就是一种美。但如果整棵树是一种枯萎、垂死的状态，这就是人生之树的悲哀。我刚刚听到了同学们的分享，有些东西就是一种"遗憾之美"，有些东西就是"遗憾之悲怆"。

师：马丁·路德·金曾说，要在绝望之山当中劈出希望之石。罗曼·罗兰说，真正的英雄主义只有一种，就是在你认清了现实还依然爱着它。即便如此遗憾，我们是不是也能够从众多"遗憾"中看到"积极的火种"呢？就像我们今天点燃蜡烛的场景。请同学们努力从"遗憾"之中找出"积极的意义"。

生1：虽然有很多遗憾，但我们依然能够去弥补呀。

生2：遗憾让我们更懂得珍惜。

生3：因遗憾跌得越深，反作用力就越强，对信念也就越坚定。

……

师：正如——

盲人更容易明白光明的意义；

囚犯更容易懂得自由的意义；

苦难更会让我们探明幸福的意义；

遗憾也一定更能够让我们明白"全力以赴"的意义。

师（过渡语）：正如我们刚才所说，遗憾是两个维度的重叠——

第一,"力"所能及,但未能……;

第二,大限已至,无力回天。

现在有两个好消息:

第一,我们还能够让我们的能力去匹配相应的梦想;

第二,时间的沙漏还没有漏完,我们还有半年时间。

接下来,我希望同学们在 A4 纸上的另外一栏,在每一句话后面接着写"还好,我能……",去回应自己刚才的悲凉,并大声宣誓。为了不留遗憾,对于手中最容易解决的遗憾,尤其是友情类的遗憾,我们可以现在马上去弥补。

不要让我们的理想变成化石,让我们现在就行动起来,全力以赴地去实践我们的理想,让我们的人生少些遗憾。

要知道,"全力以赴"是"遗憾"最大的敌人。

这一堂课,我自认为上得很不错,自己都隐隐感动。当我回来和家人分享细节和过程的时候,我的母亲眼眶也都湿润了,她动情地说:"要是我上中学时能够遇到一个像你一样肯动脑筋的班主任就好了。"事实证明,这是有效果的,我们班学生在初三后期表现出了很高的学习热情。

心育实践 2 为母亲的微笑而学习

我还上了一堂我命名为"为母亲的微笑而学习"的活动课。活动伊始,开门见山,我告诉同学们:"纵然学习的理由有万千条,但其中一条一定是为母亲的微笑而学习……"以下是这堂课的活动过程。

心育目标

① 通过"72 小时的生命守护"活动,让学生体验到守护蛋妈妈的辛勤、不易与责任。

② 通过呈现各种素材,体验母爱在爱的天平中的分量,激发学生的感恩

之情。

③ 通过"爱的期待"活动，让学生明白现阶段感恩的重要议题是"务正业"，从而把感恩之情转化成学习动力。

实践准备

① 每人准备鸡蛋一枚。

② 与家长沟通，让家长为孩子写下一段题为"爱的期待"的话。

③ 提前让一名家长准备"我平凡的一日"发言稿。

④ 视频资源：满文军《懂你》。

心育实践第一段："72 小时的生命守护"①

引导语：

请同学们把各自准备的蛋（提前让学生准备的）拿出来。接下来，请全班同学闭上眼睛，听我描述，联想生成画面……

30 年后，当你已经成家立业之时，妈妈却悄然老去。皱纹布满了她的脸颊，黑发被银丝取代，整个身躯从年轻时候的挺拔逐渐佝偻成弓，昔日的精神也锐减得只剩下一缕维持生命的气息，双眼无神了，眼珠不再有光泽，一直有着老年泪在眼眶里打着转……，或许她年轻时积患之累，现已转变成某种病变，缠绕着她。她畏畏缩缩地在家里的角落坐着，但是每次在你下班回来之后，她都本能地咧开嘴，对你微微一笑，似乎想说什么，但是又无力了。老天爷只给她最后 72 小时的时间陪伴着你……。忽然间，这个妈妈幻化成了一枚蛋，在你手中，吹弹可破地脆弱。请同学们缓缓睁开眼睛，然后郑重地将你妈妈或是生命当中你最爱的至亲的名字写在蛋上。请同学们对这个蛋妈妈施加你的意念，告诉她你很爱她，并且愿意在接下来的三天为她付出一切。

师：同学们，我们要在接下来的这三天里全心全意地守候我们的蛋妈妈，同学们愿意吗？

生：愿意。

---

① 那一天，按照学号，我该和小于（化名）聊天（这是蜗牛班班级的谈话制度）。我了解到了他的家庭的不幸，我在感动伤心之余，在征得同意之后，就以此事作为护蛋的引子。

师：但要遵循以下几个要求：

① 72 小时，蛋不离身，包括吃饭睡觉走路看书……，但上体育课或是剧烈运动除外。

② 不能把蛋妈妈放在柔软的容器之中，必须带在身上或握在手上，让她感受你的体温。

③ 要对蛋妈妈施加爱和意念。经常对她说话，就像妈妈刚把你生下来每天陪伴守候你时一样。

④ 如有不可修复性的破坏，请写 500 字《蛋妈妈死亡报告书》，并记录蛋妈妈破裂时的心情。

⑤ 如果只有裂痕，守候如故，不放弃不抛弃，就像你小时候生病之时爸爸妈妈对你的守候一样。

⑥ 护蛋成功的，可在周五的班会上获得小礼物一份。

这个活动是我们周二下午放学发起的，截至周五下午第三节课，约 72 小时。恰恰周五下午第三节课都是班主任的班会课，我们也就此展开总结表彰。

心育实践第二段：心育班会——为母亲的微笑而学习暨保护蛋妈妈行动分享会

环节一：情景考察

师：同学们，老师先给大家一个情景，你们来猜一猜结果。

情景一：他很爱她。她细细的瓜子脸，弯弯的眉，面色白皙，美丽动人。可是有一天，她不幸遇上了车祸，痊愈后，脸上留下几道丑陋的疤痕。你觉得，他会一如既往地爱她吗？

  A. 他一定会   B. 他一定不会   C. 他可能会

情景二：她很爱他。他是商界的精英，儒雅沉稳，敢打敢拼。忽然有一天，他破产了。你觉得，她还会像以前一样爱他吗？

  A. 她一定会   B. 她一定不会   C. 她可能会

调查结果：100% 学生都会在 A 和 C 当中选择，而 95% 以上的学生都是选择 C。学生潜意识地把这二者的关系认定为恋人。此时，我话锋一转："假设这个男人是父亲，假设这个女人是母亲呢？"

（学生愣住了，纷纷改弦更张，一面倒了。几乎完全相同的题目，只是二者关系改变了一下，学生就选择了不同的答案。学生认识到了父母之爱的无条件性和伟大，这不仅极大地激发了学生兴趣，更深深地打动了学生）

师：这个世界上，有一种爱，亘古绵长，无私无求；不因季节更替，不因名利沉浮，这就是父母对儿女的爱啊！

环节二：挖掘老鹰捉小鸡中的母爱

师：同学们都玩过老鹰捉小鸡的游戏吧？老师我很小的时候就在思考这样一个问题——面对威猛雄健的老鹰，鸡妈妈就真的不怕死吗？

生1：鸡妈妈们当然怕死！但总有一种使命高于自己的生命。

生2：也怕死！如果只有母鸡在场的情况下，我相信她也会在求生本能的驱使之下四处逃窜；之所以现在没有跑，那是为了爱在冲锋陷阵啦！

……

环节三：分享恬妈们的一天

师：同学们，今天我们还有幸请到了张语恬的妈妈，她将为我们分享一下她一天的日程安排。

恬妈把自己的一日时辰安排罗列成清单，并给出了寄语，让学生见证了平凡中的伟大，她讲道：

……大家看到其实我也正值盛年，我也很想实现自己的价值，我也很想出去找一份工作替老公分担一点生活压力，我也不想终日把自己定格在阁子楼的一亩三分地里面，但是想到我宝贝现在的学习态度和学习自觉性问题，我也只好把梦想先埋藏，把计划先搁置，用自己的平凡平淡的汗水去浇灌我家恬宝贝的学习欲望之种，慢慢扶植她学习自信心的幼苗……

（我站在教室的后方，悄悄打量张语恬，她手里拿着纸巾，放在眼角，估计在抹泪……）

师（过渡语）：接下来，老师要给大家分享一首歌。这首歌是殷老师中学时代的精神食粮之一，每当听到这首歌、看到这个视频的时候我都热泪盈眶，不自觉地把自己带入这个视频当中去了。

也许我们的妈妈和这个妈妈不一样，但是有一点都是一样的——她们的眼神！

也许我们的妈妈做的事儿和这个视频里面的妈妈做的事儿不一样，但这不一样的事情背后有一点又都是一样的——对孩子的关爱和期待。请同学们带着情感去欣赏这首歌——《懂你》。

（由于视频故事性强，歌词入情入心，旋律悲伤之中的振奋感让很多学生在听第一遍时就忍不住擦眼泪了……）

师：各位同学，母亲为我们付出了太多太多，以至于我们这个爱的天平严重倾斜，请问在座诸君，你们能够为母亲提供一点什么来放置在自己天平的一端？（我故意停顿了半响）好，远的不说，我们先看看自己手上的事——护蛋任务！

环节四：护蛋分享会

① 在护蛋的过程中你投入了真感情吗？

② 当你接到任务的那一时刻，你的感受是什么？

③ 当你的蛋妈妈在你手中破碎的那一刻，你是什么样的心情？

④ 假如有一天，你的母亲真的变得像鸡蛋一样脆弱时，你会不会像她呵护你一样呵护她呢？

⑤ 你愿不愿意有朝一日仍旧时时刻刻陪伴在她身旁，让她感受你的体温？

待学生分享完毕之后，我也开始结合实际情况总结提升。

师：我们开展这个72小时的护蛋体验活动，有以下几个目的：

① 让你明白承诺就是责任，护蛋开始，责任即上，唯有用心用情才能保护蛋妈妈。

② 让你明白，仅仅是72小时的呵护就会牵扯和耗费我们很多注意力资源，那管中窥豹，以小见大，同学们自然知道妈妈们这一辈子的不平凡之路。

③ 让你明白，一旦我们开始进行情感投资，哪怕一个蛋也能有不同的意义，就像《小王子》里面小王子对玫瑰花的灌溉一般。生命就是赋予意义的过程。

课堂进行至此，好像一切的情感基调都已经铺垫完成，但好像总是缺了一点什么。细心的老师们肯定都看出来了，整个课堂似乎也就停留在传统的"感恩"课了。那应该如何把学生对父母的感恩之情转变成学习的动力之一呢？

我以一个关键性问题把整个课堂从"感恩"的基调转到了"学习动机"的基调上来，把学生的注意力从"母亲"收回到"自我"。

师：同学们，你们觉得自己孝顺吗？觉得自己孝顺的同学请举手示意。

班上大部分学生举起了手。我相信每个学生内心最真、最善、最美的部分已经被唤醒。

师：那同学们可以告诉我，你是怎么孝顺的，能举个例子吗？

生1：在母亲节的时候，我为妈妈送上康乃馨；在父亲节的时候送上贺卡之类的。

生2：有时候看到爸爸妈妈下班回家很累，我会主动去帮他们捶背，偶尔还为他们洗脚。

……

师：掌声送给刚才分享的几位同学。但如果同学们刚刚说的那些行为算是"孝"的话，那我想应该是"小孝"；那同学们想知道父母眼中的"大孝"是什么吗？

"务本"或者说是"务正业"。好好学习，务正业就是现阶段（这也是动态的，每个阶段的重点不同）最大的孝！

（学生万万没有想到这个答案，于是我们一起寻找"证据"来支撑这个论点）

结合我们班上的班情，我提出了以下四个证据，让学生和我一道来思考，分别是：

第一，这是他们最大的期待！

回忆：想想他们在抽签抽到附中时候的那种喜悦之情。

第二，在教育上的投资占据了他们花费中总支出的多少。

算一算：在你身上一年的消耗在父母总收入当中的占比。

第三，你的表现是他们最大的面子。

回忆：想想他们在亲戚朋友面前谈起你的表情。

第四，你要是生活在社会的底层，你也不具备保护他们的本领。

如果你想：我要保护我妈妈。但如果你丧失了养活自己的能力，那你不是又一次成了他们的负担吗？

师：……同学们，请闭上眼睛，假设时光穿越到30年之后，你长大了，妈妈们的岁月之尺也慢慢消减到最后，如果那个时候你还没有出息，看着你狼狈而苟且的生活，每一个妈妈都将带着永远的遗憾离开人世！在她们闭上眼睛那一刻，一定双眼噙泪，泪花里全部都是和你在一起的各种美好！（呈现配上情景图片的PPT）

师（总结）：在求学阶段，小孝就是捶捶背、打扫卫生、送贺卡、送礼物……；大孝则是成为母亲一辈子的骄傲！同学们信不信？

生：信！

师：不管同学们信还是不信，老师都下足了功夫。这是家长们的《爱的期待》（我从讲桌抽屉里拿出提前打印好的《爱的期待》），里面是班上每个家长对你们的嘱咐与期待，请同学们看看你们的爸爸妈妈都写了什么吧。

环节五：阅读《爱的期待》

（略，伴随音乐《感恩的心》进行阅读）

西方很多心理学家都把情感视为人的第一性动机。能否把情感直接归纳于动机的范畴，学术界尚需讨论，但一线老师们也必须明白，"唤起情绪"对于学习动机的调节作用是普遍存在的。大量的实验研究已经证实了这一点。在一线教学过程中，如何巧妙地抓住学生情感的主线，唤醒学生内在情感需求，对于增强他们的学习动力都是非常有好处的。

第三节　管理目标，制订计划

心育实践　生涯罗盘——终极思考下的目标细化

心育思考

学生的动机是可以由一定的目标来引发的。现实生活中，我们发现许多人平庸，其原因就在于没有明确而高尚的人生目标，只是浑浑噩噩地活着，不知道追求什么。许多学生成绩差，原因也在于没有明确的学习目标。他们的学习多半是在"应付"和"交差"；今天是为了应付家长学，明天是为了应付老师学，过几天是为了应付考试学。坐在教室里，更多的时候也是为了对父母师长有个"交代"。没有目标，哪来的劲头？

带任何一类班级，好班也好后进班也罢，目标管理也应该是老师们常抓不懈的一环。关于目标的制定，可以单独以一个月作为集中训练，教会学生如何制定切实可行的目标；也可以把目标意识融入日常生活的点滴。很多学生没有动力，其实是没有长远的目标；有些学生不能够"坚持"，在于没有一个细化和可落地可实施的目标。

我是一个有明确目标，而且时常写下来对照的人。基本上每一个学期都会制定阶段目标，安排得非常翔实。如2015年下半期我做了如下安排：

① 争取读完以下书籍：（15本，暂定）

《小组合作制》《中小学外语教师可以做的研究》《给你一个团队你应该如何管理》《货币战争》《观念水位》《心理咨询手记》《我是谁》《树木人格》《儿童绘画治疗》《病隙碎笔》《家庭成就孩子》《明亮的对话》《身份的焦虑》《论语》《天堂茶话》。

② 坚持每日写教育教学日志（一周5篇，一个学期争取写8万字）。

③ 一个月去图书馆翻阅一次《中小学英语教学与研究》。

④ 存钱报考三级心理咨询师，先报名，后学习。争取在第二学期拿证。

⑤ 争取每天面谈一个学生，做好相应笔录。

⑥初三尽量不发脾气，对家人和对学生都一样。

⑦任务和事情压过来的时候，不要首先有抵触情绪，尽量安抚好自己的内心，不要把自己内心的不满投射到工作和家庭之中，即便自认为伪装得很好，但是真诚与不真诚对于外人来说一下就看出来了。

⑧考虑本学期抽出时间去一趟仙女山，带上全家人；初三毕业了要带夫人去欧洲或是日本旅游一次，完成夫人的飞机梦。

⑨本学期期末，有质量的英语论文必须写出来两篇。

⑩新学期的演讲还没有写（紧急而且重要）。

⑪班会课下放给学生的首次实践探索。

⑫每日必须完成《六级词汇记忆》一个 list，完了以后重新再看一遍，争取能够复述出每个句子。每日选择一个好的文段，摘抄在自己的日记里，第二天要背。

⑬在第一个月学习安装一个打印机，便宜的。

⑭陪孩子的时间，每个星期累计不少于3个小时。

⑮重新经营自己的朋友圈子，开始考虑自己的交友原则。

⑯把学生的生日汇聚在日历簿上，初三开始实施"温情无痕"计划。

⑰一开学把蒋瑜老师的家校交流本（即家校联系本）弄一本过来学习参考一下，在前两周之内形成本班的管理方案。

学期计划不仅对工作做出了新的"部署"，而且也要关注自己的家人和自身。比如第8条是基于长时间未能陪伴家人而想办法做出的一定的补偿。如第15条是基于自己长期处于既想"迎合"别人，又想"回归自我"的一种撕扯状态。当目标完成一个的时候，我就在后面打上一个"√"。未完成的目标就继续考查，看是个人松懈导致目标未能达成，还是客观上存在着目标与实际不符的问题，以此作为删减或保留的依据。虽然最终我们没有去日本或欧洲，而是去了泰国（因为报团更便宜），但夫人在江北机场看到大飞机的时候，还是展现了一股兴奋劲。看着她高兴，我也很幸福——帮她实现了飞机梦。如此往复，生活又似乎充满了无限的动力。

正是有了这样的好习惯，我对自己的职业生涯有着较为明晰的规划，到每个阶段应该做什么事,应该做到什么程度,清清楚楚。没有吹牛,自从明晰了自己的长远目标和各个阶段目标之后,我感觉整个人做事情的节奏和动力都有所改变。想象出来的那种美好场景,就像眼睛前面那根胡萝卜一般,虽然吃不着,但想想都很激动。如果说这些年真的还是小有成绩,我想,这和我的目标管理不无关系。

关于目标管理,我授以"生涯罗盘——终极思考下的目标细化"一课,带给了学生一种思维的启迪,也是一种认知的深化。什么是"终极思考"?顾名思义就是站在未来的某个终端节点去设定一个大目标,同时一步一步地往前推,推进到当下即每天应当完成的事情上,如此一来,大目标变成了小目标,小目标又继续拆分成可以落地可以量化的更小的任务。我们每天只需要按图索骥般地去执行即可。"生涯罗盘——终极思考下的目标细化"也是迄今为止,我职业生涯中的一堂优质心育课,以下具体呈现。

心育目标

① 认识人生目标的确立对于成功生涯的重要意义。

② 现身说法,用老师的例子,让学生了解并学会分析确立人生目标应考虑的因素。

③ 尝试根据自己的职业理想拟定阶梯式的分段具体目标和行动计划,分段实现三年成长目标。

心育过程

环节一:周迅与赵老师对话启示录

师:同学们,这是谁?(呈现图片)

生:周迅。

师:对!可能还是有很多同学对周迅不是很了解,老师先给大家介绍一下她。(呈现PPT,略)

师:同学们觉得周迅成功吗?

生:成功。

师：但同学肯定不是很清楚，早在18岁时的周迅，可不具备这番成功的模样。那时候的她也并没有任何成功的迹象，胸无大志。每天接一些小广告，赚点小钱，其乐融融呀。后来，她遇到了改变她人生轨迹的赵老师，接下来是赵老师和她的对话。掌声有请生1和生2两位同学为我们带来这一小段对话表演，一个人饰演赵老师，一个人饰演周迅，看二人能否演绎出各自的心理动态。

赵老师：周迅，你能告诉我，你对于未来的打算吗？

周迅（内心独白）：我愣住了。我不明白老师怎么突然问我如此严肃的问题，更不知道该怎么回答。

赵老师：现在的生活你满意吗？

周迅（低下头，胆怯的）：不满意。

赵老师：不满意的话证明你还有救。你现在就想想，10年以后你会是什么样？

周迅（沉默许久，看着老师的眼睛，忽然就很坚定地说）：我希望10年后的自己成为最好的女演员，同时可以发行一张属于自己的音乐专辑。

赵老师：你确定了吗？

周迅：确定了！

赵老师：

你想28岁成为一个大明星，出一张属于自己的音乐专辑；

那么，27岁应该有大导演来请你演主角；

反推到25岁，应该唱好多歌让音乐公司选择；

那么当你23岁的时候，你应该学会识谱，对自己的形体也要进行训练；

22岁时，你要有良好的功底让大导演来请你演戏；

18岁的你对未来有什么打算？

赵老师（拍拍周迅的肩膀）：周迅，你是一棵好苗子，但是你对人生缺少规划，散漫而且混乱。我希望你能在空闲的时候，想想10年以后的自己，到底要过什么样的生活，到底要实现什么样的目标。如果你确定了目标，那么希望你从现在就开始做。

周迅：谢谢老师，我知道该怎么做了。

师：再次谢谢刚刚两位同学为我们带来的情景对话。请问同学们，你们从中得到什么启示？

生1：喜迎十九大，生涯早规划。（众笑）

师：除此之外，还有没有看出一点别的东西？

生2：赵老师把周迅的大目标分解到了各个阶段，让周迅看出了每个时期应该有重点。

环节二：终极思考下的目标细化

师：受到这番对话的启示，殷老师在刚刚入职的时候也给自己设定了一个目标，并且把目标不断地拆分切割，最后形成了若干可视化、可量化的小目标，并制作成了如下思维导图。（呈现PPT，如图2-1-1所示）

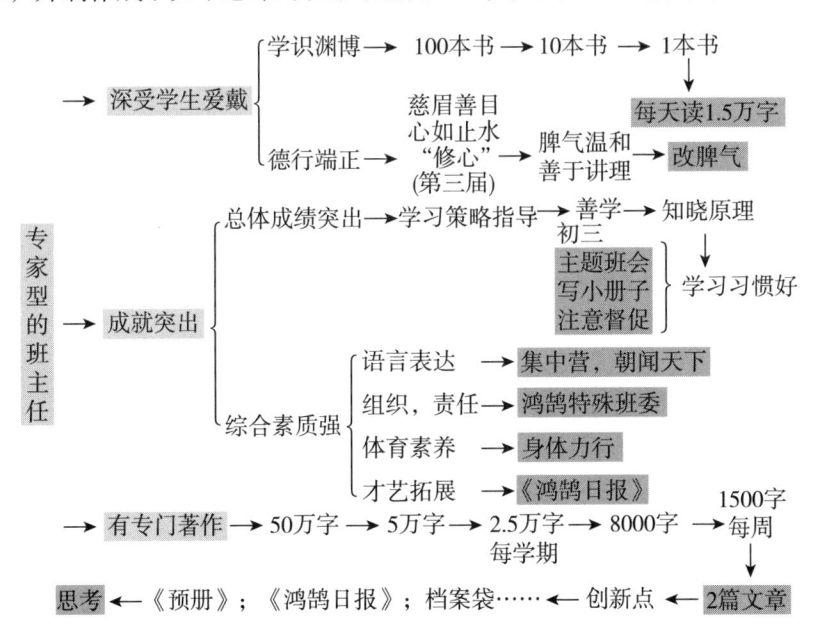

```
                    ┌─ 学识渊博 → 100本书 → 10本书 → 1本书
    → 深受学生爱戴 ─┤                                       每天读1.5万字
                    │           慈眉善目
                    │           心如止水    脾气温和
                    └─ 德行端正  "修心"  →  善于讲理 → 改脾气
                                (第三届)
专
家   ┌─ 总体成绩突出 → 学习策略指导 → 善学 → 知晓原理
型 → 成就突出                          初三    主题班会
的  │                                          写小册子 → 学习习惯好
班  │                                          注意督促
主  │
任  │           ┌─ 语言表达 → 集中营，朝闻天下
    │           ├─ 组织，责任 → 鸿鹄特殊班委
    └─ 综合素质强┤
                ├─ 体育素养 → 身体力行
                └─ 才艺拓展 → 《鸿鹄日报》

                                                        1500字
→ 有专门著作 → 50万字 → 5万字 → 2.5万字 → 8000字 → 每周
                                 每学期              ↓
思考 ← 《预册》；《鸿鹄日报》；档案袋…… ← 创新点 ← 2篇文章
```

图2-1-1　作者在刚入职时给自己定的目标

师：10年之后，我想成为一个专家型的班主任。这是一个10年期目标规划。我又继续想，要成为这样的班主任要具备一些什么样的条件呢？当时的我总结出了三个方面的因素：第一，深受学生爱戴；第二，所教班级的学生成绩要突出；第三，要有专门的著作。然后，逐条深入，都问自己一个问

题——如何做到？那如何才能成为一个受学生喜欢爱戴的班主任呢？我归结为两个方面的因素，第一学生肯定喜欢学识渊博的老师，第二是要成为德行端正的老师。那如何成为学识渊博的老师呢？最主要的途径肯定是多读书。那10年之内要读多少书呢？100本！那么每年就要读10本书，平均每个月大约就要读1本书。如果按每本书50万字的容量，那么平均每天要读1.5万字。如何成为德行端正的老师呢？我当时在脑中出现了一张自己喜欢的老师的图像——他应该是慈眉善目之人；他应该是遇事不慌，心如止水之人。我觉得我在带第三届学生的时候就应该成为这样理想中的有"修心"的老师；那么在第二届的时候，我就必须成为一个脾气温和、善于讲理的老师；那么在第一届的时候，我就必须开始改改我火爆的脾气。

再继续想想第二条——如何让学生的成绩突出？首先应该是学业成绩突出。我需要做的就是"学习策略学习方法的指导"，以至于我的学生在初三的时候能够"善学"，初二的时候或许就应该把这些策略和方法内化于胸，知晓学习原理是必然的，那么初一的时候必须要养成好的学习习惯。那什么是好的学习习惯？我作为一个新人应该如何去要求我的班级习惯呢？这也是我这三年孜孜以求的，所以，我一直在用心地摸索，准备写一本指导初中生学习的《习惯谈》。所以写这本书也是最初的规划催生出来的动机。是不是学习成绩好了就完事儿了呢？肯定不止于此。我所教的学生综合素养要得到提升才对。那如何做到综合素质的全面提升呢？什么又是综合素质呢？粗略算来我想应该包括以下要点：语言表达能力；组织能力和责任意识；体育素养；才艺拓展。根据这些总目标，我就会把我班会课拿出来或在班级中有意识地组织一些活动来训练学生这方面的素质。比如，我们的"朝闻天下"就是让学生每天早晨口头播报一条新闻；比如，班会课有专门的"口语思维集训营"，就是训练学生的口才；比如，《鸿鹄日报》就是希望培养学生设计、绘画、书法、统筹安排等方面的能力。

十年磨一剑，有自己的专著，就像魏书生一样，这是多么幸福而美好的事呀！如果我的那本专著容量为50万字，每年就要写出5万字，那么平均每学期要有2.5万字的成果。按每个学期四个月计算，每个月就要有8000字的反思记录，每周就必须要写 1500 字。我的反思文字一篇约莫 1500 字，恰好一周要写一篇。但是，我还考虑了另一重因素——我写的东西不一定都是精华呀！肯定有很多是重复的东西或者是不好的东西。假设这类文字再被砍掉一半，就只剩 25 万字了，无法完成既定目标。于是，我觉得每周至少要写出两篇反思日志。那这些反思如何来？我的创新点在何处？理顺思路之后，我想这不就是我正要求学生的整理档案袋、写《预册》、办《鸿鹄日报》等一系列班级事务吗？

全盘考虑之下，我发现标深灰的部分就是每天需要实施的。如果我按照这样的习惯走下去，10 年之后就能够完成自己给自己规定的目标。这样，我心中充满了无限的憧憬和激动。我发现我的人生有盼头！有明亮的希望在指引和召唤着我，我干起事情来就不再迷茫与混沌，很有朝气并且能够不断创新。尽管在实施的过程中很多东西都在改变，但是既定的基本路线俨然成竹于胸，只是殊途同归，我又何苦迷惘与徘徊呢？

再细细地看看这幅思维导图，我知道我每一天该做什么，每一个阶段大致该走到哪儿，清晰了然！这就是"阶段性的目标细化"。

这样的树立目标的习惯，学业上肯定能够助你一臂之力。

环节三：讨论——何为"综合素质"

师：按照这种思路，我们来想想，三年之后，我们毕业了，我们希望自己成为什么样的人呢？

生 1：老师，我觉得我成绩必须出众，能够顺利升到我们附中的高中部。

生 2：成绩当然是一个方面，但是光是成绩已经不能够说明全部问题了，我觉得发展自己的个性更为重要。

生 3：我爸爸说，中学阶段的组织能力也尤其重要，所以我才愿意竞选班委，为大家服务。

……

师：同学们的答案毕竟只是大方向的范畴，也只是口头上的表达，但是如何把这些大的目标进一步细化到日常生活呢？（我开始引导着学生进一步思考下面的问题）同学们，假设三年后，我们想成为一个成绩优秀的附中学子，那又应该具备什么样的素质呢？

（问题一抛，学生又开始积极讨论）

生1：我哥哥参加过模联（模拟联合国大会），收获很大，他说思维品质才重要。

生2：学习习惯是学习的保证。

……

师：设想如果我们要成绩优秀，初三我们应该表现出什么样的品质？再进一步反推回去，初二我们又要达到什么样的程度？既然初二想要达到这种程度，那么我们初一的时候又应该坚持不懈地培养什么样的习惯呢？

接下来的时间属于同学们，以小组为单位，我们对"综合素质"这一个大目标进行分解，最好也能够绘制出老师之前示范过的思维导图，然后我们综合每个小组的意见再进一步完善。

经过全班同学商定，我们制作出了班级的三年目标规划图。（该思维导图是经过了反复修改和商定后的成果，如图2-1-2所示）

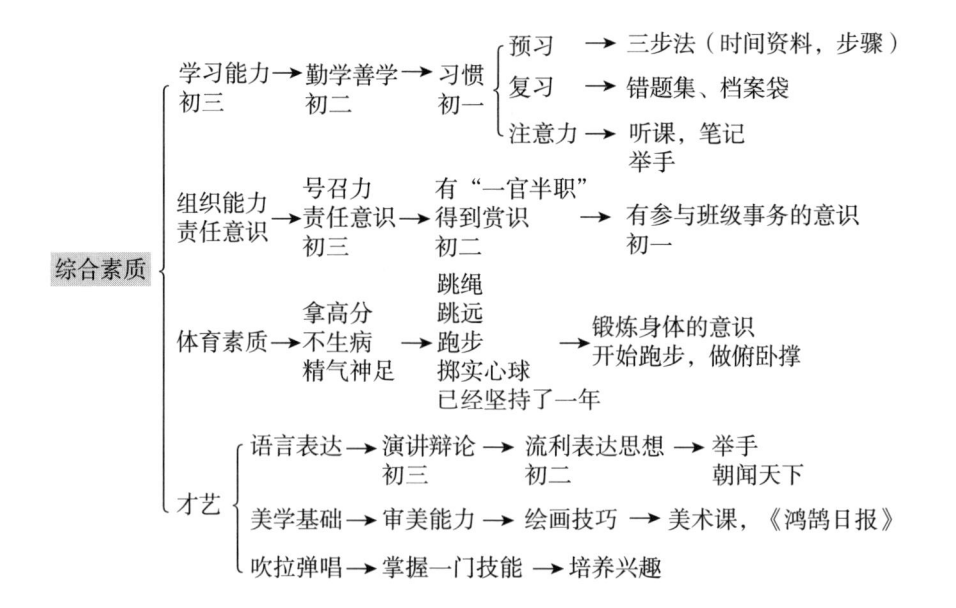

综合素质
- 学习能力（初三）→ 勤学善学（初二）→ 习惯（初一）
  - 预习 → 三步法（时间资料，步骤）
  - 复习 → 错题集、档案袋
  - 注意力 → 听课，笔记 举手
- 组织能力 责任意识
  - 号召力（初三）→ 责任意识（初二）→ 有"一官半职"（初一）
  - 得到赏识 → 有参与班级事务的意识
- 体育素质
  - 拿高分 不生病 精气神足 → 跳绳 跳远 跑步 掷实心球 → 锻炼身体的意识 开始跑步，做俯卧撑 已经坚持了一年
- 才艺
  - 语言表达 → 演讲辩论（初三）→ 流利表达思想（初二）→ 举手 朝闻天下
  - 美学基础 → 审美能力 → 绘画技巧 → 美术课，《鸿鹄日报》
  - 吹拉弹唱 → 掌握一门技能 → 培养兴趣

图2-1-2 班级三年目标规划图

环节四：量体裁衣——制定属于自己的三年规划

（略）

环节五：埋下我们的时光胶囊——让青山黛湖为我们作证

师：最后，请同学们把你的目标和计划放入我们这个时光胶囊当中（从讲桌底下拿出来）。

（全班同学都沸腾起来）

师：内容和形式都同等重要。有时候，生命中我们需要用仪式感来唤起我们的进取意识，增添生活的趣味。今天，我们就把立下的目标放入这个时光胶囊，密封好，我们开车上缙云山，在黛湖旁边找一块地方来埋下这个胶囊。三年后的今天我们再来挖，让青山和黛湖见证我们青春的誓言。

树立"目标"，常常是班主任们苦口婆心的劝导之词。我们希望通过翻来覆去的"强化"，让学生能够明白其理，建立目标。但是结果却往往事与愿违，学生耳朵听起了老茧，目标却还只是模糊的远方。所以我会设计一套从终极思考到目标细化的流程。"终极思考"是对事物本质的一一思考，即事物的本质是什么？事物发展的最终目标在哪儿？目标细化，是把问题放在未来某一特定时间节点去思考目标，然后运用倒推演算的方式，把宏大的目标细化拆分成具体可行的小目标，以期到达"天天坚持，样样落实"的效果。这样讲明事实，具体可行，让目标意识得到学生广泛的关注和认可，真真正正成为学生前行的内驱力。

以"终极思考法"为原则，站在一个更高、更远、更有意义的高地，回头俯瞰来时必经之路，重新明确每一阶段应该达成的子目标，然后继续前推，细化到每一天的行为，使得目标能够"天天坚持，样样落实"，学生内驱力自然大大增强。最后，我想说的是要想目标意识深入学生内心，必定遵循几个原则：第一，让目标"具体化"；第二，让目标"可视化"；第三，让目标遵循"最近发展区"原理；第四，当然也是最为重要的一点，让学生成为自己目标的制定者、参与者。

我以后带的每一届学生，我都要求他们制定目标。长远的目标至少应该规划到未来三年，中期的目标应该规划到一个学期或是一个寒暑假，短期的目标应该落实到每一天。但我想你们肯定都会像我第一届学生一样产生一个疑惑——为什么我制定了目标之后难以坚持下去呢？

很多学生都狭隘地把目标理解为一张最后得出来的日程表，以为在这张日程表的规范下就能够蜕变自我，获得新生。其实不然，因为人是有惰性的，如非有着超强的执行力和坚持的品质，很难持之以恒。这就要求制定科学合理的"立体"的目标。一张"可视化"的日程表确实是一个最终的副产品，但是如果不懂得制定目标的门道，那么我们就只看到了热闹，单一线性地制定出一张不科学、不合理的日程表，如此我们当然难以坚持。

此外，目标管理也一定和时间管理息息相关，至于如何制定科学合理的目标，我在时间管理策略那一章节还会谈到。在此，首先谈谈目标制定的几个思考维度。

我把制定目标通常需要考虑的因素设定为"6W"（如下表），也就是在准备制定目标的时候需要自问自答的六大类问题。[①]

Who	了解和认清自己（前提）
What	目标是什么，设定愿景
Why	想清楚目标的动机
Where	现阶段与梦想之间的鸿沟
When	时间管理策略
How	如何去做

第一类：我是谁？由此问题延展出以下问题：

① 我个人的特征是什么？

② 我有什么优缺点？

③ "理想我"应该是什么样子？

这是订立目标计划的前提。回答了这一类问题，才能够因此制定适合

---

① 这部分内容已写成文章《"六问自己"，制定立体目标计划》，发表在 2017 年 2 月 20 日的《德育报》上。

自己的日程表。比如，了解自己的学习品质，平均有效注意的时间是多少分钟？比如，坚持的品质等。

第二类：目标是什么？

① 我想做什么？设定自己期望达到的愿景。

② 我能够做到什么？一般而言，我们的目标设定都应该是"跳一跳能够得着"的。

③ 我该做什么？回答了这个问题，其实就在脑中粗略地勾勒了若干实施路径。

第三类：我为什么要去实现这个目标？

回答这个问题就是要从思想根子上寻找自己的学习动力。这样做对我现阶段和未来到底有什么意义呢？比如说，周宇轩同学说，他突然很想奋发向上的原因是不想浪费自己宝贵的青春；陈昶岐同学说，他不想被人看不起，不想以高调傲娇的风格去违背自我内心，想以优异的成绩被人尊重；孟玥汐同学则说，父母很辛苦，期望值也很高，他不想让父母交择校费……每个人都需要挖掘属于自己的动机。

第四类：我现阶段在何处？

我和理想中的我还有多大的差距？

厘清这一问题最主要是找到目标与现实之间的差距，这样更有利于学生认清自己。敢于承认差距也是科学计划的前提之一，是让目标计划落地的保证。

第五类：为了完成目标计划，我所拥有的时间还有多少？

我可拥有的自由支配时间（强调自由支配时间的主要原因，是必须除开由老师主导学习的课堂和硬性作业、回家路途等必要的客观时间）到底有哪些？在脑中把我们的作息时间和生活习惯排列出来，我们就可以初步看清楚自己实现超越的可能性在何处。

第六类：如何去做？

即找到适合自己的学习策略，具体说来是：

① 时间管理策略。

② 记忆力和注意力策略。

③ 作业及错题集管理策略。

④ 情绪及压力调节策略。

思考这六大类问题之后得出的日程计划表就是一张"立体"而非"线性"、有"动力"而非仅有"脑热"、"科学长远"而非"海市蜃楼"的有步骤、分阶段的目标计划表了，这是成功制定奋斗目标的秘诀之一。

学习动机使学生的行为指向一定的目标；反过来，目标的设立也会通过自我激励机制，对学业动机发生作用。具体而言表现在以下几个方面：

目标的明确性。学生对目标的意识越清晰越具体，学生的行为动力就越强。

目标的适应性。目标过低，会降低成功价值；目标过高，又会降低成功的概率。

目标的价值性。目标的实现对于满足学生需要越有效，它的价值也就越高；而价值越高，就越有利于增强学生的行为动力。

目标的自觉性。这不仅涉及目标的设立是否出于自觉，而且也涉及对目标达成程度的充分意识。[①]

第四节　巧用奖励，及时反馈

学生的行为是在动机的驱动下发生的，而产生的行为又会影响学生随后行为的动机。一方面是对学习动机的强化作用；另一方面是反馈作用。

心理学上讲的强化，是指在学习过程中增强某种反应可能性的力量。比方说，一个学生刻苦学习是因为他想拿到学校的奖学金。在经过一段时间的努力之后，他如愿以偿地拿到了这份奖励。他很开心，随后就会出现更认

---

① 赵广宇. 免费师范生学习动力问题研究：以西南大学为例 [D]. 重庆：西南大学，2010.

真、刻苦的学习行为。这里学生的学习行为受到强化，而奖学金本身就是强化物。行为主义学派的泰斗级人物斯金纳把这种强化物分为两类：一类是由于呈现而增强反应频率的刺激，称为正强化物，"奖学金"就是这一类，一线老师经常用的"发棒棒糖"也是正强化物。另外一类是由于撤除而增强反应频率的刺激，称为负强化物。比方说，如果抄写单词的作业被学生视作不愉快的任务，那么只要你单词默写得满分，就可以免除抄写作业，这就是负强化。在人类动机行为的研究中，强化作用一直是行为主义学派的一个核心概念。

无论是在教育教学中还是在班级管理中，利用强化物去管控行为的方式是屡见不鲜的，很多老师也经常在用。比如向学生承诺：如果能够冲进年级多少名，就会给学生奖励多少钱；如果英语上90分就能得到一份礼物；等等。这种方式其实就直接把"学习"绑架在了"奖励"身上，在一定的情景之内，是非常容易调动学生学习的积极性的。但这同时也间接告诉学生，学习这件事本身就是为了"拿到奖励"，一旦"奖励"撤销，动力就会消减。有一本书叫作《奖励的恶果》，作者是艾尔菲·科恩，他对此种奖励行为是深恶痛绝的。但话分两头说，以"奖惩"作为强化物来激发学生学习兴趣和动机的方式还是特别管用的。教育界经常以"代币式"的间接强化来管控学生行为，最常见的方式就是"操行分制度"。从这个维度上看，这是属于动机的"外在诱因"。

在培养学生英语学习动机方面，我也常常挖空心思，变换着各种花样来激励学生。还记得在带第一、二届学生的时候，我就用了这一招。在学优班，我们一起制订了"Surprising Red Bags"，即"惊喜红包计划"；在学困班，我们以"Running, buddy！"即"奔跑吧，兄弟"为抓手来激励学生，坚持了一个学年，取得了非常好的效果。

心育实践 ❶ 惊喜红包计划

活动说明

① 每个单元考核分值 20 分，即达到 20 分者算是合格，下一个单元分数自动清零。

② 部分同学要求合格分值为 18 分。

奖惩分明

① 合格者，奖励分数前 8 名，照片上墙两周。

② 每个单元不合格者，罚抄单词或是短语，通知家长和班主任，并发出整改申明，做清洁一天。

③ 连续两个单元都分数排名前 8，照片上墙，班主任通知各科老师，并请学生吃饭。

申辩说明

① 在分数相同的情况下，可在全班面前进行互辩，说说这两周是如何学英语的，做了哪些努力。由同学打分。

② 在分数不合格，离合格分数相差不大的情况之下，可以找到老师，为自己申辩。

③ 在最近两周学习英语方面很努力，老师可酌情打分。

组长：银煜祺，徐定川，陈桢睿，万腾飞，刘俊呈，周欣宇，张羽飞，梁思玉。

行为项目	情况说明	分值
作业情况	能够主动完成《学习指要》预习工作，有批注，有订正，有总结	1.5
	当日作业获得 A	2
	当日作业获得 B	1
	家长签字	0.2
	主动做错题集，符合规范（双色笔，错因详细）	2

续表

行为项目	情况说明	分值
背书	能够主动背书且流利	2
	能主动背书不流利	1
听写	全对	1
	只错一个	0.5
	错两个	0.2
	错三个	0.1
课堂	回答问题正确一次	0.1
	能和同伴完成一次对话	0.2
	能回答对一个高质量的问题	0.5
单元测试	大于等于90分（满分120分）	5
	大于等于80分（满分110分）	3
	创造个人历史新高者	5
	有进步（老师亲自认定）	3
超越	制定有针对性有挑战性的目标，再完成一次目标超越	0.2
	在考试任务中超越目标	0.5
申辩	过程性自我评价	0.5~1
	过程性老师评价	0.5~1
减分	单复数用错者	−0.1
	该用"第三人称单数"却忘了加"s/es"者	−0.1
	退步明显者	−0.2

现在呈现的这张表格是最终版本，其中不乏亮点。比方说"申辩"一栏就是为了给那种努力但能力欠缺的同学一次机会，彰显过程性评价。"超越"一栏就是为了调动优秀学生的积极性而增加的，因为一个班级总是有几个学习力强的学生，他们在这种评比中，毋庸置疑，总是达标，也就没有什么挑战性了。整个计划基本上是加分，鲜有减分项目；加分就是一种"正强化物"；减分的项目，如"第三人称单数"不加"s"或"es"的情况要被扣分，其实就是一种"负强化物"，目的是增强学生对"动词第三人称单数"的敏

感度。在学优班实施的"惊喜红包计划","惊喜红包"里面所装的也不是钱,而是各种"惊喜",这就带有一定的趣味性了。如一些学生拿到了"有权让老师唱一首歌";一些学生拿到了"请家长豁免权"……

在行为引发动机的因素中还有一点就是"反馈"。在学习中,如果能够及时反馈,即让学生知道自己的学习结果,对于激发他们的学习动机,调动其学习积极性是有十分明显的作用的。国内外有不少心理实验证明了这一点。

布克(Book)与诺凡尔(Norwell)把被试分为甲、乙两组,让他们以最快的速度和最高的正确率来做同样的练习(减法、乘法、写字母a、找课文中的外国字),连续实验75次,每次30秒钟。在前50次练习中,对甲组还采取三项措施:(1)知道每次实验的得分;(2)不断鼓励督促他们努力地做;(3)对产生的差错加以分析。对于乙组则不采取上述的那些措施。在两组被试各实验50次后,把两组的实验措施加以对换,即对乙组采取上述三项措施,对甲组则予以取消。实验表明:在前50次实验中,甲组的成绩高于乙组;而后25次实验中,乙组的成绩高于甲组。[①]

由此看来,反馈对于学习来说也是非常有用的。这里再呈现一个我曾经在班上用来激励学生的小妙招——我和学生开"赌局"。

心育实践 2　我和学生开"赌局"

实践过程

初三来了,为了激起学生新一轮的学习欲望,我们这次又"赌"上了。

在班级布置方面,我制作了一块名叫"学而有成——挑战墙"的KT板,专门给我所教学的班级进行学科"挑战赛"。

挑战墙面上,我写下了这样几句话。

"在这里,我们终于可以'赌博'了!"

---

① 燕国材.非智力因素与学习[M].上海:上海教育出版社,2006:66.

"赌，就赌我们的青春不输！"

"你输了，我赢了，我却不开心；我输了，你赢了，我却很开心。"

"请各位把'赌资'准备好。"

师：同学们，从这个单元起，我愿意和你们每个人"开赌"！人人都可以参与"赌博"。

生（一听，迅速炸开锅）：老师，你这是聚众赌博。

师：对！是赌博。但我们这个"赌"是绿色、健康、环保的"赌"，也遵循自愿参与原则。

生：老师，怎么玩？

师：这还不简单，在家没玩过吗？简单说，就是你赢了，拿你想要的东西，输了就给我我想要的东西。

（学生一听，很新鲜，参与热情极高）

师：同学们，第一期，2单元测试，我开出的"赌资"如下，你可以选择。

A. 连续赢了2次，可获得一把"免惩尚方宝剑"。

B. 连续赢了2次，可获得为期一个月"任选座位权"。

C. 赢了当局，即可获得零食或相应学习物资。

D. 赢了当局，即可获得与殷哥共饮共聊的机会。

（注：这是对我所任教的基础较弱的"蜗牛班"开出的"赌资"）

师（做如下解释）：你可以选择A或B，即，连赢两局，视为延迟满足，可以获得在班级内部一定程度的自由权。自由诚可贵，所以要赢2次。你也可以直接选择赌赢本单元，那我也会给你准备一份小零食或学习物资，不贵，几元左右。但绝对不会给你准备那种5毛"牛板筋"或"辣条"（众笑）。你或许会疑惑："应该没人选择D吧？"这也不一定，如果你在某一时期遇到了一些心理障碍或是情绪低潮，选择D选项就是一个最适合你的馈赠。现在你可以做出你的选择了。

在另外一个教学班，学生生源质量较好，但我又不是班主任，于是，我开出的"赌资"如下：

A. 连续赢了2次，家长可获赠"好孩儿"奖状。

B. 连续赢了 3 次，可以获赠量身定制图书一本。

C. 赢了当局，可以获得和殷老师共饮共聊的机会。

D. 赢了当局，可选择小零食或学习物资一份。

E. 赢了当局，可获赠由殷老师独家为之设计的"励志暖心"语录一条。

（注：这是对我所任教的基础较好的 5 班开出的"赌资"）

生（惊讶）：啊？还有 A 这种操作呀？

师：怎么没有呀，纵然学习的理由有万千条，但其中一定有一条是为母亲的微笑而学习。你的成功，从侧面说明家长们的成功；你的失败，在一定程度上可以说明父母的失败。所以，你的成功喜悦，你妈妈也一定愿意分享，而且你也会为之感到自豪。

生：老师，如果我们输了会受到什么惩罚呢？

师：问得好！如果你输了，你受到的惩罚也可以选择，如下所示。

A. 连续输了 2 次，可以送我一小盒金嗓子喉宝。（众笑）

B. 输了当局，你可以选择送老师小零食一份＋一份 500 字的试卷分析报告。

C. 输了当局，你可以选择每日"额外一点"的任务打卡清单。

D. 输了当局，你要完成一个特殊任务，保密。（限男生）

（同学们看到 D 选项的时候，都开始兴奋不已）

生：老师，到底是啥任务呀？

师：暂时不能跟你们讲，下一次就仅限女生啦，不过也保密。对了，我补充说明一下 C 选项，如果你选择了 C 选项，"额外一点"，就是根据你的实际情况，给你每天布置的多出 20 分钟左右的打卡任务。比方说，蒋侃字写得丑，如果这次没有过关，我就可以强行指派 C 项任务，命令他买一本字帖，每天额外多练书法 20 分钟，且坚持到下一次考试成功之后。明白了吗？

生：明白啦！

生：老师，那分值怎么定呢？

师：这个问题问得好，这是我们共同制定的原则。我会提前看题，然后根据当次考试的难度系数，给同学们一些选择区间，然后同学们再量体裁衣，制定的分值稍微高出自己实际能力一点点即可，要务实，分数最后老师还要审核一遍。

（宣讲完毕之后，我就给学生发下了如下表格，让学生选择，并确定契约分数）

姓名	我选择的奖励"赌资"	我选择接受的惩罚"赌资"	契约分数
我的单元复习计划			
1.		3.	
2.		4.	

学生在填写契约分数这一部分时，也多半比较准，因为毕竟有前面两年的预估和铺垫。我对学生这么引导：

"同学们，如果你心中有两个分数，一定要选择最高值。假设魏星月同学心里想了一个95，一个98。那我就建议选择98分的那个值。为什么呢？我的答案是，当你把自己拔高到了一个层级时，精益求精的心态就油然而生了。另外一个分值，虽然更有可能赢得奖励，但这并不利于你长远发展。优秀有时候是逼出来的，人，有时候就是要在刀尖上盛装而舞！赢了你们，我并不一定开心，我希望我输。我输，证明你们达标情况好。但是，同学们，哪怕你因为一个高标准而输了一两次给老师，你送我一份零食又有何妨？如果你在中考场上能笑傲江湖，独孤求败，平常输几次给我又有什么关系？"

"如果因为高标准，你输给我了，那你不是输给我，你是输给精益求精。汪国真说，要输就输给追求，要嫁就嫁给幸福！就是这个道理。"

"我也不希望你因为我们有了共同的赌，你为了赢，而滋生你的不诚信动作。你一定要知道，搞这一切，都是为师抓破脑袋、想方设法地为激励你更上一层楼而做出的努力，绝对不是真正想赢你。所以，忠于老师的苦心，诚于自我成长。"

心育反思

长期在一线，我发现，能否调动学生的学习动机，要看"奖励"是否有吸引力。能否发挥强化作用，取决于学生对奖项的价值大小的判断和得到这一项奖励的信心强弱。已经得到的东西，再一次得到，它带给我们的价值感会衰弱；轻易能得到的和再怎么努力也难以得到的荣誉，对于学生而言也是没有什么激励作用的。[①] 在这儿我建议老师们多用"象征性奖励""社会性奖励""代币性奖励"，尽量少用"物质性奖励"。"象征性奖励"，即"荣誉""光荣榜"，但是要突出象征性奖励的神圣和光荣，使学生体验到喜悦、成功和荣耀。"社会性奖励"，如拍拍学生肩膀以示鼓励，以书信的形式向家长表达对孩子的赞赏，这可以使学生"获得共鸣而被社会化，且受共同精神的约束"，以此来改变学生行为，增强其学习动机。"代币性奖励"，如同上文提到的"惊喜红包计划"等，当学生学习良好时就获得积分。

老师们在设计"奖励"时，真的要挖空心思、别出心裁。一方面可以让学生参与荣誉称号的设计，既可以调动学生的积极性，也可以增强奖励对学生的吸引力和强化作用；另一方面，老师也可以自己动手，比如自己打印或手写奖状等。总而言之，要让学生看到老师为此付出的心血。比如，有一年寒假，我让学生坚持早读"打卡签到"，坚持下来的同学会收到老师别样的礼物。每个学生都异常期待我的特殊礼物，因此一声令下他们就表现出了很高的阅读热情。我让科代表帮我记录学生打卡的情况，让我吃惊的是，那个寒假班上绝大多数学生都坚持了天天打卡。开学之后，恰逢情人节，我也送上了我特殊的情人节礼物——刻有我头像的水杯，并写下了当天的日记《情人节礼物到啦！》。

[①] 谢清敏. 让奖励更具吸引力 [J]. 班主任之友（中学版），2014（7）：54.

第五节　看见"需求",激发内因

一般来说,动机的产生有其内外原因,如果说对行为的"强化"是外部原因(如前文所提及的"行为因素"),那么内因归根结底则在于人的需要。需要和动机紧密相连。需要是人的积极性的源泉,是动机产生的最根本的心理基础。就好比一个寂寞的人,会出于交往的需要而产生相应"找朋友"的动机一样,一个乐学愿学的学生,会出于求知的需要而产生相应的动机。

人的需要是多种多样的。人本主义心理学家马斯洛把人的需要划分层级,由高到低分为以下几大类：第一层是生理需求,如空气、食物、睡眠、性等。第二层是安全需求,如躲避危险、逃避不稳定因素等。第三层是爱和归属感,如交友、母爱、从属群体等。第四层是尊重需求,如希望有实力、有成就、有信心、能胜任,或者渴望名誉、威信、赏识、关心、重视和高度评价等。最后一层是自我实现需求,也是最高层次的需要,在此阶段,人类都在寻求潜能的充分发展,已经超越了人类的基本需要。[1]

有鉴于此,如果我们在和学生互动的过程中,能够悉心发现,充分挖掘其本身的某种"需要",加以迁移和利用,就能使之形成主动学习的"内驱力",就能让其达到"不用扬鞭自奋蹄"的状态。

举个例子,比如班级的中等生,就是班上沉默的大多数,一个位于中间地带的灰色群体,他们没有耀眼夺目的天分,没有突出的成绩,就连偶尔犯错误的勇气都没有。再加上老师们事务繁杂,分身乏术,有些老师也觉得他们省心省力,不用多管,那么班级的中等生就自然成了被"阳光"遗忘的角落。于是,他们的梦想在忽略中挫伤,他们的激情在老师们的漠视中逐渐消耗殆尽。我曾经也是这类群体,对于还是学生阶段的我来说,老师们的一个微笑、一句表扬都成了奢侈品。这可能也成了我励志从教的因素之一,因为

---

[1] 黄希庭,郑涌. 心理学导论 [M].3 版. 北京：人民教育出版社,2015：220.

我实在太想关注这一类群体了。其实，每一个中等生都是矿石中的钻石，只是还在等待着老师们去挖掘、开采、打磨。中等生这个群体也是一座埋藏的巨大宝藏，一旦开发出来，更是提升班级能量的中坚力量。[①]创造"56号教室奇迹"的雷夫先生，也曾在自己屡次的"中国行"中谈及要"关注中等生"这个群体。显而易见，中等生的"需要"就是渴求被关注、被肯定、被尊重。这股积攒已久的"能量"，如同长江大河，一旦开一个口子，就会灌注在学习的田地里。那我是如何打开这个"口子"的呢？

心理学上说，所有行为其实都在释放一个信号，"我希望被看见"，这也是一种刚性需求，那如何让学生也被看见呢？我又一次不错的尝试。

心育实践 ❶ 短信汇报，时空架桥，心灵润泽

有一次，11班的廖同学跑过来对我说："老师，我想把英语搞好。"我说："这是好事呀！还用得着向我汇报吗？"廖同学属于英语后进一点的学生，但是最近学习英语的势头高涨，我打心眼里高兴。

"问题在于，在学校里看着您的时候，我还能够自觉自律地学习英语，因为我重视您对我的看法。但是回到家后，诱惑太多，我实在是不能够很好地监督自己呀！"廖同学一半玩笑一半认真地说。

我确实清楚这孩子的情况，早在小学的时候就已经开始涉足网游，无心学习，学习习惯较差，自律性低，成绩自然一塌糊涂。现在来到我们学校了，而且能够迅速喜欢上某一门学科也实属不易，我当然很想巩固和扩大他这刚刚生成的兴趣自留地。学习一上心，时间自然占用较多，相应玩电脑游戏的时间就变少了。

"这也是大实话，那你说我怎么能帮你？在学校还能督促你几句，难道你回家也要殷哥跟在屁股后面？"我边说就边琢磨是不是要说点"毅力""坚持""自觉性"的良言金句来引导他。

---

① 佚名.沉默的大多数：关注中等生征稿启事[J].班主任之友（中学版），2014（7）：2.

"这倒不用，老师。我就想在放学后也和您建立一些联系。"

"联系？怎么建立呢？"

"我想把每天回家后所做的作业和事情发短信跟您汇报一下。"

"发短信就可以了？"

"嗯，对我个人而言就有用！我考虑了很久，我想，每天编辑短信的过程就是对自己在家状况梳理的过程。更重要的是，我知道每天发送给您的短信您一定会看，这样我就总感觉有一双眼睛在我背后盯着我，这样有助于提高我的自觉性。我知道您时间紧张，您不用回复短信，您只需要看短信，我知道您会看到我在家所做的事儿之后我就已经满足了。"

孩子的语言十分朴实，尤其是为我着想和考虑的那几句话让我感动万分。我毫不犹豫地答应了他。

当天晚上我就收到了他的短信：

"殷老师，今日任务完成如下：1. 完成了档案袋的整理，共20个短语。2. 完成了《新支点》13页的内容。3. 复习了今天课堂上评讲的作业。老师晚安。"

以后的每一天，大约在相同的时间，我的手机上都能收到类似的短信，偶尔，我也会抽出时间来回复他，或是一句鼓励的话，或是一句励志格言，或是反馈一下当天课堂表现等。

廖同学的英语月考成绩迅速提升，在班上表扬他的时候，我灵光乍现，为什么不把这种做法推而广之呢？肯定有一批和廖同学一样的学生，他们成绩平平，但是向真向善向美的愿望犹如春日的种子，向上生长的欲望很强烈，但却性情低沉内敛，老师关注的春雨无法洒到他们干涸的内心土壤。在缺少关注和监督的情况下，这部分学生的学习动机就没有完全被激发，学习的积极性也就没有被完全调动。

所以，想到此，我马上就召集了一批有这种情况的同学，把我的想法跟他们说了一遍，让他们把每天回家所做的软性硬性家庭作业以短信的形式发给我，我每天都会认真审阅，并且在合适的时候回复他们。

学生们是非常积极的，有时还会就关键性事情和我沟通，你瞧，李润峰写道：

"老师，昨天你很生气，没敢发短信给你。我知道打陈××的事给你带来了很多麻烦，请你见谅，其实……。今天完成任务如下：1.背诵了英语课文；2.看了课外书《千年一叹》……"

有时学生还会打破学科限制，把所有做的事全部给我梳理出来，你看，曾睿然写道：

"今天我完成了家庭作业，写了《暮省》，看了英语《新支点》11单元的重难点讲解；基本背完了11单元的单词；复习了语文23—29课的生字词、拼音和数学的因式分解……"

后来，我又扩大了这批"默默无闻"的学生的范围，共二十几个，组成了一个群体，包括老同志和新同志。我们找了一个放学后的空档，开了一个"说明会"。我开门见山地告诉他们："你们是老师特别想关注的中坚力量，因为之前老师也忙，考虑到你们也乖，对你们的关注也就减少了，我自我反思检讨，现在就想通过短信汇报的形式，让你们在家也能和老师建立联系……"

有新同志叶雨欣提出了疑问："老师，要是我们并没有完成这么多的事儿，但是却故意写下来说自己完成了，你怎么知道呢？"

我正欲开口，老同志孟月汐同学马上站起来解释说："说实话，我就遇到过这样的情况。有一次，我梳理了自己所做的作业之后觉得很单薄，就故意多写了一些自己没做过的事，我希望老师看到以后开心一点。当时就感觉到良心上过不去，但还是把短信发出去了。但是，我不可能每天都这样去做。第二天，为了让自己的内容充实起来，我就开始尝试着把作业做扎实、做丰富。这样就有东西可以说了。反正，我自己觉得，要是你存心想骗老师，就大可不必这么做。如果咱们真想和老师建立联系，那么就会如实说话，哪怕第一天说了点虚话，第二天也会不由自主地去把那点未完成的事儿完成……"

话音刚落，另外一个同学也站起来现身说法："殷老师这个方法真的很好，我举个我自己的例子吧。我在编辑短信的过程中，总是要花费几分钟去想自己做了什么，在这个过程中我还可以查漏补缺，把之前可能会忘的事情连带想起，我很少有遗漏作业的情况。有一次，我把张老师要求买圆规的事儿忘得一干二净了，可就是在写短信的时候，我就突然想起来了……"

这活生生的例子还需要我赘言吗？我只能站在那儿真心诚意地为他们鼓掌。

对于这群中等生组成的"中坚力量"，群体名字就要起得让他们有自豪感和使命感。再加一个"编辑短信"的过程，就搭建了一个时空桥梁，这桥梁也如心灵的水渠，一头连接着我，一头连接着学生。关注、鼓励、尊重的泉水顺势而流，润泽他们的心田。

不同学生个体的内在需求是不同的，我们用的策略也是不同的。又比如，《赢回光荣与梦想》这篇文章记录的是一名叫胡凤娇的学生的故事，透过表象看到她内心真实的需求，就能激发她的个人潜能。[①]

心育实践 2 我不是看重分数，而是属于你的荣光

运动会的第二天，"班级英雄"胡凤娇穿了一条裙子迎面向我走来，"殷老师，今天早上的两百米我弃权。"

我大致知道孩子这么说的原因。早在第一天的100米决赛中，胡凤娇同学在临近终点处拼尽全力，为了超越仅仅领先她半步的第二名，结果在跨过终点线的时候重心前移过多而扎扎实实地摔在塑胶跑道上面，当即就被同学们送往校医务室进行了处理。当我看到她的时候，她的右手手肘已经包扎好了。

每次到了运动会的时候，基本上都是属于胡凤娇的时刻，因为作为班上跑得最快的女生，她每次都能在短跑项目当中为班级挣足够的体育分，她的速度仅次于一个年级上长期训练的"体尖生"。运动会上，说"她是能够给我们班级带来期待和希望的人"一点也没夸张。所以，昨天的意外受伤，同

---

① 这个故事也被节选在《不被表象所迷惑——做一个懂心理学的班主任》这篇文章里，发表在《班主任》杂志2015年第7期上。

学们更说"胡凤娇是在用生命为班级跑步"。

"是因为昨天受伤了，是吗？"我问道。

"嗯。而且，今天早上起来，两条腿疼得不得了。我们室友都坚决劝我主动弃权，她们怕我再次摔倒，酿出更大的事故。"

"胡凤娇，即便你这次主动弃权，你也依然是班级英雄，大家依然会敬重你——只为你昨天的表现。但是你现在真的特别难受吗？精神情绪真的很低落吗？"

"也不是，只是这儿（她指着包扎的地方）确实受伤了，而且大腿酸痛。"

胡凤娇来自农村，是一个意志力比较坚强的女孩子，于是我又说："无论如何老师都尊重你的决定，但是我希望你再参考一下老师的话——如果你身体的某个器官已经向你发出信号，告诉你如果再次剧烈运动就会对它产生无法修复的破坏，那么你应该坚决放弃，而且老师也支持你。如果你腿部的疼痛仅仅是因为长时间没运动，昨天又运动过猛而产生的'乳酸式'疼痛，那么你就不应该放弃。手肘上的擦伤如果不是深入骨髓式的疼痛，仅仅是因为皮外伤，这也不算啥。我们每个人的一生中，属于自己的光荣和梦想的时刻并不多，老师希望你不要轻言放弃。你站在赛道上，尽力而为之，带给老师和同学们的是什么？是希望和期待……"

我的话还没有全部表述完，胡凤娇就立马表态：

"老师，不说了，我上。"说完马上转头就准备去检录处检录。

"等等，你先别慌。你像老师一样收腹跳几次，让老师看看到底行不。"

我一共跳了10次，胡凤娇也跟着跳了10次。根据我的观察，她并不存在问题，于是我放心了。

胡凤娇的号码是第四组第三道。我站在她身旁帮着她做各项热身运动。

准备上场的时候，我又对她说："既然都决定要跑了，那就应该扔掉顾虑和包袱，大步向前。"

"老师，我已经扔下顾虑和包袱了呀？"胡凤娇疑惑地问道。

"不够！心灵上的包袱已经卸下了，但是身体上的包袱还没有完全卸下。"我边说边指了指她右手肘上的包扎带。

胡凤娇会意，马上就撕下了伤口上的白色包扎带。

我定睛打量了孩子的伤口，仅是皮外摩擦伤，心里更是舒了一口气。

"撕下了包扎带，你就和他们当中的任何正常人一样了。也别给自己留有余地，不要总是告诉自己自己受伤的事实，哪怕你的手肘的擦伤在剧烈的摆臂中又撕裂，露出一颗颗殷红的血水珠也别去想，这些小伤小痛放在人生的长河里面也都不算什么了。"

"嗯！知道了，老师。"孩子用坚定的眼神告诉我，她确实已经准备好了。

等到胡凤娇上了赛道，班上很多同学都很惊讶——明明说好了不跑的，怎么又上去了？全班集体站起来，带着一种既焦急又期待的神情。我的部分学生不理解我，以为我为了班级面子非要硬逼着学生卖力。甚至还告诉我的同事申老师，让申老师劝我不要这样勉强一个已经受伤的学生。

我把我的观察和想法也告诉了申老师，得到了申老师的认同，她又立马说：

"既然已经扔下了心理包袱，那裙子也是一个包袱，也得一并扔掉。"

于是，我们迅速给胡凤娇找来了短裤和T恤。此时，一切已经准备就绪了。我退居幕后，远远地注视着孩子——

孩子像离弦的箭，以自己超强的爆发力冲了出去，在弯道处就开始超越，一个、两个、三个……在跑完弯道的时候，已经是第一名了，我看着最后100米用体力和毅力全速拼搏的胡凤娇，眼睛不由湿润了。我按捺不住自己内心的激动，一个劲地冲向终点运动员接待处。我们班的学生已经早早等待在终点接住了她。

拼尽全力的胡凤娇筋疲力尽，我示意周围的孩子们帮忙把胡凤娇送上我的背，我要亲自背着她走回本班坐区。

我背着胡凤娇，一边走，一边问："还难受吗？"

"老师，一点也不难受。如果我不去跑，那才叫难受。我会后悔一辈子的。"

我故意追问道:"那你还要弃权?"

"其实我也很矛盾,我心中的两个小人在争吵,一个让我全力以赴,一个让我放弃……"

"哪边赢了呢?"我问道。

"其实,我真的很想上,哪怕是走也要走完。只是后来室友们一个个都让我放弃,我就放弃了。"

"她们关心你,老师理解。但是她们不是真正地知道你需要的是什么。在这个时候,殷老师非常清楚,你需要的不是无休无止的关心的话语,你需要的是属于你自己为自己创造的感动和你所能证明出来的光荣与梦想……"

需求与动机一定存在着高度的相关性。而个体的需求无非是"被尊重""被接纳""被关注"和"实现自我"。如果我们能够打开学生潜意识的黑匣子,一定能够听到他们日日夜夜在呼唤着这一系列的"需求",而且这些"需求"都希望"被看见"。但如果长期没有被看见,就好比长期不见阳光的花朵,自然会凋谢。但是,青春期的生命能量是旺盛的,是要流动的,他们如果不会因为需求无法实现而"凋零",就会把自己的行为进行"化装",用各种看似诡异或是不可理喻的行为来引起别人的关注。一切的行为都在呼唤——我希望被看见。

听一位家长说,她的孩子每天上课就趴在桌子上睡觉,根本无心学习,作业也不做,考试也不及格。我就好奇地问:"那老师不管她?"

这个忧心忡忡的妈妈回答:"就是不管呀!"

"那你有没有发现孩子对学习以外的一些领域非常有兴趣呢?"

"哦哦哦,老师,你这么一说,我就想起来了。我的孩子特别喜欢修手机,而且从网上找来了苹果维修的视频,每天就在研究如何修手机。家里面一些简单的手机问题都拿给她,她三五几下倒腾,就修好了呢!而且她还喜欢给同学们修手机。每次回来,学习不想谈,一谈到手机问题,活脱脱就是一个专家的样子……"

"那孩子是什么时候开始涉足修智能机的呢?"

"大概就是初二下……"

我后来了解到，孩子跟不上学习进程，课堂贪睡，自暴自弃，也就是从初二下学期开始系统暴发的。这其实非常简单，如果能量未能流经学习的田野，就势必要去浇灌另外一个她感兴趣的领域。一切行为的背后都有一个"原点"——我有"被关注"的需求。

这一章写到这里，我着重梳理了激发动机的各种因子。这些因子对于我们开展工作都具有理论指导意义，一切富有成效和创造性的活动，都是基于这些理论和班级或者个体学生的实际所展开的。

第二章
心灵的力量——自信心及效能感管理

自我效能感是著名社会心理学家班杜拉首先提出来的，指学生对自己是否有能力完成某一行为所进行的推测与判断，是学生对于自身是否有能力完成某项工作的自信程度。所以，有些人宽泛地理解成"自信"，这也有一定道理，但也并不是完全正确。我个人认为，理解成自信心也没什么太大问题，至少方便大家理解。

班杜拉提出"自我效能感"这个概念是有大背景的，了解这些挺有意思，对于我们理解这一概念非常有益。当时行为主义学派通过大量的动物实验，证实所谓的学习就是一种"刺激—反应"的模式，学习过程就是给予学习者一些行为刺激，再通过施予一些"强化物"等方式来强化某种学习行为，最后得到某种"效果"。所以，美国行为主义心理学家华生才会信誓旦旦地说，一个由我支配的特殊环境，让我在这个环境里养育他们，我可担保，任意选择一个，不论他父母的才干、倾向、爱好如何，他父母的职业及种族如何，我都可以按照我的意愿把他们训练成为任何一种人物——医生、律师、艺术家、大商人，甚至乞丐或强盗。由此可见一斑。

我们明显觉得这是有问题的，最大的问题就是学习过程不可能就是这么机械的，不可能就是简简单单的"刺激—反应"的联结。因为它忽视了支配知识和行为的内部自我参照因素，这里的"内部自我参照因素"就是人们对自我能力的认知和判断，这种认知和判断正确与否对学生的动机和行为关系重大。因此，班杜拉认为，人们对自己能力的判断在"知识"和"学习行为"之间起主要作用，并由此提出了"自我效能感"的概念。

我再举一个例子，方便大家理解。

行为主义学派的代表人物斯金纳，曾经设计了一种叫作"斯金纳箱"的容器，在里面他放置了小白鼠、鸽子等各种小动物来做实验。"斯金纳箱"里面有一个控制杆，另外一头连接着食物获得器。假设小白鼠某一个不小心的动作压到了控制杆，它就会意外获得食物。在尝到甜头之后，小白鼠就会主动去压控制杆，这个行为就得到了强化。在有了多次"成功尝试"以后，再把这只小白鼠放进箱子的时候，它也会依然有同样的动作。很明显，这里的"学习刺激"就是按压控制杆得到食物，这个过程中"学习的强化物"就是食物，"学习行为"就是主动按压控制杆。基于各种动物的实验结果，行为主义学派的这些大佬们（最著名的要数桑代克了）就认为学习存在着三大定律——准备律、练习律、效果律，其中最重要的就是"效果律"，就是获得相应的奖励和惩罚。在他们眼中，所谓"学习"，无非就是通过奖惩和不断地练习使行为不断强化的过程。很明显，把在小动物身上得到的实验结论直接迁移到人类学习行为上有一定的合理性，合理的部分我们现在都还在用，但显然也存在一个明显的漏洞，即人还有"认知"，还有"判断"，或许还有"自由意志"呀！假设一个学生认为自己的数学能力不够好，那么他对自我的认识和判断在学习行为中就已经提前起到了"中介作用"，因为有了对自己的认识和判断，所以后续的学习行为和学习动机也是受到影响的。接下来，你再去审视一下"自我效能感"的定义就肯定容易理解了。宽泛一点理解，你可以看作"对自我能力的认同"，实在不好理解的话，看成"自信心"我觉得也可以，至少是理解上面的"方便法门"。

班杜拉认为自我效能感的变化表现出以下三方面特点：

其一是水平，自我效能感水平的高低会影响学生选择任务的难度。这很好理解，英语学习效能感高的学生就倾向于选择高难度的英语学习任务；反之，则选择较简单的任务。

其二是强度，自我效能感的强弱会影响学生所持能力信念的持久性。比方说，学习效能感较强的学生，哪怕是在考试中失利了一两次，也不会轻易怀疑自己的能力，具有持久性。相反，学习效能感很弱的学生，容易因一次的挫折而丧失所抱有的能力信念。这在一线教学当中比比皆是。

其三是广度，自我效能感的广度会影响学生的能力信念在不同领域的延伸程度。有些学生只在某一个或某几个狭窄的领域里认为自己有能力，有些学生则会将自我效能感泛化到其他各个领域当中。说白了，也是一种迁移的作用。试想一个学生长时间在学习当中体验到成功，哪怕他口才不好，他也觉得自己在"竞选班长"这件事情上可能会成功，于是也会大踏步地冲上讲台。①

自我效能感影响学生的自我评价和自信心，进而影响其学习成绩。尤其是那些学业不良的学生，由于对自己的学习能力抱持不自信的态度，表现出很低的效能感，所以在学习和生活中遇到困难容易放弃尝试和应有的努力，因此学习成绩也难以提高。既然一个学生的自我效能感这么重要，那么我们老师应该从哪些方面入手来提升其自我效能感呢？这就需要我们了解影响自我效能感形成的因素主要有哪些。具体说来如下：个人成败经验、替代经验或模仿、言语劝说、情绪情感以及自身的抗挫力。

第一节　要自信，先成功——创造成功体验

心育思考

个人的成败经验对自我效能感的影响最大。一般来说，成功经验会提高效能期望，反复的失败会降低效能期望。打个比方，如果你有成功演讲的经验，那么当你有机会站在讲台上讲课时也一定会充满信心；如果你有成功学习英语的经验，那么你在学习法语的时候一定也会有更多的信心。从这个角度来看，取得成功就是成功之母；相反，失败相对而言不太可能成为成功之母。针对这一点，我曾经受到万维钢案例的启发，写了一篇叫作《成功是成功之母》的文章，就是讲了这个观点。

美国的沙恩·斯诺（Shane Snow）曾经对 1975 年到 2003 年所有的美国创业者进行统计发现，如果创业者曾经有创业失败的经验，那么他在第二次

---

① 吴霜. 初中生学业自我效能感、成就目标定向、学业情绪与学习成绩的关系研究 [D]. 延吉：延边大学，2012.

创业的过程中，相较于毫无创业经验的人而言，没有任何优势。

过去的失败经历，对你未来的成功没有一点帮助。一个一直失败的人，将来最大的可能性也许是习惯性的再次失败，还不如新人。但斯诺发现，过去的成功对你未来的成功很有帮助。如果你上次创业成功，这一次成功的可能性增加50%。

所以，从这个角度上看，失败不太可能是成功之母，成功更容易成为成功之母。这到底是为什么呢？其实，这就是不断成功的人在自我效能感方面不断地提升，对他在接下来完成任务的信心上是有绝对帮助的。

还有一个例子，冠状动脉旁路移植术是一个非常复杂难做的手术，一旦失败就意味着病人死亡。有人研究了6516例这种手术，看看手术成败跟医生个人有什么关系，得出非常有意思的几个结果：

如果一个医生手术失败，他后继的手术会更容易失败，他的成功率将会一直下降。

如果一个医生手术成功，他接下来的手术会更容易成功，他的成功率将会上升。

如果一个医生手术失败，那么他同事的手术成功率会提高，因为他们从他的失败上吸取了教训！

如果一个医生手术成功，则对他同事没有任何影响。①

从这个实验来看，我们又发现自己的失败不是自己的成功之母，但是别人的失败则可能是自己的成功之母。

当然，对于以上案例是如何开展的，我们没办法做细致入微的考究，也不能完全说，失败对于我们而言就完全没用，或许我们可以吸取一点失败的教训呢！但这都不是我们想要讨论的主流。大量的实验确实也发现，个人以往的成败经验就是影响着自己的"自我效能感"。

可以说，对学生而言，自己亲历的成功经历和感受对提升其自我效能感

---

① 万维钢. 失败不是成功之母，成功是成功之母 [EB/OL]. [2017-03-22] . https://m.igetget.com/share/course/preview/BWKMaDqbomgY9Gd6nVpvm5dWMDT5GtbArTgaG74VXZnINJw5Zy74e32jN8OkOzvL.

来说是必需的。

但要注意的是，成功与自我效能感的增强之间并非是如此简单的对应关系，并非成功就提升自我效能感。如果一项任务在学生看来是非常简单的，这对于学生自我评价、自我效能没有太大的价值，他并不会认为取得这样的成功能在多大程度上证明自己的能力；而完成一项在学生看来是困难的任务，则能够为学生提高自我效能注入新的效能信息。同样，在学生认为其成功是在外部因素的帮助下取得时，成功就具有较少的效能价值，因为它们更有可能被归功于外部因素而不是个人的能力；相比之下，通过自己的努力取得的成功，对于改善自我效能感的影响更大些。[1]

要自信，先成功！我觉得这没毛病。关键是如何培植这些成功的幼苗呢？这也是我再三思考的一个问题，最关键的一点，一定要选择难易适中的任务，让学生不断体会到成功的"微体验"，进而提高自我效能感。这些年带班，我真的很有感触，后进的学生往往过分夸大学习中的困难，过低地估计自己的能力。老师上课很多时候也未能因材施教，眉毛胡子一把抓，未能针对个体学生展开有针对性的单独指导。后进生往往缺乏独立判断的能力，也就不敢不完成老师布置的任务，造成时间和精力的极大耗竭。

什么样的任务才是最适合学生的任务？在看完《成功者的大脑》这本书过后，关于所谓的"心流"，我受到一些启示：最新的研究结果显示，"心流"的产生是要看个体能力和完成任务难度的匹配程度。具体说来，当一个学生的个人能力和任务的难度都比较高才能够产生"心流"。如果说，学生能力弱，任务难度也低，即使他们是匹配的，也不属于"心流"状态，而是属于一种"无感"状态。比如，洗衣服对于成年人来说就是无感状态，这种状态就是比较舒适，比无聊、焦虑都好。

要让学生产生学习过程的"心流"，就要要求学生个体的能力比较高而且任务难度也比较高，关键还要两者能够匹配。这就会产生两种情况：一方面，学生的能力已经很高了，这个时候，如果学生主动去寻求那些匹配自己

---

[1] 麻丽华. 通过团体训练提升学生自我效能感的实验研究 [J]. 课程教学研究，2012（7）：24-26.

能力的高难度任务，"心流"就会产生。另一方面，如果学生能力很弱，这就不具备产生"心流"的心理能力，那这种情况怎么办呢？首先让学生处在"无感"的状态里，也就是让他做那些挑战难度比较低的事情，直到熟练掌握了做简单事情的技巧，这个时候，他的能力可能就已经提升了，然后再提高难度。用这种方式一步一步地提高学生的能力和挑战难度，直到能力和挑战难度都已经进入了一个较高的状态，那就可以达到"心流"状态。

新华网的一篇文章说："今天的勤奋已经变得很廉价，在朋友圈证明自己的勤奋是根本不需要什么成本的——晒加班、晒计划、晒鸡汤和感悟……，大部分人的勤奋往往流于形式……，朋友圈到处都在晒勤奋，但是勤奋的正确姿势却少之又少。"[①] 对于学生来说，这个"勤奋的正确姿势"是什么呢？我觉得就是他真正进入"心流"的状态了。那反观我们老师，其实也是没有布置合适的任务，没有让学生们体验到"成事之感"，没有"成事之感"自然没有"成事之相"，于是也很难有自信心。那老师们不妨把宏大的任务和计划拆解出来，每天分派给学生具体的可见可操作的任务。

心育实践　日拱一卒，日成一事

（一）

有一批英语后进生是在初三走班时融入我班的。黄静秋（化名）同学就是其中一个，基础不好，人却胆大，经常跑来找我诉苦。

"殷老师，来到了你的班，我很喜欢你，英语也非常愿意去学，可基础就是太差了，学不好！"黄静秋同学告诉我。

"有多烂？"我跟她开玩笑。

"烂到捡都捡不起来的地步了。"她笑答。

"多烂？具体点。"

"平常100分的基础卷，我可以得5—10分。150分卷子，选择题全靠蒙，

---

① 夏穆. 别再用无效的勤奋掩饰你的懒惰 [EB/OL]. [2018-05-22]. https://www.14cc.cn/?id=1503.

可以得到30分左右。"

"你之前一直都没学吗？"

"嗯！前两年无心听课，听也听不懂，老师讲得很快，我实在跟不上，于是放弃了。"

（二）

"老师，老师，你给我讲讲吧！我不懂。"这孩子经常会跑到我办公室来找我询问英语学习法。这也不是第一次了。

"哪些不懂？"

"这张卷子，你讲的，我全不懂！你就挨个给我讲吧。你不可能拒绝一个主动学习的学生吧？"

我一听，真的有点崩溃，就课间休息的这么几分钟，这孩子也非要赖着我。击溃我的不是她的主动，而是她破罐子破摔地把整张卷子丢在我面前，要我从头到尾全讲，我一看头都大了。

"你先回去，我实在想休息一下。我想想，你这样问问题，也不是一个办法，对你对我都是巨大的精神负担。我得想想怎么办。"

都说学生怕老师，我看遇到这种学生，应该是老师怕学生了。

（三）

有一天放学，我找了这类型的学生，共10余个，聚在一起，开了一个小会。我对他们说：

"同学们，你们想不想来找老师问问题？"

"想！"

"但我知道你们心里有两怕，一怕病入膏肓，问题太多，耽搁老师，对不对？"

学生一个劲儿地点头！

"二怕总是听不懂，老师批评，伤及咱们自尊。"

学生又是一个劲儿地点头。

"那怎么办？我们总不可能不挣扎，一点也不挣扎吧？不挣扎，和咸鱼有什么区别呢？老师有一个小策略，你们愿不愿意听？"

"愿意愿意！"

"老师的小策略也就三句话：一日一问，一问一题，一题一彻。"

"老师，稍微解释一下。"

"一日一问，一问一题，意思就是说，同学们每天可以问每一科老师一个问题。以数、理、化、外语为核心，往其他科目发散。那每天一共至少要问多少题？"

"四题！"

"对！每次一题，同学们也方便收集，老师也方便解答。这样是不是双方都没压力呀？"

"老师，那还来得及吗？"

"我算过了，还行。同学们，从现在到中考，还剩250多天，如果每天一题，除开假期，一共可以解决200道题。如果每一个题涉及一个考点，同学们就可以扎扎实实地搞定200个考点，更何况有时，考题涉及的考点都是交杂的。说不定你还可以一石二鸟、一箭双雕呢！假设有些学科我们也没办法做到全面覆盖中考考点，也有很多知识漏洞，但我们总是在努力地做一点力所能及的事情呢，对吧？"

"一题一彻的意思是，每一题都必须'通达''彻悟'。比方说，你现在问的这个宾语从句选连词的情况，还涉及初一的一般疑问句，那我们也必须连带把初一的一般疑问句这个知识点搞清楚。你们平常如果跟不上老师教学进度，也可以向老师申请不完成老师的普遍性作业，就聚焦在你的那一亩三分地上面。有了这样一块'自留地'之后，如果学有余力，不止于此，再想办法去完成一些老师给大伙儿布置的普遍性作业，如何？"

同学们都拍手称快！

"老师，还有一个问题，是不是只有去问老师才算问问题？比如说，我觉得问同学就可以的可以不去问老师吗？"有同学提出问题来了。

"最好不要。我有这样的经验，同学们问我问题的时候，我能够一下子就抓住问题的牛鼻子，而且可以连带性地给你提供很多思路。你在我这儿问问题，我多半可以保证你是绝对通透了，但其他同学不一定行哟。但，如果老师实在不在，或者你有特殊情况，也可以偶尔抓一个同学来应急……"

"懂了！"

"一日一问，一问一题，一题一彻"策略提出来以后，我发现，班上好多后进一点的学生在晚自习的时候终于有事可做了，都在张罗和收集课堂的一些例题。

后来有学生告诉我，他其实早已经不是一日一问了。

我问："那是？"

"一日很多问……"

我想，这也许就是符合学生学情的一种有益尝试吧？

第二节　你行，我也行——见证榜样的力量

人的许多自信心和效能期望来源于观察他人的替代经验。这里的一个关键是观察者与榜样的一致性，即榜样的情况与观察者非常相似。让学生观察那些学习能力与自己差不多的学生取得成功的学习行为，通过获得替代性经验来增强他们的自我效能感，使他们确信自己也有能力完成相应的任务，由此，迁移到学习当中来，增强他们学习的自信心。

心育实践 1　我就是想要最好的

心育背景

每次在班委竞选或是优秀自荐的环节，都有学生表现得非常不自信。明明想要，又偏偏畏首畏尾，顾虑太多，让机会白白溜走，更重要的是他们自己失去了一次锻炼的机会。有时候，老师要调动劝说很久才能够轻轻叩开学生的心门。学生扭扭捏捏地上台来，"欲迎还羞"，故意含糊其词，闪烁其意。我带的蜗牛班学生就有这样的状况，初三，有一次学校评选"文明学生"，名额较多，很多学生都能符合要求，我希望学生能够毛遂自荐。但为

了避免冷场，也为了调动学生，增强他们的自信心，我和他们分享了一篇文章。

心育目标

① 提供故事素材，接通情景，帮助学生打破畏首畏尾不自信的心墙。

② 激发学生自信因子，巧妙地让学生勇敢迎接挑战，大声说出自己想要的。

心育过程

小学的时候组织话剧表演，剧本是白雪公主的故事，十几个女生叽叽喳喳地凑在一起商量角色分配。老师问："谁想演白雪公主？"没有人应答。但我想，恐怕没有人不想当公主吧，穿上漂亮的裙子，被众星拱月一般拥在中间，这对于一个小学生来说是再刺激不过的事情了。沉默良久后，一个女生举起了手。我们扭头看她，瘦瘦矮矮的，皮肤还有些黑。"她怎么能演白雪公主呢？"我心想，老师一定会把她换掉的。可是直到最后登上舞台，那个皮肤稍黑的女生依旧是白雪公主，而我扮演的是皇后的侍从。很久以后我回想起那次话剧演出，明明大家都想做那个最厉害、最风光的人物，但大多数人还是成为没有几句台词的配角。因为他们从没举起过手，从没说过"我想要"，所以也许再合适的机会也会从他们眼前悄悄溜走。

后来看的一部日剧里，女主角的经历和我很相似。上幼儿园时，她和小伙伴们喜欢排演《美少女战士》，大家都喜欢粉红色的水手月亮，而她每次都是装作挑挑选选的样子，拿绿色的水手木星。在谈起这段经历时，她说："我当时觉得能坦率选择红色、粉色的人很不可思议，会想她究竟活了几次？我是第一次，还没有勇敢到能直说我想要最好的。"这样的心理很多人都有过。害怕得不到最好的，于是甘心退而求其次，永远没有真正承认过自己想要最好的东西。在看到美好的事物时总是不由自主地想，自己怎么配得上呢？说出口会被大家取笑吧？与其全力争取后又落空还不如假装自己本来就不感兴趣。就这样，我们和自己喜欢的事物一次又一次地擦肩而过，还安慰自己说："没事，我不想要。"你的人生，就输在了这一次次的自卑上。

不得不承认，很多事情是需要主动争取的。静是我大学时的学姐，也是学生会副主席，做事雷厉风行，仿佛从小到大都是一帆风顺，没受过什么挫折。静跟我说，其实不是这样的，高中刚入学时选班干部，她初中就是班长，也很想继续做下去，但担心直接自荐显得太出头，于是便没有坦陈自己的意愿，期待大家能慢慢发现她的能力。结果为期1个月的班干部试用期过去后，那些自荐的班干部在老师的调教下干得越来越得心应手，同学们也纷纷将选票投给了试用期间的班长而不是静。竞选失败那天，静一个人发了很久的呆，后来她就像变了一个人一样，不再小心翼翼，而是一往无前。想要的荣誉，即使有再多人竞争也要去争取；想要参加的比赛，即使对手强大也要填上自己的名字；想要实现的目标，即使过于遥远也要说出来。

她说，从那之后她想明白了，如果非得有一个人要拿到最好的，那为什么不能是自己呢？要相信，自信也是能力的一部分。如果你拥有某种能力而没有表现出来，在他人看来，和没有能力是一样的。[①]

故事读到此，我问学生："你们从这篇文章能够学到什么，或者哪些话最让你有感触？如果你是作者，最后一段的感悟你会怎么写？"

生1：我们黑板背后的那句话和这个故事有点相似——你认为你能做到一件事，或者你认为你不能做到一件事，也许都是对的。

生2：一个人的成长，更多的是在过程中去边做边学的。也不一定是等你完成修炼，变得优秀之后才去争取。

生3：要把握机会，成就自己。自信是一点一滴积累的。

生4：地球离了谁都一样转。（众笑）

……

师：那我就给大家读一读作者最后的感悟，看和同学们的想法是不是一样的。

你是什么样的人，很大程度上取决于，你想成为什么样的人。

[①] 黎饭饭. 我就是想要最好的 [J/OL]. [2019-08-22]. https://www.sohu.com/a/288742328_120068025.

伯乐不常有，所以，与其幻想着有朝一日自己的才华被突然发现，一跃而至人生的巅峰，还不如自己为自己引荐，以赢取更多机会。不要畏畏缩缩思前想后，想做的事，直接去做，一败涂地也总好过从未开始。希望每个人都可以坦荡荡地说出自己的真实想法：我想要最好的，这并不丢人。

师：那同学们能不能够猜到，这篇文章的题目是什么呢？

生1：爱我所爱，想我所想。

生2：把握机会，成就自我。

……

师：题目是《我就是想要最好的》。我也希望同学们能明白老师的深意，抓住机会，大声说出自己想要的，明明白白地告诉大家，你就是想要最好的，这并不丢人。

于是在这堂即兴班会课之后，学生的自主性和自信心显著提高，活动的目的也顺利达成。这就是典型的利用"替代性经验"进行劝说的成功例子。

有些老师也喜欢把往届的学生请回班级，请上讲台来给学弟学妹们传授相应的经验。或者我们也找一些励志的例子分享给学生，告诉他们人生不应设限。尼克·胡哲这些例子很好，但我希望去寻找新鲜的，那些和学生年龄相仿的人的例子，以此增强学生攻坚克难的自信心。其中一例是李玥所写的《只需努力，无问西东》，讲述的是音乐盲童王子安的故事。基于此文，我也制作成了一堂微班会课。

心育实践 2　音乐盲童启示录

心育目标

① 提供盲童王子安的故事素材，为学生树立勇于追求的人生榜样。

② 激发学生自信因子，让学生明白所谓成功就是把自己挂对地方。

③ 通过与王子安故事的对比，增强学生的自我效能感。

课堂实录

师：同学们！如果你是一个盲人，在你刚刚上学的那天，就被盲人学校的老师告知："好好学习盲人按摩，这是你们今后唯一的出路。"请问你的心情是怎么样的？就像现在有人指着你的鼻子说，你以后的出路就是上职校，请问你会怎么想？

生：我会非常气愤。

生：殷哥也说，其实上职校本身也是一条人生出路，选择适合自己的本来没有错！但如果谁以这句话来限定我，我就会不高兴了。

生：我也是，我会觉得这是对我的侮辱和不尊重。

……

师：当时，这个孩子的内心独白是——"被推进无底的深渊""愤怒""惊恐"。如果你是他的父亲或者是老师，请问你会怎么安抚他？

生：关键是看你的行动，行动改变一切。

生：别听你老师的，盲人可以按摩，我们不排斥。但如果你能找到更适合你的，爸爸也支持你。（掌声）

……

师：同学们的答案都非常好。他的父亲是这么回复他的："你拥有选择的权利，没有什么你做不到。"和同学们的答案异曲同工。如果此时你听到父亲这么鼓励你，你会感到——

生：温暖。

生：有力量。

师：10岁的他决定和命运打个赌，用音乐为自己找条出路。你们猜结果如何？

生：我不能猜到具体是什么，但一定是好的结果。

师：你们倒是挺聪明的。（PPT 呈现以下文字）

2017年12月，凭着出色的中提琴演奏，18岁的王子安收到了英国皇家伯明翰音乐学院的录取通知书。

（伴随着学生的惊叹，我又开始引导着学生看荣誉背后的故事）

师：那他都经历了什么呢？（PPT 呈现以下文字）

从 5 岁开始，用双手弹奏钢琴……。遇到"难啃"的曲子，老师就抓住他的小手在琴键上反复敲击。指尖磨破了皮，往外渗血，他痛得想哭。

"看不见怎么了，我的人生一样充满可能。"王子安用手摩挲着黑白琴键，使出全部力气按下一组和弦。

2012 年，王子安尝试参加音乐院校的考试，榜上无名。不过，他的考场表现吸引了中提琴主考官侯东蕾老师的注意。"音乐对你来说意味着什么？"面试时，侯东蕾问王子安。

"生命！"这个考生高高扬起头，不假思索，给出了最与众不同的回答。

半年后，侯东蕾辗转联系到王子安的父亲，说自己一直在寻找这个有灵气的孩子，希望做他的音乐老师。

这位老师忘不了王子安双手落在黑白琴键上，闭着眼睛让音符流淌的场景，这是爱乐之人才有的模样。

听从侯东蕾老师的建议，王子安改学中提琴。弦乐难在音准，盲人敏锐的听觉反而是优势。老师告诉他的弟子，音乐面前，人人平等，只需要用你的手去表达你的心。

师：同学们，故事分享到这里，我不急于继续往下讲。我想请问你们，王子安遇到侯老师是不是走了"狗屎运"了？！

生（笑答）：是！

师：那同为盲童，为什么他身边的同龄人就没这么好运呢？

一开始，学生没有把焦点放在"自我内因"上，而总是放在父亲和侯老师身上，我做了些许引导之后，学生也明白了——只有自己首先绽放，才能"招蜂引蝶"。

师（总结）：你能否敲中命运的金蛋，很大程度上在于你本身能不能够发光！你要自身有光，因为只有你首先盛开，蝴蝶才会自来。我想由此提示你们，不管你们最终能够学成什么样子，也不管你们能不能够考上联招线①，

---

① 联招线，即重庆市普通高中联合招生考试录取线。

你都必须全力以赴去追赶，要用生命的热度去追梦。只有你首先有了这样一种精神状态，为师者才能够看在眼里，视之为一种"奋斗的信号""高歌猛进的号角"。作为反馈，我们也会对你更加偏爱，更加照顾。说不定给你讲讲题，单独布置一些适合你的任务，……一切的转折点都是以"我"为原点的。

但这个13岁才第一次拿起中提琴的孩子，仅仅是站立，都会前后摇晃，无法保持身体平衡——当一个人闭上眼睛，空间感会消失，身体的平衡感会减弱。为了练习架琴的姿势，王子安常常左手举着琴，抵在肩膀上好几个小时，"骨头都要压断了"。

最开始，他连弓都拉不直。侯东蕾就花费两三倍的时间，握住他的手，带他一遍遍游走在琴弦上。

许多节课，老师大汗淋漓，王子安抹着眼泪。侯东蕾撂下一句："吃不了这份苦，就别走这条路。"

母亲把棉签一根根竖着粘在弦上，排成一条宽约3厘米的"通道"。一旦碰到"通道"两边的棉签，王子安就知道自己没有拉成一条直线。3个月后，他终于把弓拉直了。而视力正常的学生，通常1个月就能做到。

学习中提琴之后，他换过4把琴，拉断过几十根弦。他调动强大的记忆力背谱子，一首长约十几分钟的曲子，他通常两三天就能拿下。每次上课，他都全程录音，不管吃饭还是睡前，他总是一遍一遍地听。好几次他拉着琴睡着了，差点儿摔倒。

奋斗的激情，来自王子安的阳光心态。这个眼前总是一片漆黑的年轻人，从不强调"我看不见"。他自如地使用"看"这个字，"用手摸，用鼻子闻，用耳朵听，都是我'看'的方式"。

师：总是有人在我的面前牛哄哄地"立大志"——

殷哥，从此以后我要好好学习英语！

殷老师，从此以后我要……

立大志之后还要"立长志"。对于这样的誓言，我其实保持着高度的警惕。同学们知道为什么吗？

因为目标是一回事，现实行动却是另外一回事。在行动的路上，有太多

的坡坡坎坎。这样一幅图形容得很到位。(PPT 呈现以下图片)

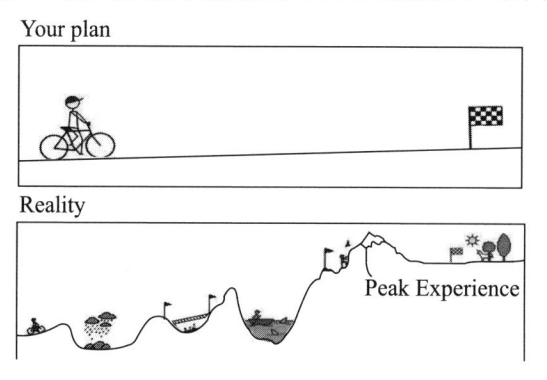

图 2-2-1　目标与现实行动的差别

师(总结):

① 理想丰满,现实骨感。你能走多远,取决于你填坑的能力。

② 就算你能够听懂,但从你听懂到你最后能够得分,中间隔了无数套题的刷题量。

正如王子安的音乐之旅,永远不可能一帆风顺,接下来他又失败了。(PPT 呈现以下文字)

在第三次报考音乐院校失败后,母亲发现平日里看上去没心没肺的儿子,会找个角落悄悄地哭。有人劝这家人放弃:"与其把钱打水漂,还不如留着给王子安养老。"也有人建议王子安乖乖学习盲人按摩,毕竟盲人学校的就业率是100%。

师:每次跌倒的时候,总会有人泼冷水,总会有人质疑。他们没有错,因为你还没有把最理想的结果呈现给他们。王子安心中也不服,于是他高喊。

"虽然我看不见这个世界,但我要让世界看见我的奋斗。"在一次赴异国演出的途中,吹着太平洋的风,王子安挥动帽子,高声喊着。

师:故天将降大任于斯人也,必先苦其心志,劳其筋骨,饿其体肤,空乏其身,行拂乱其所为……。一切的磨砺都是为了最后"宝剑出鞘"的那一刻。

2017 年 11 月的那天,王子安站在英国皇家伯明翰音乐学院的考官面前。

他特意用啫喱抓了抓头发，穿着母亲为他准备的黑色衬衫和裤子。他用半个小时，拉完了准备好的4首曲子。

"虽然这不是最后的决定，"面试官迫不及待地把评语读给他听，"因为你出众的表现，我会为你争取最好的奖学金。"

"我赢了。"灿烂的阳光下，他在心里放声大笑。①

好莱坞的编剧都知道一个铁的事实——我们喜欢听故事！我们尤其喜欢听"草根逆袭""小人物，大英雄"的故事。几乎所有的商业套路篇都遵循着这个模式，为什么？我的答案是——替代性经验能增强自我效能感。我们会不由自主地从主人翁身上寻找自己的"子人格"，寻找自己也占有的基因。我们很多时候能够挺过最艰难困苦的时光，是因为总有那么一两个应景的"意象""情景""故事"陪伴着我们，给我们心灵最深的抚慰，然后继续支撑着我们一往无前。

第三节　说你行，你就行——增强自信的信念

自我效能感的增强还在一定程度上来自"言语劝说"，但这样的言语劝说还必须来自学生认为的"重要他人"或者是"权威人物"才会有效果。榜样除了行为，还通过语言进行效能示范，可以加强或削弱学生对是否有能力完成某任务的信念。言语劝说是否可靠和有效，必须根据劝说者的身份、信誉、地位等情况来权衡。其中，学生对劝说者的信任程度也可以影响自我效能感的强弱。所以，学生越是喜欢一个老师，越是信任一个老师，那么老师所说的话对于增加他的自信心越有帮助。当老师对学生的能力表示信任而非怀疑的时候，比较容易维持学生的自我效能感。虽然我们都说，"说服教育，说服教育，苍白无力"，但只要积极评价是在现实范围内的，还是能够推动学生自我改变的。但是，值得强调的一点是，言语劝说有没有效果取决于它

---

① 李玥. 只需努力，无问西东 [J/OL]. [2019-04-21]. http://dz.d0088.cn/archives/12079.html.

是否切合实际。实验表明，缺乏事实基础的言语劝说对自我效能感的影响不大。所以，不管说什么，一定要切合学生实际。

对于我而言，我喜欢的一种方式是给学生写信。这些年，我真的记不清我给学生写了多少次信、多少封信了，反正很多，形式也五花八门。学期过半后，我给学生单独写评语；期末我给考差了的学生写安慰信；初三的门框上，有每天都在更换的温馨提示语录，每一条都是一句温馨的劝说；在开学之初，我告诉他们"走出心灵的贝壳"；学生骂了老师，我也写信；学生过生日，我也写点东西，作为鼓励……这里，举两个实例。第一个是在某次期末成绩放榜之后，有一个妈妈告诉我孩子看到成绩极为沮丧……最近也不怎么愿意学习，感觉一切的努力都不值得。于是，我写下了《眉毛上的汗水和眉毛下的泪水》这封信，现身说法，拿我的实例和她的处境加以对照，为她的心灵注入能量，收到了非常不错的效果。

心育实践 ❶ 眉毛上的汗水和眉毛下的泪水

（一）

前两天期末成绩放榜，有同学一看自己的成绩是 B，愣了。上次是个 B，这次又是一个 B，整个人都不好了。就一辈子跟 B 结缘似的……

在讲卷子的时候，我分明发现好些同学的心情都不好。虽不至于是"愁云惨淡万里凝"，也绝对够得上"只恐双溪舴艋舟，载不动许多愁"。我对学生有天然的敏感。

后来，我又接到两三个家长的反馈，问："殷老师，我家孩子是怎么回事？学习英语的畏难情绪有点大了，总是不愿主动拿起英语书……"

我没怎么搭理，只回复了一个家长，草草说了一声："我最近很忙！"

最近我也确实忙，但我内心一直挂牵着这个事儿，我也牵挂着你的情绪。

（二）

开宗明义，我就直说了，你要开心点："脾气这个东西好比内裤，要有，但不能逢人就证明你有！尤其不要在你父母面前一直证明你有！因为他们知道你有！"

同时，我还是说，我知道此时你的内心是不太好过的。因为我了解你，家长不一定了解你，心灵问题就这么奇妙，事无大小，全在一个人内心的感受。任何事情都可能导致当事人极端困惑和苦恼，我们大人不能一厢情愿地把某些事情看得重于泰山，而轻视另外一些事情，以为轻如鸿毛，唯有你自己的情绪和感受，才是最重要的风向标。所以，这不能不难过嘛。如果我有一双魔力之手，我真的很想摸一摸你的肩膀，给你一个坚定的鼓励。

（三）

但，话分两头说，一方面给了你安慰，另外一方面我还是要把话说回来。

就拿雪莉杨来说，我知道她在得知自己的成绩之后肯定郁闷至极，其他科都好好的，一直以来得 B 的英语成绩就是大写的尴尬呀；真是哪壶不开提哪壶，一直担心的英语恰恰又没考好。但平常的单元小考分明是考好了的呀，分明证明自己还是有实力的呀！

为什么一到大考就犯晕？

为什么一段时间的努力就是没有回报？

……

老师会不会认为我不行？

哎！又没有让爸爸妈妈刮目相看……

真扫兴！

很多时候，你担心的都不是分数本身，你担心的东西是你附着在上面的悲观的想象！

然后你自觉不自觉地就把这种情绪给放大了，情绪会传染，然后你的家长也跟着你一起发愁。

嘿！你说，殷哥你咋就说得这么准呢？！

我害羞地告诉你，因为我比你更恼火！

（四）

高中三年的我，痛不欲生！用一个形象的说法就是，我当时是曾诗雨和蒋侃同学的结合体——我呈现给外人的状态就是像曾诗雨，一直都是严谨治学的状态；考出来的成绩，却多半都是蒋侃，各种各样的错误层出不穷，就像雨后春笋，势头强劲，按都按不住！（对不起，侃哥，你是好样的，绝无冒犯之意，我只是想说，我们很像而已，至少我们很诚实）

我高中还是数学不好，对数学一直处在要懂不懂的边缘。好在我执着，越是学不懂越往死里学，硬是凭借着专劲，把数学从死神的边缘"抢救"了回来。但抢救回来的毕竟不如原生态的好，跟身体健康状态一样的，总会出现这样那样的问题：

这次立体几何得分了，概率统计又算错；

下次概率题做对了，见鬼！立体几何又整错了；

再下次，概率题和立体几何都做对了，函数的坐标系又看错；

……

我这么努力，而且我又喜欢我的数学老师杨老师，关键是他也经常私底下鼓励我（课堂上照样打击人，哈哈），让我觉得我必须抓住一切机会向他老人家证明，我没有辜负他。

越是想证明，就越不能证明。殷哥整个高中三年数学假如有100次考试，90次都是很糟糕的分数，曲折不断。

我表面风平浪静，内心一万只羊驼奔腾而过：

不应该呀！我明明这么努力！

不应该呀！我明明这段时间做什么题都很上手！

不应该呀！我明明学习态度也很端正，错题集之类的整理得工工整整，而且经常翻看笔记！

……

哎，又失去了证明自己的机会，杨老师会不会因此小看我了？杨老师会不会觉得……一个长时间考不好的人，都慢慢忘记了成功的滋味是什么了。

我有写日记的好习惯，那段时间我想考好已经想疯了，想证明自己已经想疯了，疯到什么程度呢？我还在日记本上写下了"千古奇文"《我若为状元！》

（五）

记得高三的一模考试是每个老师、每个家长、每个学生都非常看重的一次考试，因为据说这次考试的难度系数和高考差不多，对于预测班级和学生个体情况很准。我也"磨刀霍霍向一模"，心想自己已经低迷了这么长时间，该爆发啦！关键是我觉得我有满满的能量可以爆发！

还是那句话，越是想证明自己，越是事与愿违。我居然忘记填涂机读卡了！（那时候机读卡和卷子是连在一起的）我竟然交完卷子都不知道自己做的这些蠢事。又一次失败！恰恰也是数学！

我沮丧之情，可以从下面的日记中窥见一斑。

……

二模来了，这次题很简单，据说这是为了给大家提振信心的。我又考得很差！一个人踽踽独行在校园里，看见谁都想躲！无巧不成书，恰恰遇到杨老师。

杨老师骑着摩托车，主动跟我打招呼："殷振洋，考得如何？"

我马上收起沮丧至极的脸，气定神闲地告诉他："没考好！"

"没关系，又不是高考！是不是要回家？来骑上来，我送你……"杨老师主动邀请，我也就爬上去了。

一路上，彼此都没说话，但我觉得我好对不起杨老师，我好想抱一下我的亲爱的杨老师，但我天生腼腆害羞。

只是客客气气地道了别。

我目送老师回了家，老师也以为我要回家！结果没有。我跑到几里地外的田坎上大哭起来，宣泄一下心中的委屈。因为这一次，我实在不想把坏情绪带回家了，我实在不想当着我妈妈的面在地上打滚了，我实在也不想骗我妈我考上了重点线。（因为后期我为了给我妈妈吃定心丸，也经常撒谎）

过后，我就不知道我是怎么回去的了，反正很难过，但是没想过要去死！因为我还没谈过恋爱，也没吃过很多好吃的，毕竟贪念这个花花世界嘛，哈哈哈。

高考！只有老天知道我会考第一名，反正我预先是不知道的；

高考！只有老天知道我数学会考 132 分，反正我是不知道的；

高考！只有老天知道我会成为唯一一个上 600 分的，反正我是不知道的。

就这么逆袭了！后来我决定当老师，当班主任！我想跟这类和我相似的学生分享我的故事，顺便成为下一个杨老师一样的人吧。

（六）

最后三句话，送给你：

① 不到最后，谁都不知道会发生什么，就像我，谁知道我会成为我们镇上的状元？（嘻嘻，范围有点小，但确实是）

② 我不会因为你屡考屡败而看不起你，相反我会鼓励你，因为我要是看不起我的学生，那就证明我膨胀了，这是危险的。

③ 眉毛上的汗水和眉毛下的泪水，我们必须选择一样！希望你选择两样，但眉毛下的泪水一定是 happy tears！

又有一次，期中考试过后，我也给班上的学生写"情怀短信"。这些短信很短，但却很有力量，而且给每一个学生的短信都是针对他们的特点量身而作的。把这些短信精致地打印出来，包装好了，夹在他们的作业里面。在此，选一部分进行展示。

心育实践 2　半期后的情怀短信

亲爱的张浩然：

你从一班升级到五班，从"备受关注"到"备受冷落"，从"鹤立鸡群"到"泯然众人"，我本以为你会一败涂地，但是你却稳稳当当，有时，稳当就是进步。你要坐得住冷板凳，你要储蓄能量。要知道，每一颗钻石在被发现之前，都要经受埋藏尘埃的寂寞时光。记住殷哥给你所说的话——优等的心，不必华丽，但必须坚固！

你的心灵，有了能量，就去学习吧！我想，你不会让我失望的，你是蜗牛班的代言人，你会享受"王者荣耀"，加油！加油！加油！他们可以做到的，你一定能做到，尤其是英语！

亲爱的黄臻：

　　当我看到你写的反思时，我感到无比难受，说真的。你说你最大的问题不仅是知识问题，而且还有一种心理问题。你说你总是顾此失彼，你说你总是犹豫纠结，你说你总是受到周围人的影响，他们翻卷子的声音都让你草木皆兵，……这和殷哥我以前学习数学的时候一模一样，我深知那种"过分在意"但却"力不从心"的悲苦。当时看到你写的那段话，我正感冒，要不然我要给你一个最深情的拥抱。

　　但相信我，我要在以后给你更多的信心，你也需要更多的信心才能够面对这些张牙舞爪的焦虑和害怕！

亲爱的彭永洲：

　　你说你不希望让"Ta"期待的眼睛露出失望——她、他、他们！这就是"责任"。关于学习吧，看上去好像只与你个人有关，其实，它和所有在乎你的人相关！我很高兴，你生命之中有这么一些"重要"的人，"重要"并不是伟大的代名词，而是心灵对生命的许诺。你还要多花时间在学习上，不要让期待的"Ta"失望。

亲爱的高雅：

　　我还记得你给我送过钢笔，送过贺卡……，我知道很长一段时间你都很关注我。你有点慢，很像一只蜗牛。带着你学习，就像带着一只蜗牛在散步！但，我也挺吃惊，你这只小蜗牛还蕴藏着巨大的能量。这一次，你点亮了希望。最后说一句，即便别人把你落在了世界的某个角落，你也要野蛮生长，这本应该是生命的姿态。

亲爱的王秋雨：

这一次，让我真的觉得你有一颗赤子之心，好珍贵！

你明明考得还不错，但是你却觉得你没有达标，你无论怎样都要请我吃个饭。我时间好贵，但是我愿意腾出一段时光和你共进晚餐。与此同时，我也为你准备了一份礼物，我就想赤裸裸地告诉你，希望你把英语这一科考好点！希望我能成为你生命中的贵人。

亲爱的 Jerry：

这次真是给自己长脸了哈！

我的心灵装了无数个灵敏的感应器。我分明感应到，当你没有考好的时候，你总是有意无意地避着我，但考好了，你就有意无意想靠近我。

但我还要警告你，难事必作于易，大事必作于细。后半个学期，从书写和整理卷子入手！你是男孩子，是老师的科代表，我不会轻易放过你的。对于男孩子，我向来很粗放，请原谅我。但是你考察一下我的行为逻辑起点——我一定是竭诚为你服务的！

亲爱的 Tracy：

你严谨的学习态度就是使你拥有一流成绩的最好的砝码！

学习态度这个东西，是一个跷跷板的一头，另外一头翘着学业。只有态度扎扎实实，有分量，才能把成绩抬高！但凡你想随随便便的时候，都要记住，手握着笔才能"实"，在纸上写才能"定"。

充实和安定，向来都不会太差！

我真的很喜欢你哟！估计你也是这么认为我的吧？

亲爱的 Jack：

你知道吗？

我和你爸妈也许要向你道个歉，因为从上了初中以来，我们很少给你鼓励，更多的是要求和批评。教育若是缺少了对学生点对点的关怀和关爱，一切摇旗呐喊一般的"为你好"都是徒劳的，都是没有温度和情怀的。

这一次，趁着一切正好，我想给你看一组数据，悄悄地看，只给你一个人看。你想看吗？来找我吧！

亲爱的John：

你反思的第一页就让我有点伤感，第二页让我看到了极为诚挚的态度。后来，我找你聊，你说你还想写第三页，只是没时间了。你说完眼睛就红了……

开学很长一段时间，我都在认真观察你，你有了很大的进步。有一天晚上，我终于忍不住开始表扬你了——"John是这学期给我印象最深刻、潜力最大的孩子……"

我告诉你，老天是长了一双眼睛的，你越严谨，你就越幸运！

即便你输得一塌糊涂，我愿意陪你东山再起！

亲爱的Leo：

你的反思是"算什么"，略有吐槽之感！我没有多说话，只给了你一个拥抱。因为我想，只要你有了"危机"意识，就能够提升自己，我从来不会过多地担心你！

最后想提醒你一句：饱满的稻穗总是低头向着大地母亲。你若埋头苦干，踏实细干，我相信你一定能够重回巅峰，享受王者荣耀！

亲爱的龚宇豪：

你带给了我很多感动！你说我成了你生命中的"一缕阳光"。

你说你想成为"半免检产品"，其实，"半免检产品"意味着"自律""自控"，这意味着你成熟了。上次，我只想偶尔检查一下你的作业，看能不能够成为"半免检"，漂亮的书写让我立马决定——班上又多了一个"半免检产品"。

亲爱的李妍：

看到你妈妈发给我的那段话，我很感动！你说："妈妈你放心，殷哥已经把我'收服'了。"这句话对于任何一个老师来说，都是莫大的鼓励，你让老师感觉到了价值。

其实，这就是一个老师存在的价值——让每一个他在乎的孩子都能够认识到自己的价值！

最后我想对你说："你不弃，我不离！"

部分学生和家长在看完我给他们留下的情怀短信，当即就流下了热泪。每一封短信，短是短，却都是我挖空心思，收集学生的点滴而创作的。给全班绝大多数学生都写，花了我很多很多时间，连续熬了两三个晚上。那一刻，我也觉得我值得被歌颂。

心育实践 3　墙面上的老师

初三后半学期到了，我在班级里又做了另外一个尝试，我把心理学的元素融入班级布置当中。值得一提的是，我在门上做了一个温馨提示板，同时写了很多温馨提示语录，每一天根据班上的最新问题，放入一条合适的温馨提示语录。我希望学生在来来回回推门进门过程中，都能够看到班主任想给他们传达的信息。其原理也是一种"言语劝说，心灵唤醒"。

比如说，有一阵，我发现部分学生在中考临近时依然没有学习的状态，于是我就放入了这样一条温馨提示语录：

插科打诨：马斯洛需求金字塔告诉你，中考考好了，你才能够"安全"，友谊的小船才不会说翻就翻，你更容易被父母"尊重"，最重要的是"自我才能实现"。苦学三年，且考且珍惜。

有一次，考完月考，我发现很多女生因为数学没考好非常沮丧。我就早早来到教室，悄悄地放入了一张林肯失败经历图。

我希望学生看到这张图之后会好受一些。我的潜台词是：像林肯这么伟大的人物都是失败出来的伟大，你那一点小小的挫折又算得了什么呢？继续加油吧！

偶尔，我也会给学生进行考场指导：

你知道吗？平常作业过失性丢分也许在于你注意力没有高度集中；考场过失性丢分在于你过度焦虑。

初三下学期，情绪问题也一定是要经常疏导的重点，于是我会放入这样一些话：

戴着镣铐也一样能够跳舞；换个角度看问题也一样能够开心。反话也能正说，不信试试看。

中考前的最后一天，我放入的温馨提示语录是这样的：

当你走上考场的那一天，我希望你信心满满，你已经是"高徒"了！老师坚定地相信你能行！

还附上了一些旁白和我的帅照——"是他！是他！就是他！妈，你看他，好严！"

我想传递的意思是，学生一定要相信自己，这三年是一种历练，这三年是一种进化，你在严师殷哥的督促下已经悄然发生了变化。考场，别怕！我们需要来走一走过场，一切都会有最好的结局！

附：温馨提示语录（部分）

（规格：20cm×40cm。每天可换可插入，彩色为好）

1. 温馨提示：让你疲惫的不是学习本身，是对待学习的情绪。所以，无论如何要让自己开心起来。

2. 温馨提示：比勤奋的人聪明点，比聪明的人勤奋点。

3. 温馨提示：告诉自己，一定行！一定行！一定行！每天进门之前心里大呼三遍！

4. 温馨提示：正视别人，抬头挺胸，当众发言，咧嘴大笑，这些都是通往自信之门的小诀窍哟！

5. 温馨提示：冥想法曾经把韩国乒乓球队送到冠军之巅！你也可以冥想哟！每晚上"放放电影"吧！

6. 温馨提示：体育锻炼可以提高学习效率哟！原则就是：微累；微汗！

7. 温馨提示：注意力也分有意注意和无意注意。要用意志力去监控它！

8. 温馨提示：日本选手山田把长途马拉松"分割"成若干点，全力以赴地冲往每一个点。我们的学习目标也可以先拆分，再冲刺！

9. 温馨提示：中考识记为主！记忆的留存率越大就越容易胜出！布卢姆的认知金字塔或许告诉了我们一些什么。

10. 温馨提示：不要以为多做题就能考好了！学得好并不一定考得好！是该想想过失性丢分惨重的原因了！

11. 温馨提示：考前心态模拟，越细越好！细到逼真！逼真到幸运！

12. 温馨提示：高效学习不开夜车！太长时间的学习，无论你维持多安静的状态，干扰信息都会扰乱你刚刚记忆的东西，就显得不鲜明、不清晰！

13. 温馨提示：还记得那节班会课吗？《秘密》告诉我们你所想的事儿一定会发生！所以，万事都往好处想！

14. 温馨提示："深呼吸""自我暗示""思路中断"三管齐下可破考场紧张！

15. 温馨提示：选对同路人，营造积极向上的小氛围很有必要哟。

16. 温馨提示：让我们戴着镣铐跳舞吧！换个角度看问题，开心！

17. 温馨提示：勤奋一日，可得一夜安眠；浪费一日，可能一日失眠！

18. 温馨提示：当你的才华还撑不起你的野心时，就应该静下心来学习；当你的能力还驾驭不了你的目标时，就应该沉下心来历练。

关于自我效能感的影响因素，最后一项也是经常提到的，就是情绪的唤醒。正如之前讲到的，基本上情绪可以作为任何一种标量去影响其他变量，如动力、归因等，当然，在这里情绪因素也是能够影响自我效能感的。因为情绪是心灵管理的重要内容之一，已单独列为一章，在此不做赘述。

第四节　有困难，不自弃——拒绝"习得性无助"

不知道为什么，每次谈到自我效能感，我就不由自主想到了"习得性无助"的那条"狗"。这当然也是心理学史上重要的实验，有必要给大家梳理一下。大致是，实验人员把狗狗放在一个箱子里面，给它电击，狗狗数次挣扎欲逃脱，无果，最后狗狗放弃了。这个过程可以理解为"习得性无助"。以后，当实验人员把狗狗放在另外一个箱子，用隔板隔开，一边导电，另一边绝缘。狗狗本身轻轻一跳就可以跨过隔板，逃离到安全区域。但狗狗正是因为有了之前"不能逃离"的观念，于是也会放弃挣扎。狗狗如此，人心也一样，生活中无数次的挫败也一定会让人面对一些问题、一些领域时产生习得性无助感。

所以，谈自信心和效能感，还要提高学生的逆商，帮助学生增强面对挫折时的能力和勇气。从这个角度出发，关于抗挫力方面的培训一定不能少，在这里分享一堂心育课"反脆弱——如何提高逆商"。①

心育实践 1　反脆弱——如何提高逆商

心育目标

① 使学生明白挫折无处不在，而一个人的逆商，即反脆弱能力和一个人的幸福与成功息息相关。

② 通过大量故事及案例，见识名人抗挫力，从而增强个人抗挫效能感。

③ 通过三把"金钥匙"环节，让学生学会具体的"抗挫"技巧，培养积极乐观的心理素质，正确面对挫折，从容应对学习和生活中的各种挫折。

---

① 这篇文章发表在《中国德育》2019年第9期，这里有改动。

心育过程

环节一：小常识，大哲理

（呈现PPT，并开始讲述）

师：一个朋友给我说过一个故事：他小孩儿曾从幼儿园的滑梯上摔下来，把胳膊给摔断了。到医院确诊之后，情况也确实很严重，右手前臂两根骨头折了，整个胳膊变形了。他和妻子都非常着急，生怕落下什么后遗症之类的。朋友紧张兮兮地问医生："医生，这个受了伤的胳膊会不会以后使不上劲之类的，比如打球之类的会不会有什么困难？"同学们，假设你是医生，凭着你的生活常识，你应该怎么回复我这个朋友呢？

生：别担心，小孩子的恢复能力是很强的。

生：只要注意保养，应该不会有问题的。

……

师：错啦！同学们猜猜看，这个曾经受过伤的地方，到最后是更脆弱还是更强壮？

（学生既有选择"更脆弱"的，也有很多选择"更强壮"的）

师：医生的回复是：受过伤的手臂，不但不会有困难，而且会比另外一只更强壮！骨折过的地方再长好，会比以前更粗壮结实一些。同学们，我这个朋友后来也印证了——确实如此。

师：同学们，通过这个小故事，我们可以总结出一句话（故意停顿）。

生：那些不能摧毁我们的地方，最后都让我们变得更强大。

师：说得很好！我们的身体是一个反脆弱的机体。你越是折腾它，它反而变得更加坚韧，能够适应更加急剧变化的周遭环境。

反脆弱——

就像美丽性感的八块腹肌，"撕裂"是它"生长"的前提。

就像青年的毛泽东，数九寒冬的"冬泳"，才能保证"独立寒秋"。

就像美学大师朱光潜的忠告，青年学生一定要朝着"阻力最大的方向"行走。

环节二：反脆弱的意义

师：同学们，我们每个人的心灵都是一个反脆弱的机体。人在顺风顺水的时候，往往看不到自己与别人的差别。只有在面对挫折和失败的时候，才能看出这种差别。

我们来做一个小活动——何以立传？假设同学们都是传记作家，请你们为以下人物立传，前提是，以下所有人物的人生都是一帆风顺，不得写出一点悲情人生。

林肯——第一次竞选总统就成功。

哈利·波特——第一次就把伏地魔战胜。

乔布斯——第一次创立苹果公司就大获成功。

马云——一开始创立阿里巴巴就顺风顺水。

贝多芬——耳朵没聋，家庭顺利，直接成了音乐大师。

邓小平——一直受到重用，没有经历"三起三落"的人生。

（等待学生思考）

师：同学们，这样的人生，请问你们好不好立传？为什么？

生：不好！因为太平铺直叙了，没有跌宕起伏。林肯也只有经历了无数次的失败，成功竞选总统之后，他的传记才显得这么厚重。哈利·波特只有在经历了无数的考验，战胜伏地魔之后，才显得成就来之不易。

生：不好！如果人生只有美好，没有挫折，如果人生只有光明，没有黑暗，人生就永远没有张力。

生：假设乔布斯和马云一开始就顺风顺水，那么他们公司的光芒也没有那么耀眼，他们也一定不为人所津津乐道。小平同志也是经历"三起三落"的人生之后，才开始触碰国家和民族更为深刻的命运。

师：前段时间美国最高法院的法官约翰·罗伯茨曾在儿子的毕业典礼上发表了一番演讲，引起了轰动，被称为年度"反鸡汤"。因为他的演讲不仅不暖心，而且听过之后还会让人"心惊胆战"。同学们想听听他是怎么说的吗？

生：想。

师：我祝你不幸并痛苦。

生（吃惊）：啊！

师：同学们别吃惊，后面还有"更狠"的话呢。"我希望你们在未来的岁月中，不时遭遇不公对待。"（停顿）"愿你们尝到背叛滋味。""愿你们偶尔运气不佳。""愿你们偶尔遭遇失败。""愿你们偶尔被人忽视，你们感受到切肤之痛。"同学们，你可能会想，怎么会有这么狠的父亲呀，孩子的前程不应该是被祝福吗？那老师就想问问大家，为什么这位狠父亲的话一反常态，但却受到这么多人的喜爱呢？

生1：可能是因为他想激励孩子。

生2：我觉得他说得很有道理，而且我也很喜欢，因为现实世界永远不是那么美好，困难和不幸福是常态，正所谓，"不幸之事，十之八九"。

生3：老师，这个视频我也看过。这位法官父亲不止说了这么一些，他还说了后半句，你只给我们读了前半句。

师：哦！那你知道他都还说了哪些吗？

生3：记不太清楚了，但是我还记得一些，比方说，"我希望你们在未来的岁月里，遭遇不公对待，这样你就能够明白公正的价值"。

师：说得好。那我们来看完这个视频。（播放视频）

师：看完这个视频之后，你有什么感想？

生1：体验很重要，别人告诉我们的都是身外之物。

生2：经历过挫折的心才会变得更强大。

……

师：遭受"不公""失败""背叛""被人忽视"……，这些都是我们生活中的不愿意自己面对的挫折。但恰恰只有这些挫折才能让我们更加理解"公平""机会""忠诚"的价值，也只有经历过挫折洗礼的人，才能具有"反脆弱"的心灵韧劲。

……

师：同学们说得很好。首先我们得承认，并不是因为要立传而非得要去经历不必要的磨难和挫折。恰恰相反，正是在经历过重大的坎坷之后，人生才显得饱满充盈。正如法官父亲提到的那样，只有经历了各种不幸和痛苦，我们才开始追寻生命的意义。人生就好比一叶小舟，挫折和经历都是船身的"质量"，在风雨飘摇之中，让我们从此岸到彼岸。没有任何一个人的成长之路是一帆风顺的，伟人如此，我们平凡的人也如此。不信？我们来回忆一下自己生命中遭遇的挫折时刻吧。接下来，请同学们在自己的人生之树的树干上开始书写你们的"挫折脚本"，为你们走过的人生立传。

（PPT呈现人生之树的图片）

师：请同学们回忆曾经经历过的重大挫折，对应标注在树干上，并画上树洞，代表挫折。并想想你们是如何经历和克服的。

（学生思考）

生：在四、五年级的时候，每次竞选大队委，我都积极参与，认为我会当选……可能是我演讲不好，或许是我平常表现不够，屡次落选。但我没有放弃，苦练口才，还在周末上了主持人培训班，平常积极为班级服务，同学们有事不能做清洁都是我去做……最终我如愿以偿了。

生：初一的时候，不知被谁从背后推了一把，从楼梯上摔下，脚骨折了……请了一个多月假，回来数学已经有点跟不上了，期中考试都没有及格……

师：在那段时间，你是怎么做的呢？

生：那段时间，每晚做完作业之后我都要给自己布置额外任务：一是默写公式和定理，二是坚持每天完成5道之前做过的错题。

……

环节三："反脆弱"的三把"金钥匙"

师：同样是挫折苦难，为什么有些人能够把它蘸成墨汁，抒写盛世华章；相反，有些人只能够臣服与被淹没，成为蜉蝣菁草。这中间到底是什么在起作用？

生：心态。

生：毅力。

师：我更喜欢把它称为"心灵韧劲"。诚如一开始类比的身体，我们的心灵也应该是一个"反脆弱"的机体。那接下来，我们就应该讨论一下：心灵如何"反脆弱"？

第一把"金钥匙"是从别人的故事中读出反脆弱的基因。每当你遭遇过不去的坎儿时，你可以从大人物的故事中找寻能量。接下来老师给大家介绍一个人物，请同学们充分运用自己"共情"的能力去设身处地地想象。

（PPT呈现）

有一个人，在"文化大革命"期间被打成了右派，带着妻子和唯一的女儿下农场参加劳动改造。"文化大革命"结束后，他接手了一个濒临破产的卷烟厂。那年他48岁，扛下了这份重任。经过18年的努力，当年濒临倒闭的玉溪卷烟厂，被打造成亚洲最大的卷烟厂、中国的名牌企业：红塔山集团。而就在他红透全中国、走到人生巅峰时，因为经济问题，他被判无期徒刑，后来改判有期徒刑17年，出狱那年他已经71岁。然而，接下来的打击对他才是致命的，妻子和女儿早在三年前已经入狱，唯一的女儿在狱中自杀身亡……年84岁时，中国橙王诞生。这个人就是褚时健。

师：看完了他的经历，你们有什么感受？

生：和他的挫折比起来，我们面临的挫折就是"小巫"。一个经历了大风大浪而不被毁灭的人，一定能成功。

生：我这次物理测试考差了以后，真的觉得天昏地暗。看了褚时健的经历之后，我觉得自己很幸运。没有人能够随随便便成功，我就可以这么安慰自己。

……

师：在闲暇之余，同学们可以多看看古今中外名人传记，从别人身上汲取心灵的营养。你会发现，大凡有成就之人，无一不是"逆商"很高的人。所以，司马迁才说：孔子厄陈、蔡，作《春秋》；屈原放逐，著《离骚》；左丘失明，厥有《国语》；孙子膑脚，而论兵法；不韦迁蜀，世传《吕览》；韩非囚秦，《说难》《孤愤》；《诗》三百篇，大抵贤圣发愤之所为作也。

（大家齐读司马迁的话）

师：第二把"金钥匙"叫作"看问题，归因而不归罪"。

什么意思呢？归因的逻辑是，找出导致挫折的原因，就可以改善它；归罪的逻辑是，找出那个发出敌意的罪人，并且消灭他。可以说，归因意味着在包容的空间中，去找到错误，然后改进它；而归罪意味着，要把"罪人"消灭掉。

师：这里是老师最近收到的一封信。（PPT呈现信的内容）

殷老师，我想放弃学习了，压力太大了。我不明白周围的人为什么只要努力就能得到回报……我似乎天生就比别人慢。拿体育锻炼来说，都是同样在努力，但收到的成果就是不一样。不明白同样的课堂，从一开始，我就是比别人慢；同一道数学题，老师给我讲了七八遍，下次我还是照样错……我觉得去职高或许是一种解脱。殷老师，或许我生来就没有价值，老天是偏心的。即使不给其他人天赋，也会赐给他们韧性。我想去职高，一个没有压力的地方。

师：请同学们思考两个问题。问题一：这个同学是在归因还是在归罪呢？问题二：我们应该如何帮助这个同学正确归因呢？

（学生分享）

师："归因"和"归罪"其实就是两种思维模式，成长型思维模式和固定型思维模式。成长型思维模式的人归因，并动手去改善，但他们既不严厉攻击自己，也不严厉攻击其他责任方；固定型思维模式的人，要么严厉攻击别人，要么严厉攻击自己，却会忽略改进的努力。

师：第三把"金钥匙"是"警惕不合理的延伸"。

我们很容易把我们在某一件事上的挫败感延伸到其他方面，出现以偏概全的情况。同学们是否会自动将一个挫折的挫败感延伸到其他方面？是否会因为一个不顺意的事情而否定自己的全部？

生：每次考试失败之后，我都特别在乎周围人的目光。"老师会不会不喜欢我了？""同学们会不会瞧不上我了？"我会想这些。

师：某一次考试的成与败并不与一个人的价值有必然联系，如果过多纠缠，就会出现心灵的"沉溺"，无法自拔，越发不开心。

生：我也是这样的人。比方说，我每次遇到挫折，很容易会产生"天塌下来了"的感觉，觉得周围一切都糟透了。挫折感就像瘟疫一样延伸到生活和人际交往中，……我很容易走极端，否定自己。

师：首先感谢你这么开诚布公。意识到问题就成功了一半。所以老师希望你能将挫折的恶果控制在特定范围之内，也就是挫折发生的所在范畴里，要知道一个挫折也只是一个挫折。

师：同学们，"反脆弱"能力就是抗挫能力。就像美丽性感的八块腹肌，"撕裂"是它"生长"的前提。就像美学大师朱光潜的忠告，青年学生一定要朝着"阻力最大的方向"行走……

心育思考

自信心的提升不能光是喊口号，也要教会学生一些具体的方法。学生要"手中有粮，心才不慌"。"刻意练习"是我经常在学生面前提出来的概念。著名心理学家爱利克·埃利克森（Erik Erikson）在"专业特长科学"领域潜心几十年，研究了一系列行业或领域中的专家级人物：国际象棋大师、顶尖小提琴家、运动明星、记忆高手、拼字冠军、杰出医生等。他发现，不论在什么行业或领域，提高技能与能力的最有效方法全都遵循一系列普遍原则，这种通用方法就叫作"刻意练习"。同时，他认为对于在任何行业或领域中希望提升自己的每个人，刻意练习是黄金标准，是迄今为止发现的最强大的学习方法。[①] 因此，我也引入到学习领域，让学生明白学习与成长的背后机理。

心育实践 2 刻意练习，提升自我

心育目标

① 了解什么是"刻意练习"。

② 懂得对于人的专业成长而言，刻意练习发挥着重要作用。

③ 掌握刻意练习的几个使用小技巧，反思并有效指导自己的学业，以此增强学习效能感。

---

① 方颖. 寒假里的成绩"提升术"[J]. 求学, 2018（6）：67–69.

心育过程

环节一：识精英

师：同学们，这些人你认识吗？他们都是各个行业的精英翘楚。老师问大家，怎么才有可能成为所在行业的精英翘楚呢？

（呈现以下人物图片：梅西、杰克·韦尔奇、大卫·奥格威、二郎……）

生1：要有专业知识。

生2：要有贵人相助或是家人的支持。

生3：还需要一定的运气和机遇。

生4：还要对自己的事业有所规划。

生5：还要有坚持的品质，长时间专注一件事情。

……

师：同学们说到的因素都是和一个人的成功高度相关的。但，在大家提到的众多要素中，同学们觉得什么应该是最重要的品质？

（绝大部分学生选择：坚持）

师：非常好，老师也觉得是坚持。这儿老师给大家介绍一个理论，叫作"一万小时定律"。

马尔科姆·葛拉威尔写了一本类似"成功学"的书《异数》，其核心是"一万小时定律"，就是不管你做什么事情，只要坚持一万小时，基本上都可以成为该领域的专家。葛拉威尔在《异数》一书中指出："人们眼中的天才之所以卓越非凡，并非天资超人一等，而是因为付出了持续不断的努力。只要经过一万小时的锤炼，任何人都能从平凡变成超凡。"他将此称为"一万小时定律"。

师：这一万个小时是怎么得来的呢？老师来给大家算一算：要成为某个领域的专家，需要一万小时，按比例计算就是：如果每天工作四个小时，一周工作五天，那么成为一个领域的专家至少需要十年。这就是所谓的"一万小时定律"。

环节二：识问题

师：那问题来了！

① 是不是光是坚持了就能够成为学习领域的行家里手呢？
② 是不是仅仅是时间的堆砌就能够成就学习领域的优秀呢？

师：同学们有没有发现：为什么有的人工作10年，仍然不是专家，而有的人5年时间，表现就足够卓越？或者，你会发现：同样是小学6年，初中3年，大家都是同样9年，都是同一个老师教，为什么有一些人出类拔萃，有一些人就表现平平，甚至比较落后呢？

生：天赋有差异！

师：诚然，天赋确实是决定优秀程度的基石。但我想告诉大家的事实是：天赋不能让你成为专家。经验也不能让你成为专家。

（学生一脸狐疑，显然不是很明白其中道理）

师：同学们，你们知道吗？即使国际象棋这样的高脑力活动，研究发现，国际上一些排名靠前的大师，甚至天生智力低于普通人。同学们，你们知道吗？考上清华北大的优秀学长们，基本上也不是最聪明的，而是习惯最好的。同学们，你们也肯定知道王安石的《伤仲永》，仲永天赋异禀，但是到了最后却沦落到"泯然众人"的下场。我们很清楚地知道，清华北大的大师，有的确实天赋很高，如陈寅恪、王国维、钱钟书等；也有天赋平平的，如季羡林、沈从文等。世界上一定有比巴菲特、马云等人天赋更高的人，但不一定有他们那么大的成就。篮球场上，麦迪的天赋就不亚于科比，但科比的成就和地位远远高出麦迪。所以，天赋是不是决定因素？

生：不是！

师：那到底是什么？

环节三：刻意练习

师：决定伟大水平和一般水平的关键因素，既不是天赋，也不是经验，而是刻意练习的程度。就好比踢球，一般足球爱好者、普通的足球运动员、顶级足球运动员对"球"都很熟络。但区别在：

① 一般的足球爱好者，享受踢球的过程；
② 普通的足球运动员，例行公事地训练和参加比赛；
③ 顶级足球运动员，不断地发现现有能力的不足，并且不断以自己不舒

服的方式挑战并练习高难度的动作。

师：基于此，刚刚那个问题的答案其实已经很明确了。有的人有10年工作经验，但是大部分时间都在无意识地重复自己已经做过的事情，真正刻意练习的时间可能10小时都不到。有的人只有5年工作经验，但是每天花费大量额外的时间做刻意练习，不断挑战自己完成任务水准的极限，用于刻意练习的时间可能会有1000小时。

环节四：如何刻意练习

师：学习轻松，效果不一定好。就是那些看起来非常勤奋的在那不停地背书——一遍又一遍地背，拿笔一遍又一遍地画，甚至是一遍又一遍地抄的那些人，只是看起来很勤奋。他们耗费了大量的时间，但是他们的学习过程是很轻松的，他们没有做有挑战性的事情。这有一个很形象的比喻——给我们的知识链打上记忆的结。有些人每天都在不停地重复、不停地读、不停地记笔记，就相当于把那个知识链拿手一遍一遍地捋。捋来捋去，也记不住，因为它们没有"成结"。然而，当你考一次试，就等于打一次结；考一次试，打一个结。结绳才能记事。

心理学家表示，人在面临挑战和任务时，会呈现出三种心理状态——舒适区、学习区、恐慌区。而真正有效果的学习就是要逃离舒适区，进入一个具有挑战性的学习区。（呈现PPT，如图2-2-2所示）

图2-2-2 人在面临挑战和任务时呈现的三种心理状态

第一，跳出舒适区，进入学习区。

师：生活中，无效勤奋的姿势很多。老师也不例外，比方说（呈现PPT）：

① 从大三开始涉足健身领域，至今已有 7 年健身史。

② 每天下午和同学们在操场挥汗。

③ 平常尤为喜欢走路。

④ 工作这么忙，也要坚持每周 3 次去健身房锻炼。

师：就是"健身"，这肥肉还是风雨不动安如山。（生笑）因为我纯粹为了乐趣而健身，享受健身的过程，渴望的是下班后去健身房挥汗如雨、排解郁闷。所以停留在舒适区，按照自己熟悉的方式，做自己舒服的运动。专业健身者可不是这样。他们经常做自己不喜欢的运动；他们被教练要求增加训练量；突破肌肉记忆的极限；还要严格控制热量摄入。

师：接下来，请同学们谈谈，你们逃离舒适区，克服"无效勤奋"姿势的案例。

生：就拿学习画画来说吧，以前没有专业培训的时候，我总觉得自己喜欢画画，上课也喜欢在课本上到处画我感兴趣的动漫。但是当我开始正式接受培训的时候，导师总是系统地培训我们每一个动作的专业性。我还记得，光是拿笔勾勒线条这个动作就练习了一周，太无趣了……，后来我们学习"透视"，不断地从几何学的角度去分析光和影……

生：就拿足球训练来说，足球运动员大多数时间做的事情和参加比赛毫无关系。比如一个球员可能会花费一整天的时间练习 40 米外的右脚任意球；另一个球员可能整周只是在做小腿力量的训练。

……

师：同学们都分享得非常到位。刻意练习意味着逃离舒适区，就意味着"不舒服"。所以，刻意练习的第一步可能就是要牺牲自己短期的利益。

第二，大量重复性训练。

师：同学们，接下来哪些同学愿意挑战一下，在 10 秒之内，读对一下这些字的颜色。①

（每个挑战的学生都失败了很多次）

师：给同学们3分钟练习时间。预备！起！

（3分钟时间到了之后）师：哪些同学还愿意继续挑战？10秒钟！

师（总结）：同学们，这一次挑战就容易多了，很多同学都能全对，这说明了——

生：需要大量重复性的训练。

师：前提是，发现自己存在的不足，然后再进行大量重复性的训练。

第三：自己找乐子——持续性的反馈。

师：研究表明，如果能够持续不断地接收到对当下工作的反馈，也是一个人刻意练习的重要渠道和维度。但同学们，问题又来了，生活中，不可能时时处处都生活在别人的关注之下。所以，我们要善于自己挑逗自己"好战"的神经。学习上，不可能每一个学科、每一个老师都能激发你的兴趣。你要学会把间接兴趣转化成为直接兴趣。

那我们怎么才能够让自己获得持续不断的反馈呢？就要自己给自己找乐子。

比如说，奖励自己，如果认真听完一堂课，中午就可以吃一顿小炒。

比如说，认真完成一次作业，就等于给爸妈节约400元一次的补课费。

比如说，考好一次，就有可能带着自己心爱的人，环游世界。

……

生活太无趣，大凡能坚持的人，都是自己会给自己找乐子的。

接下来，请同学们拿出一个本子，自己在本子上写出自己时常幻想的乐子，然后把这些乐子和你的学习任务挂钩，积极地发挥想象，并和你的好朋友分享。

---

① 如："蓝"字是白色填充的；"黑"字是红色填充的。这其实是利用了"stroop效应"——字义对字体颜色的干扰效应。一般认为，念字和说出字体颜色是两个不同的认知过程。斯特鲁普于1935年做了一个实验，他利用的刺激材料在颜色和意义上相矛盾，例如用蓝颜色写"红"这个字，要求被试说出字的颜色，而不是念字的读音，即回答"蓝"。结果发现，说字的颜色时会受到字义的干扰。

环节五：反思与迁移

师：同学们，今天，我们明白了一个道理，即单纯的时间堆砌是不能够提高学习成绩的。我们同时学习了"刻意练习"的概念，学习了"逃离舒适区"，进入"学习区"。接下来，请大家自己好好反省一下，学期过半，在我们的学习中，哪些是属于"无效勤奋"的姿势？写在《心情小记》上，然后大家一起分享。

生：偏科！由着自己性子来，每次都最先学习和完成喜欢的科目，那些不喜欢的科目总是放到最后，或是偷工减料。

生：按部就班！比如英语的学习，就是按照自己的学习节奏在学，明知道自己遇到了瓶颈期，可是就因为"讳疾忌医"，不愿意认真分析自己的问题，直面自己的问题，不愿意加大练习量。

生：缺少了大量的练习！尤其是理科方面，仅仅是停留在"懂"的层面，而没有达到"熟"的程度。就像殷哥你经常讲到的那些话一样——"从你上课能听懂，到考试能够得分，中间隔着无数套卷子的刷题量"。

生：干事情没有长性！可能就是因为缺乏及时的反馈吧。有时候就纵容了自己的心魔，以为偷工减料一次没什么，以为几天或者几次的中断也没什么。

生：物理定理不熟，数学知识结构很散……，这些都应该专门花时间去总结归纳。

……

师（总结）：正如同学们谈到的那样，"懂"而不"熟"是学习的大忌，"熟"后才能生"巧"。"懂"只是停留在了认知层面，只是学习的第一步，久而生，时间的碎片会砸出你知识的漏洞。你依然不会成为学习上的大咖。"熟"是在认知以后的升级，是操作层面的维度。考场上，时间卡死，规定的题都有潜在的运算时间，容不得你细细推敲、推导、推理，容不得你在泛滥的脑海中去找寻课堂上老师讲到的那个知识片段。这就需要我们刻意练习。"巧"是在"熟"的基础之上，自然过渡的结果。"熟"练后，知总结，方得巧法。"熟"练后，知捷径，方得巧时。"熟"练后，知道知识间的联系，知道平常练习容易犯错的地方，知道知识的归属和层级，自然而然就会达到"巧"。

提升自我效能感，绝对不仅仅是几句"我能成功""相信自己"就能够解决问题的。简单的呼几句口号，那是"打鸡血""喝鸡汤"，可能有一时之效，但不长久，所以更重要的是，在这个过程中给学生"喝汤"的勺子。如何扶植学生心中自信心的幼苗，如何让成功的体验融入学生的血液，这才是一个重大的命题，我们每个老师都任重而道远啊！

第三章
心灵的晴雨表——情绪情感管理

喜、怒、哀、乐是常见的情绪的形式。情绪表达着内心的独特感受，传递着一个人的内在需求和愿望。所以，心理学者们普遍认为，情绪不仅是感情反映的过程，也是脑活动的过程。

一般来说，情绪管理是需要个体有意识去做并身体力行的，但中学生处于成长时期，身心发展极不稳定。他们虽然具备一定的情绪调节能力，但是自我调节的力量毕竟很有限。而且，在一线的中小学教育中，与学科教学相比，情绪管理教育很缺乏。这就需要班主任们协助他们，一方面认识到情绪情感的重要性，另一方面学会一些方式方法，做好情绪情感的调节和管理。

第一节 情绪是第一动因

情绪作为重要的变量，与学习动机、学习注意力、学习效能感等众多因素相互联系，相互制约，有些西方心理学家甚至把情绪直接认为是学习的"第一动因"。我们平常所说的"知情意行"中的"情"和"意"都涉及情绪情感，也就是说，从"认知"到"行为"，中间还需要情绪作为"催化剂"。

随着研究的深入，我们发现人一定不是百分之百的理性动物，恰恰是百分之百的情绪动物。加之，青春期的孩子能量流动大，情绪波动强烈。中学生自我人格和自我形象还没有完全稳固，处在"同一性和角色混乱"时期，外界的风吹草动，都有可能在学生的内心掀起惊涛骇浪。毕淑敏说，事无大小，全在一个人的内心感受。另外，学业的压力大大增加，学生也容易产生内在的焦虑感。于是，关注学生情绪情感也就成为心灵管理的题中之意了。

我经常做这样一个比喻：学习是我们的主战场；情绪是我们的大后方。很多时候，我们吃了"败仗"还真的不是因为"主战场"失利，而是"大后方"不稳所致。我们雄心勃勃欲在战场建功，却因为后方"粮草"频频出乱而只得丢盔弃甲。

大量的心理学实验结果表明，情绪和认知相互影响。举个最常见的例子，学生对我们平常"说理"的接受程度都是和情绪息息相关的。我曾写了一篇小文《"说理"莫"先乎情"》，揭示了"情绪"的重要性。

"说理"本应是舌尖的舞蹈！

但为什么我们的"良言"在学生那儿都成了无意义的"废话"呢？孩子埋怨老师只会讲大道理，没意思；而老师们又认为"大道理"是正确的就该讲。结果，老师在讲，学生根本不用心听。即便学生嘴巴上应承着"好好好，懂了，懂了"，但"懂了"不代表"信了"。"信了"是一种态度。

那老师说理和孩子接纳之间的障碍在哪里呢？且听我娓娓道来。

人是情绪化的、非理性的。

我们必须承认人在多数情况下是非理性的。我们认为我们是理性的，但其实不是的。就拿消费行为来说，以前经济学家们一直认为消费者是理性的，但后来的一系列研究表明，人是"快思考"和"慢思考"的结合体，"快思考"占据了主导。关于此，诺贝尔奖获得者丹尼尔·卡尼曼的《思考，快与慢》就做了充分论证，《魔鬼经济学》《怪诞行为学》等经济学畅销书也都有广泛的涉及。比方说，一对情侣准备买婚戒，但预算有限，加之婚事应慎重，购买之前就广泛收罗资料，没想到，因为路过一家实体店，姑娘一眼相中了另外一款之前不在计划之内的戒指，结果二话没说就做了一个新的决定。所以说，影响人行为的，不一定是原有的计划，常常是一种说不清道不明的情绪和情感在起作用。清华大学宁向东教授也曾说，情绪与决策如影随形，人是不能脱离情绪来进行所谓的理性决策的。人的所有决策，都是情绪参与的结果。西方很多心理学家也认为"情绪是第一动力"。

传统观点认为，"以理服人"，但现在看来，"理"并不一定服人，但"情"能够服人！因为在现实生活中，很多时候理性是让步于感性的，也就是说我们需要用心去感受，而不是客观地判断。行为受情绪波动的影响更多。所以说，影响人们行为的，常常是一种说不清楚的情绪和情感。哲学家休谟曾经有一句名言是："理性是激情的奴隶。"这儿的激情无非也就是因为"激情"刺激分泌的多巴胺而产生的各种快乐情绪、情感。

因此，当老师用情用心的说理引起学生情绪和情感上的变化，生成学生的愉快体验时，便可增进师生互动，建立坚实的情感基础，使老师成为学生在意的"重要他人"。在这个心理基础之上，学生会为了老师的期望而产生强大的转变动力，朝着老师期望的方向而不断努力。

综上所述，以理不一定服人，但以情能服人。所以，古语有云："感人心者，莫先乎情！"

当然情绪的重要性还远不止于此，它与我们的身心健康和学习效率都是高度相关的。

肖同学对我说："感觉到每天学习都很累，怎么办？"

"具体说说是怎么样一个累法？"我问道。

"就感觉到学一会儿就有点疲倦，想睡觉；上课也经常犯困；有时候上完自习之后都感觉到脚像注了铅似的，很沉重。老师，你说是不是我的睡眠质量有问题？"

"我也不知道，我不好下判断。那你这种（疲劳病）持续多长时间了？"

"忘了，不好说！感觉近段时间的情绪也很低落。"

……

其实，那一天简单的对话，我也并没有帮助肖同学找出解决问题的方法，但把她的问题记在心里，放在了潜意识里，我隐隐觉得这应该不是她一个人的问题。因为据我观察，班上肯定有不少"肖同学"，他们肯定都有类似的状况。在这一点上，我想任何一名细心的班主任都能从学生的课堂表现看出来。

恰恰是在几天后，在睡前随手翻阅的案头书当中，我找到了答案。接下来的这段话是从卡耐基《人性的弱点全集》当中摘抄的原文，我如获至宝，似乎找到了灵丹妙药一般。第二天早自习我就迫不及待地在全班讲述了这个道理，并单独和肖同学有了一次深入交流。

有一个令人难以置信的事实：仅有劳心的工作，并不会让人感到疲倦。这听起来会令人不可思议，但几年前，科学家们就找出了一个问题——人类大脑在不降低工作效率的情况下能持续工作多久——的答案。令人惊奇的是，这些科学家发现：血液通过活动的脑部时，一点疲惫的现象都没有！如果你从正在劳动的工人血管中抽出血液样本，你会发现其中充满了"疲劳毒素"，因而产生了疲劳的现象。假如你从爱因斯坦的身上取出刚经过脑部的血液进而观察，你会发现里面根本没有任何"疲劳毒素"。

截止到目前，我们知道，大脑可以连续工作8—12个小时，情况全然良好，大脑是不知道累的。那么问题就来了，为什么同学们会经常感觉到学习劳累呢？

精神病理学家宣称，大多数疲劳现象源于精神或情绪的状态。英国著名的精神病理学家哈德菲尔德在其《权利心理学》一书中写道："大部分疲劳源于精神因素，真正因为生理消耗而产生疲劳是很少的。"美国著名的精神病理学家布里尔更加肯定地宣称："健康状况良好而久坐着工作的人，他们的疲劳百分之百是由于心理因素，或是我们平常所说的情绪因素。"

这些久坐的工作者的情绪因素是什么？喜悦？满足？当然不是！是厌烦、不满，觉得自己无用、匆忙、焦虑、忧烦等。这些因素会消耗掉这些长期坐着的工作人员的精力，使他们容易患感冒、精力衰竭，每天带着头痛回家。不错，是我们的情绪在体内制造紧张而使我们觉得疲倦……①

"各位同学，其实，造成我们疲倦的大部分原因不是来自生理，恰恰是在心理情绪方面。想必我们都有这方面的生活经验，有时候我们带着激动、幸福、开心、美好的情绪去做事儿的时候，即便工作了很长的时间也并没有几分困意；相反，我们带着低落、无聊、愤懑、不幸的情绪去做事的时候，即便是一小段时间的工作也会让我们人困马乏身心俱疲。举个例子来说，你看我们家的宝贝女儿，刚满一岁半，是急切窥探外部世界的年龄，走路都还

---

① 卡耐基.人性的弱点全集[M].袁玲，译.北京：中国发展出版社，2006：45.

歪歪扭扭不能掌控平衡，却迫不及待地挣脱妈妈的怀抱，下地到处跑，到处摸摸看看。有时候，我们都觉得孩子腿部肌肉欠发育，走了这么久，是不是应该歇息一下呢？但是，刚一把抱住她，她就不从啦，亢奋得欲挣脱我们庇护的怀抱——其实，她会累吗？不一定吧。她感到很幸福，生理上的劳作产生的一点儿疲惫因素，也许完全没办法与幸福情感相提并论吧？"

学生们不住点头，认为是这个理。

就拿写书这个事来说吧，有时候写上瘾了，一个下午悄然而逝，停笔之时，伸个懒腰，舒展躯干，不觉疲困，反而觉得无比幸福。大抵是因为我带着使命去完成这件事儿吧，想到我的新学生将会读到我的新书，心里那种愉悦之情难以言表。但是，有时候我做一些不在自己意愿之内的事儿的时候，就感觉度日如年，因为有了"度日如年"的消沉低迷情绪，坐不了多久我就犯困了。比如，有时候一个业务上的形式主义的会议仅仅持续一个多小时，就会让我感觉劳累了一整天。

想通了这样一个事实，我也会反反复复向学生讲述一个简单而朴实的道理：要快乐地学习！即要让自己带着良好的情绪情感投入学习生活当中。

第二节　好情绪的三大保鲜剂

影响情绪的因素有很多，但我们要教会学生自我疏导心理，学会保鲜好情绪。我在日常的班级管理中也潜移默化地把"具身认知理论""情绪归因理论""心理暗示理论"等有效的理论介绍给他们。

心育实践 1　具身认知法——因为微笑，所以幸福

心育思考

具身认知（embodied cognition），也称"具体化"（embodiment），是心理学中一个新兴的研究领域。具身认知理论主要指生理体验与心理状态之间

有着强烈的联系。生理体验"激活"心理感觉,反之亦然。简言之,就是人在开心的时候会微笑,而如果微笑,人也会变得更开心。①

心理学领域最早对情绪提出系统理论解释者,当属19世纪末美国先驱心理学家詹姆斯。詹姆斯告诉我们:"常识告诉我们,失去财产,我们觉得难过并哭泣;碰上一只熊,觉得害怕而逃跑;我们受到敌人侮辱,会发怒而打起来。这里我们要为之辩护的假设是,这样的序列是不正确的,这一心理状态不是直接由另外一个状态引起的,在两者之间生理变现必须首先介入。更合理的说法是:我们觉得难过是因为我们哭泣,发怒是因为我们打人,害怕是因为我们发抖。而并不是因为我们难过、发怒或者害怕所以才哭、打人或者发抖。没有随着知觉的生理状态,则知觉便纯粹是认知性的,是苍白无彩色的,缺少情绪温度的。于是,我们或许会看到熊而决定最好是逃跑,受了侮辱而认为去打击对手是对的,但我们并不真正觉得害怕或发怒。"②所谓的"具身认知理论"就是认为情绪就是对外周肌体变化的知觉,也叫作"情绪外周理论"。

这一理论给了我很大的启示,所以我也在初三的时候为班上学生上了一堂"因为微笑,所以幸福"的主题班会课③,旨在帮助学生调节减压。

"因为微笑,所以幸福"
——一堂"行为和情绪管理"的班会课实录

心育背景

现实问题

早在初二的时候,我就利用我的心理学知识和学生一起探讨了"情绪ABC"理论,旨在引导学生面对问题时,尽量从积极方面解读,以期获得良好的情绪。通过访谈,我在很长一段时间内取得了不错的效果。初三来了,我在疏导班上一些学生情绪的时候,总是能听到这样一些话:"老师,道理

---

① 佚名. 具身认知 [EB/OL]. [2018-05-23]. https://baike.baidu.com/item/具身认知/4102008?fr=aladin.
② 黄希庭,郑涌. 心理学导论 [M]. 3版. 北京:人民教育出版社,2015:515.
③ 该班会课已整理成文章,发表在《班主任》杂志2016年第4期。

我都懂，可是我还是不能够开心起来。""老师，我感觉'ABC 理论'失效了？！""我尝试着从积极角度去看待问题，但还是郁郁寡欢，丢失的钱肯定不会再回来……"

心理学认为，人的心理情绪由表及里分别受"行为""认知""潜意识"支配（如图 2-3-1 所示）。改变其中任何一环都能够带来情绪的变化。只是"潜意识区"深刻，不易被觉察，不容易在短时间内改观；"认知—行为"常常是一个统一的整体，单纯运用图 2-3-1 中的某一层面也许都不能够达到很好的效果。"情绪 ABC"不可能失效，但也许还需要给学生上一堂改变"行为""躯体"的班会课，把"合理认知""身体变化"两者加以结合，相互补充才能达到更好的效果。

理论依据

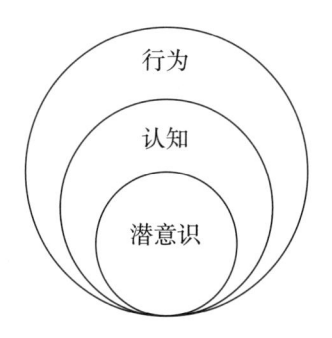

图 2-3-1 人的心理情绪的支配因素

在心理学研究生阶段，我有幸听取了西南大学心理学院曹贵康老师的情绪管理课程，也得到了曹老师的亲自指导和帮助，这为本堂课的实施，提供了坚实的理论基础。

课堂实录

引入——"幸福与微笑"

师：同学们，此时的你们幸福吗？

大部分学生的回答是"幸福"。

师：你们说自己幸福，那怎么看不到微笑呢？来，给老师笑一个。

部分学生笑了，部分学生没有笑。

我当即抽了一个没有笑的同学，问道："峰哥，怎么不咧开嘴笑笑呢？

一本正经的样子干吗呢？"

"笑不出来，而且，最近一段时间屡次受到批评，怎么可能幸福得起来？"峰哥如实回答，引来了全班同学的真诚的欢笑。

师：诸君，按照我们初二学习的"情绪ABC"理论，我们微笑是因为我们感到高兴。今天老师向你们揭露另外一个心理学秘密，知道这个秘密之后，我们更能够有意识地调节我们自身的不良情绪了。（随后，我呈现出PPT）

师：詹姆斯提出了这个逆向思维的命题："为什么我们是在高兴时而不是在生气时微笑呢？"

（我见学生一时回答不上来，就继续加以引导）

师：看看老师的表情（怒目圆睁），你觉得老师是高兴还是生气呢？

生：生气。

师：实际上，我们是通过表情（外部身体表现）来判断人们的内在情绪的。

海量呈现——"动起来，更快乐"

师：同学们，你们知道吗？美国心理学家艾克曼做了一个很著名的对照实验。第一批实验对象，让人们真正地体验到某种情绪（如生气、愤怒、悲伤、快乐、惊喜、厌恶等），第二批实验对象，让人们仅仅做出某个样子（如生气的样子、愤怒的样子……），然后测出他们的心率、体温。同学们猜猜，这两组人的实验结果如何？

生：肯定是真正高兴的人的心跳加快，伪装出来的开心不会起到任何作用吧？

当我把实验结果展现在学生面前的时候，学生不由得惊叹了一声。

我趁热打铁，补充道："是的，这就是说，我们是不是真的高兴，身体是无法分清的。"

师：还不止于此呢，同学们，莱尔德还做了一个类似的实验，让人们分别做出生气的样子和快乐的样子。实验表明，当做出生气的样子的时候，负性情绪强度更高；反之，做出快乐的样子时，正性情绪强度更高。

体验活动一：假哭与假笑

师：要不，我们马上把同学们划分成两组，一半装作很想哭的样子，一半放声大笑。30秒后我们来分享一下自己的感受，大家准备好了吗？老师开始计时！起！

"呜呜呜……""哈哈哈……"教室瞬间变成了哭声和笑声的海洋，两种情绪交杂交融，部分学生边哭边笑，部分学生瘪起嘴巴，要哭不哭的样子，很有意思。

师：时间到了，好了，请同学们来分享一下感受。

生：老师，我明明不悲伤，哭着哭着，我就真的有点想哭了，而且你看我的眼睛绯红，刚才还有点泪水呢。（他指着自己的眼睛说）

（听后众生哗然）

生：老师，我开始情绪一般，说不上高兴也说不上悲伤，反正看着有些人搞怪，我就笑起来了，笑着笑着，也就跟着大家开始笑了，现在情绪很不错。

……

师：很好。同学们有了切身体验，这种感觉就更真实了。寻求快乐和幸福一直是我们人类的终极目标。说难也难，说简单也简单。这不，你看心理学家们还做了这样一个两万六千多人的大样本的实验调查。实验是这样的：一半人使用"激发当下的快乐"的练习方法，包括心怀感恩、回想快乐的时光等；另一半的人就是每天微笑几分钟。同学们觉得哪一组的实验结果会实现更快乐呢？

生（按照惯性思维）：当然是前者更快乐！

师：确定？

生：应该是吧。

（见我发出了疑问语气，学生勉为其难地在句子后面加上了一个"吧"字）

师：结果不仅出乎你们的意料，也出乎老师的意料。我们本来会觉得，时常秉持一颗感恩、幸福的心，就会更快乐，但结果没那么复杂。（我一边说，一边呈现了以下PPT，如图2-3-2所示）

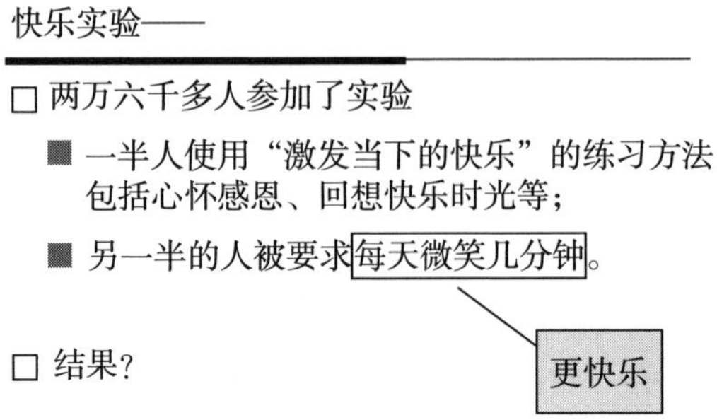

> 快乐实验——
>
> □ 两万六千多人参加了实验
> - 一半人使用"激发当下的快乐"的练习方法，包括心怀感恩、回想快乐时光等；
> - 另一半的人被要求 每天微笑几分钟 。
>
> □ 结果？ —— 更快乐

图 2-3-2 快乐实验

一波未平，另一波又起。我顺势进攻，步步为营。又问："拿走路来说，同学们说说，一种是'昂首阔步''双眼正视''大幅摆臂'，另外一种是'低头畏首''小步轻走'，哪一种人更快乐？"

在之前的铺垫之下，学生也就机敏了很多，齐声道："前一种。"

师：对了，佛罗里达大西洋大学斯诺德格拉斯等人的实验表明，走路方式与人的情绪也是息息相关的。

师：与此同时，心理学家们还对唱歌的人群做出了一系列研究。这不，有心理学家对500位合唱队员进行调查，结果显示，唱歌也能使人更快乐。另外一些心理学家对唱歌与听歌的人进行研究，结果发现，听音乐并没有让人们感到更快乐，但是唱歌能让人感到快乐得多。所以，同学们觉察到自己的不良情绪之后，不妨伴随着音乐，高歌一曲，这样也能使你更快乐呢。

体验活动二：激情酣唱

师：老师也给你们准备了一首歌，羽泉的《奔跑》。要求：竭尽全力，不管音准音色音调，只管你有没有尽情释放。伴随着歌词，想象一个画面：你就在和羽泉全力奔跑。之后，和老师一起分享一下感觉。

"速度七十迈。"

"心情是自由自在。"

"随风奔跑自由是方向。"

……

生：心情顿时开朗了很多，估计和老师选的歌曲有关吧。

生：感觉一边唱歌一边想象那种画面能让人感到幸福。

……

师：不仅如此，同学们，以后即便在不开心的时候，也不要抱怨生活，尽量少传达出一些"负能量"的话，相反，我们要多说"积极阳光""乐观向上"的话。因为呀，韦尔滕做过一个关于"阅读或说话内容与情绪"的相关研究，结果发现，多说积极正面的句子的人更开心，反之更郁闷。

体验活动三：夸夸我们的生活

师：都说我们初三的生活是"起得比鸡早，睡得比狗迟；吃的比不上家，穿的赶不上他"。确实也是，但是我们为啥不"反话正说"，或是"正话反说"呢？不管怎么样，为了大家的幸福考虑，我们接下来都夸夸我们的初三生活，并说给自己的同桌听，时间3分钟。

生：我们的初三累是累，但磨炼我的意志，我还从来没有像现在一样有干劲儿。

生：谁说我们学校食堂不好啦？我觉得比我妈妈做得都好。

……

（众生又笑，我也忍俊不禁）

……

接下来，我还展示了如"练书法与身心情绪""跳舞与情绪""朗诵与情绪"等相关实验结果，我精心选取的这些案例和结果都是想向学生传达：改变我们日常"行为"也能够改变我们的情绪。

总结提炼

师：同学们可以看到，让情绪发生变化，除了我们之前所学的"情绪ABC"理论，即转变我们的认知模式，现在我们还看到了——"让身体发生变化"也是非常重要的一环。同学们能不能够根据我们所学习的东西，来总结出一些适合我们中学生的部分活动呢？

生：看电影。

生：听音乐。

生：找朋友聊天，讲笑话。

生：散步。

生：打球。

……

师：对！同学们说的都对，最终能让自己笑起来，这是最为重要的原则。这不，刚才说了朗诵也能让自己变得开心，不信？你试试。（于是，我把提前准备的《再别康桥（重庆方言版）》呈现出来，如图2-3-3所示）

> 再别康桥（重庆方言版）
> 悄悄咪咪儿地，我走了！就像我悄悄咪咪儿地来！
> 我轻轻儿地甩哈手杆，啥子东西都不想带走！
> 那河沟头的柳树，是落坡太阳中的新姑娘儿！
> 波浪里头的影影儿，在我的心窝子里头打旋旋儿！
> 稀泥巴上头的青苔，滑不溜鳅地在水头打冷摆子。
> 在康桥的波浪里头，我巴不得是那一坨乱草草！
> 那榆树脚下的一个水凼凼，不是泉水，是天上的彩虹，
> 在水藻间遭揉得稀啪烂，彩虹一样的梦沉到脚脚底下去了！
> 做梦？拿一跟长竹竿竿，顺到那巴矛笼笼乱夺，装满一木船星星儿的月光，在明晃晃的坝坝头莽起吼。
> 但是我不能莽起吼，不开腔是今晚半夜的康桥。
> 悄悄咪咪儿地，我又走了！就像我悄悄咪咪儿地来！我把袖子挽得邦紧，啥子东西都不想带走。

图2-3-3 《再别康桥（重庆方言版）》

"悄悄咪咪儿地，我走了！……"同学们每读一句就大笑一声。这节心育班会课就在欢声笑语中悄悄落幕。我不知道学生能不能够将本班会课上所学，自主地运用到自己的生活中调节自己的情绪，但可以肯定的是，他们又多了一项技能。

老师们，这一堂班会课实录一定让你的思维有所改变，认知一定有所迭代，这对于我们自己的情绪调节也是有一定帮助的。当我们感觉情绪低落的时候，我们可以诉诸很多让身体动起来的活动，不要总是纠缠在当下让你烦闷的事情之上——"行动"则"心动"，"心动"则"情动"。简单的咧嘴笑也许就让你不知不觉地幸福起来了，所以我们才说"因为微笑，所以幸福"。

心育实践 ❷ 情绪归因法——心向阳光，我的 ABC 心法[①]

心育思考

美国心理学家沙赫特（Stanley Schachter）和辛格（Jerome Everett Singer）认为，情绪既来自生理反应的反馈，也来自对导致这些反应的情景的认知评价。[②] 说得浅白一点就是，如果人们对同一事件做出不同的归因解释，就会产生不同的情绪。

在认知信念影响情绪方面，美国心理学家艾利斯提出的"情绪 ABC 理论"，就是一个不错的方法。这是一个什么样的方法呢？说白了，就是让我们转变自己那些不合理的认知或想法。我们以前都认为决定自己情绪的是事情本身，比如说，我们觉得被老师批评这件事让我们感到不开心，但艾利斯觉得不是事情（activating event）本身决定了我们的情绪，而是我们看待事情本身的信念（belief）决定了我们的情绪，所以，不是老师批评我们这件事让我们感到不开心，而是我们对待老师批评的看法、心态、价值观等这些认知信念决定了我们的心情。由此可见，同样的事情，如果看待它的方式不同，就可能会产生不同的情绪，如图 2-3-4 所示。

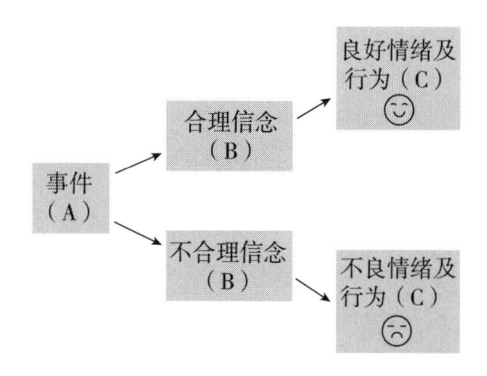

图 2-3-4 同样的事情，不同的看待方式

古时一个考生在考试前做了三个梦。第一个梦梦到自己在墙上种白菜；

[①] 本部分参考了钟志农《班主任心育活动设计 36 例（高中卷）》一书中张慧的《我能"巧用 A—B—C"（理性）》以及伯恩斯的《伯恩斯新情绪疗法》。

[②] 黄希庭，郑涌. 心理学导论 [M]. 3 版. 北京：人民教育出版社，2015：518.

第二个梦梦见在下雨天，他戴了斗笠还打伞；第三个梦梦到跟心爱的表妹躺在一起，但是背靠着背。

第二天一早，考生找到算命先生，让他解梦。算命先生一听，连连摇头说："你还是回家吧。你想想，高墙上种菜不是白费劲吗？戴斗笠打雨伞不是多此一举吗？跟表妹躺在一张床上，却背靠背，不是没戏吗？"考生一听，心灰意冷，回店收拾包袱准备回家。店老板感到奇怪，问："明天不是要考试吗，你怎么今天就回去了？"考生如此这般说了一番。店老板乐了："我也给你解一下。我倒觉得，你这次不留下来考试就太可惜了。墙上种菜说明你会高种（中），戴斗笠打伞说明你有备无患，你跟表妹背靠背躺着，说明你就要翻身了啊！"考生一听，很有道理，精神为之一振，以积极的心态应试，居然得了个第三名。

所以说，换一种角度就换一种心情。我们的生活处处充满了不如意之事，如果事事都往坏处去想，自然就会郁郁寡欢；反之，如果我们都能抱持阳光积极的态度去想问题，那自然就会拨开云雾，沐浴阳光。这就要求我们心怀感恩之心，对所遇到的事情有正确的解读方式：

有只会看电视而不会洗碗的青少年，那表示他/她乖乖在家而不是流连在外。

我缴税，那表示我有工作。

衣服越来越紧，那表示我吃得很好。

有阴影陪伴我劳动，那表示我在明亮的阳光下。

有待修整的草地、待清理的窗户，和待修理的排水沟，那表示我有个家。

能找到最远那个停车位，那表示我还能走路，且还有幸能有辆车。

有巨额的电费账单，那表示我冷气吹得爽。

教堂做礼拜时我身后有五音不全的女士，那表示我还听得到。

有一堆衣服要洗烫，那表示我有衣服穿。

一天结束时感到疲劳和肌肉酸痛，那表示我有拼命工作的能力。

一大早被闹钟吵醒，那表示我还活着……

同学们还可以做这样的情境训练：

我给老师打招呼没得到回应，那是因为老师当时没注意到……

我的作业多得烦死人，但至少我还能……

我的朋友看电影也没邀请我，而是邀请了小A，是因为他想下次……

我的身材太糟糕，我想掩饰的东西太多，不开心；那还不如……[①]

生活没我们想象的那么糟糕，为何不换个角度，给自己结冰的内心投射一抹暖暖的阳光，汇集出一汪春水？

良好的心情是学习旅途的驿站。舟车劳顿人困马乏之后能徜徉在享受生活的心境之中，自然能够养精蓄锐补充心理能量，为接下来的行程做好充分准备。如果学习的驿站也是一片荒原，毫无生机，人马皆不能在其中得到给养，那么接下来的学习之旅自然不能很好享受，最多只能是拖着疲惫的身躯苟延残喘地行走，能应付学习就算不错了，哪还能期待创造性的学习活动？中学阶段的学习很大程度上也是"非智力因素"在起作用，情绪作为学习的大后方自然是需要大家精心筹划和安排的。没有良好的情绪作为学习的支撑，一切的高效能学习皆无从谈起。

而中学时期的学生，正处于情绪波动明显的阶段，心情很容易受到外界的干扰，就像一片跑马场，任何不经意的事情都能跑进来践踏一番而后扬长而去，留下孤寂、无助、沮丧、郁闷、压抑……所以作为老师的我们，在学生的情绪管理方面一定要教一些妙招，让学生能够成为自己的"情绪管理师"和"心理营养师"。

心育目标

① 以艾利斯的"情绪ABC理论"为框架，对中学生进行情绪辅导，以帮助学生正确应对学习环境、生活环境、人际环境中所遇到的各种不尽如人意的事件。

② 能够区分三种常见的"不合理"想法，以积极乐观的心态面对人生道路上的各种曲折。

---

① 佚名. 我感恩[J]. 读与写（初中版），2017（Z1）：6.

心育准备

① 若干案例,来自《活出最乐观的自己》。
② 情绪日记表格,来自张慧《我能"巧用 A—B—C"(理性)》。
③ 若干视频片段,来源于《给心灵晒晒太阳》微课。

心育过程

环节一:"情绪商店"

游戏规则:老师扮演"情绪商店"的店主,出售并回收各种情绪情感商品。如:快乐、悲伤、忧郁、愤怒、烦躁、失落、希望……学生扮演买主,说出想买或想放弃的东西及其理由。想买东西的同学必须要拿出自己拥有的特质来交换,想放弃东西的同学要说出该物品的其他用途。

(开店营业)

生1:我想买信心,因为我觉得我还不够自信,尤其是在物理方面。

师:那你想用什么特质来买呢?

生1:慷慨吧?!因为我觉得我太大方了,稍微放弃一点没什么。

生2:我想用我的身高来买快乐,大家都看到了,我是全班最高的,给大家造成了太大压力了,对吧(面对着全班)?其次,我认为人这一辈子实在需要快乐。

生3:忧郁吧!

全班:啊?(不可思议状)

师:你能告诉大家原因吗?老师也很吃惊!

生3:我曾经看了诗人北岛写的一本书《时间的玫瑰》,感觉到"忧郁"其实也是一份可贵的气质,是很多诗人主动去选择的结果。也许"忧郁"和"创造力"是事物的一体两面吧。

(全班学生不约而同地鼓起了掌)

……

师(总结):同学们想买什么或者想放弃什么,其实都是你的看法决定的。就连"忧郁"这种我们平常不看好的情感都有同学主动地买,而且我们也发现确实是有好处的，这说明了事情的好与坏都是相对的，关键是我们的心灵摄像机对准啥，同学们同意吗？

环节二：故事分享：《星星和泥土》

PPT 展示

一位名叫塞尔玛的妇女陪伴丈夫驻扎在一个沙漠的陆军基地里。丈夫奉命到沙漠里去演习。她一个人留在陆军的小铁皮房子里。天气热得受不了，在仙人掌的阴影下也有 50 多摄氏度。她没有人可以聊天——身边只有墨西哥人和印第安人，而他们不会说英语。她非常难过，于是就写信给父母，说要丢开一切回家去。不久，她收到了父亲的回信。信中只有短短的两行字："两个人从牢房的铁窗望出去，一个看到泥土，一个却看到了星星。"

师：同学们，如果你是塞尔玛，父亲的信给了你什么启示？你会怎么做？

生：快乐是自己创造的，快乐在于选择。

生：心态的好坏在于我们看待事物的视角。

……

师：同学们说得非常好，但是如果你是她，你接下来会怎么做呢？

生：转移自己的注意力，比如说多看看书之类的，培养一个兴趣爱好作为自己的消遣。

生：我可能还是要去多交朋友，身边的墨西哥人和印第安人都可以成为我的朋友，我都可以学到很多东西。

……

故事续说

……读了父亲的来信，塞尔玛觉得非常惭愧。她决定要在沙漠里找到星星。塞尔玛开始和当地人交朋友，她对他们的纺织、陶器很有兴趣，他们就把自己最喜欢的纺织品和陶器送给她。塞尔玛研究那些引人入迷的仙人掌和各种沙漠植物，观看沙漠日落，还研究海螺壳，这些海螺壳是几万年前当沙漠还是海洋时留下来的……原来难以忍受的环境变成了令人兴奋、流连忘返的奇景。塞尔玛为自己的发现兴奋不已，并就此写了一本书，以《快乐的城堡》为书名出版了。是什么使塞尔玛的内心发生了这么大的改变呢？沙漠的恶劣情况变成了她一生中最快乐、最有意义的冒险，塞尔玛终于找到了属于自己的星星。①

师（总结）：同学们，沙漠没变，周围的人也没变，为什么最后塞尔玛找到了属于自己的星星？

生：因为心态改变了。

师：对！心态的改变就会促成行为的改变，于是她在沙漠里的生活才会因此发生巨大的变化。一念之差，使她把原来认为的恶劣情况变成了一生中的一次冒险。同学们，当一件事情发生的时候，当一个苦难横亘在我们面前的时候，我们没有办法改变，只能改变我们的想法。客观的外在只有通过我们的"解读"和"翻译"才会引发我们的情绪。所以，遇到了问题不可怕，可怕的是我们脑中的一些不合理的想法。

接下来，由老师给学生简要介绍伯恩斯博士《认知失真自我检查表》中的三种常见不合理想法。

绝对化要求

以自己的意愿为出发点，对某一事物怀有认为其一定发生或不发生的信念。通常与"必须""应该"等字眼相联系。

具体表现：

① 所有人都必须喜欢我，所有人都必须对我好。

② 只能我拿第一，别人不能拿。

③ 全世界必须按照我的意志发展。

④ 绝对不是我的错，都是你的错。

⑤ 我必须所有方面都比别人强。

过分概括的评价

这是一种以偏概全的不合理思维方式的表现，就像以一本书的封面来判定其内容的好坏一样。

---

① 刘虹. 快乐在于你的选择 [J]. 思维与智慧，2002（4）：16.

具体表现：

① 我什么都不好。

② 她就是这种人，没有一点优点。

③ 她就是针对我。

④ 所有的男生都很自私。

⑤ 所有的女生都很小气。

⑥ 没有人在乎我。

糟糕至极的结果

这是一种将可能的不良后果无限严重化的思维定式。即使发生的是一个小问题，也会认为是非常可怕非常糟糕的，甚至是一场灾难。

具体表现：

① 我没考上附中，一切都完了。

② 今天衣服穿反了，形象全毁了。

③ 一出门就摔了一跤，今天肯定背时。

④ 我脑壳好疼，肯定是得了什么绝症。

⑤ 我上课没有回答出问题，大家肯定都在嘲笑我。

（在介绍以上每一种不合理想法的时候都同时播放一些小片段，增强趣味性，同时也让学生加深对每一种不合理想法的理解）

环节三：确认ABC

1. A. 一个人抢走了你正要停的车位。

    B. 你想_____。

    C. 你很生气，摇下车窗，破口大骂。

2. A. 孩子没有做功课，你大声责骂他。

    B. 你想"我是个很差的母亲"。

    C. 你觉得（或者你做了）_____。

3. A. 你最好的朋友没有回复你的电话。

    B. 你想_____。

    C. 你一整天都心情低落。

4. A. 你最有优势的语文学科失误了。

　　B. 你想 ＿＿＿＿＿＿＿＿＿＿＿＿＿＿＿＿＿＿。

　　C. 你没有因此而感到不快乐，继续过你的日子。

5. A. 我决定去健身房锻炼身体，但当我走进去的时候，我看到全是健美的身材。

　　B. 我想我来这儿干吗呀！真的是丢人现眼，我应该趁别人不注意的时候赶快离开。

　　C. 我觉得 ＿＿＿＿＿＿＿＿＿＿＿＿＿＿＿＿＿＿＿。①

环节四：我的情绪我做主——填写情绪日记

师：那么在遇到具体问题的时候，我们脑中都有什么想法呢？这些想法中哪些是不合理的呢？

某次考试结束，学生得知分数后，表情不一。

小闫考了92分，名列前茅，却不停地反复检查试卷，心想：我怎么又考砸了呢？这几道题我明明会做，怎么老是这么粗心大意？再这样下去怎么办？如果我没考上附中，我还有什么脸活着？大家对我期望那么高，我不能辜负他们。

小谢考了84分，成绩中等，看了一眼同桌的分数后，叹了口气趴在桌子上，心想：又是这个分数！我怎么老八十几分，鸡肋的分数，食之无味，弃之可惜。我明明已经那么努力了，可成绩怎么老上不去？旁边这位呢，从来不把心思放在学习上，班级学校里一有什么事他就往里钻，可成绩居然也跟我不相上下，这次居然还比我高了两分。两分啊，上了个档次了。到底是怎么回事？是我还不够努力，还是我天资比他差？

小黄考了61分，对周围人说："60分万岁，这一分真浪费，早知道不如给你了，哈哈！"放好试卷到球场打球去了。一边练一边不住地想：这下老妈又要唠叨了。真烦！又不是我想考成这样的，我也没办法呀！别想了，越想越烦，还是打球吧。

---

① 塞利格曼. 活出最乐观的自己 [M]. 洪兰，译. 沈阳：万卷出版公司，2010：194.

小叶考试不及格,但一副无所谓的样子。"放心,有我做你们的坚强后盾。"看着整个试卷上的红叉,他心想:没事,我早就习惯了。反正我还可以凭借我的"播音主持"顺利进入附中本部的。

师:请同学们选择故事中的一位主人公,练习填写情绪日记,并和小组其他成员交流。

第一步:记录让你心烦的一件事		
第二步:记录下你的一种或者几种感受和程度(0分最小,10分最大)		
情绪　　程度	情绪　　程度	情绪　　程度
第三步:使用三栏表格法		
你的想法(自动化想法)以及你对它的相信程度(0—10)	不合理之处	理性的想法及你对它的相信程度(0—10)
第四步:结果,重新评估你对你原本想法的相信程度(0—10),并在下面能代表你感受的方框内打钩。		
□一点也不好　　□稍微改善　　□好多了　　□大大减轻		

师(总结):同学们,以后再遇到困难的事情时,大家都可以参照今天填写情绪日记的方法,检查一下自己的脑子中是不是都盘踞着不合理的想法,然后悄悄地将它们赶走。不过这不可能是一蹴而就的事情,因为这些不合理想法都是我们由来已久的思考模式,所以即便没能一次性"赶走"它们,同学们也不要焦虑,接纳它之后,再不断地扩大"合理"想法的"自留地",这样我们才能够把正面积极的种子在心中越种越多,越种越深,一点点地取代负面想法。为此,我们也要做好长期奋战的心理准备。

心育实践 3 心理暗示法

心育思考

研究显示，人的大脑有"快乐型"和"忧郁型"之分，一半来自基因，一半则通过生活态度和日常行为可以控制。如果一个人每天能够花半个小时思考一些愉快而美好的事情，并且心生怜悯，他的大脑会在两周内发生明显的变化。① 这些是神经科学领域近20年来的重要发现。既然我们的大脑可以发生改变，那么我们应当承担起责任，使大脑向着更积极的方向发生变化。其中，"积极心理暗示法"也是我经常在班上讲到的，"积极心理暗示法"背后的原理也是心理学上经常提到的"吸引力法则"。

2015年的12月，我们班一共有15个学生过生日。在12月最后一周的星期五，除了常规项目——发生日书之外，我还别开生面地准备了一份让人心想事成的秘密礼物——《秘密》。

我为班上的学生念了这本书的核心观点：

世间一个极为隐秘但又十分显而易见的"秘密"——吸引力法则。吸引力法则说，"同类"会吸引"同类"，因此当你脑中出现一种思想，也会吸引其他同类的思想过来。我们的思想是具有磁性的，具有某种频率。当我们思考时，那些思想就会发送到宇宙中，他们会像磁铁一般，吸引着所有相同频率的同类事物。所有发出的思想，都会回到源头。而源头就是思想频率的发出者，我们每个生命个体！

书中对我们现阶段的生活状态是这样阐释的：

你目前的生活就是你过去思想的映现——包括所有美好的事情以及你认为不那么美好的事儿。既然，"你最常想的事"会被你吸引过来，所以，你现在的生活状态也许就是你之前所不断想象的生活状态。而且，你现在所想的，就在创造你的未来。你用思想创造你的生命。因为你一直在思考，你便一直在创造。你最常想的，或最常把焦点放在上头的，将会出现在你的生命

---

① 唐昀. 快乐并非基因注定 积极善意可"回天"[J]. 中国职工教育，2008（4）：60.

中，成为你的人生。①

我觉得这本书还解释了"循环链条"的成因。比方说，你去想某件不愉快的事情之后，就似乎越想越不愉快。这是因为，当你持续这种想法的时候，吸引力法则会立刻带来更多同类的思想。你经历着这一些不快的新事情，就会产生更多不愉快的想法，而这些想法也就不断地向宇宙散射出这类频率，最终又会吸引另外一些你不想要的事情到身边。吸引力法则不会去管你所感受到的是坏的还是好的，也不会去管你想不想要它。它只是在回应你的思想。因此，如果你只看到堆积如山的债务，对它感觉糟糕透了，那你就是在向宇宙发出讯号说："我真的感觉糟糕透了，因为有这么多的债务。"你这样想，只能是不断地向自己强调这种糟糕的状况。这种感觉充满了你生命中的每个层面，你得到的将会是越来越多的这种烦恼的感觉。②

我继续对学生说："相反，如果我们总是尝试着想象开心愉快的事情，而且在脑子里常常预设这样一些画面，不断地享受这种美好画面给我们带来的舒适心情，宇宙接收到了这样频率的思想，那么就会集结相似频率的事情出现在你周围。你不断地遇到幸运的事情，就会不断地感觉幸福与快乐，就产生了新的快乐想法。所以我们常常听到人们说：'越快乐的人越幸运。'这也不是没有道理的。"

也许有人说，这些不是"鸡汤"吗？怎么可以在课堂上给学生讲这些唯心的东西呢？我是这么看待的：一方面，不管其中玄而又玄的"秘密"到底有没有科学的依据，如果把它当作一本心理学的趣味读物，总是可以的吧，况且它还给我们的生活带来了很多启迪；另一方面，我对这些超自然的现象抱持一定的敬畏之心。"实证主义"一直在追求"确定性"，但"量子力学"的诸多现象不也正在打破这种确定性吗？比方说，"薛定谔的猫"就是其中一例呀。这个宇宙世界本来就充满了很多人类认知还无法企及的领域。

在那堂课的最后，我还和学生分享了我读这本书收获的启示。

第一，截断负向的自我暗示。既然我们已经懂得了"吸引力法则"，那

---

① 拜恩. 秘密[M]. 谢明宪, 译. 长沙：湖南文艺出版社，2017：8.
② 同① 9.

么我们就要时刻检查和审视自己的思想。及时改变和调整那些不合理、消极低迷、让人不幸福的思想信念。从链条中间马上打破，另辟蹊径，寻找到一条情绪体验的康庄大道。比如说，我们早上起床晚了，父母批评我们干事情拖延低效。我们不服了，就和父母争吵，影响了心情。整个赶路的过程都聚焦在"起床晚""要迟到""被批评""关系糟糕"的思想上面。越想越糟糕，说不定就会在路上堵车，心里不断地咒骂糟糕的路况，结果真的迟到了！又被老师批评。心里那个结久久不解，郁闷之气久久不散，说不定倒霉的事儿还会继续发生在我们身上。整个一天都倒霉透顶。如果我们换一种想法，把父母的批评指责看作"爱的教育"，然后把注意力放在即将发生的愉快的事情上，说不定就会越想越开心，越开心就越幸福呢！

第二，引入正向暗示。将事情朝着美好的方向思考，放下一切思想包袱，让自己轻松面对一切，将正向暗示带入身边的每一件事。对于即将到来的中考和未来，请你用虔诚的心告诉宇宙，你一直期待的画面是什么样子的，以及你在事成之后那种幸福无比的心情。这种愿望越强大，那么为了这件事儿去努力和奋斗的动机就越强烈，反过来会激发我们学习工作的热忱。一方面心里不断地憧憬着那美好的未来，另一方面脚踏实地地朝着那个方向去前进，这样走着走着就到了那片期许之地，这才是最好的方向。千万不要仅仅成为一个美好梦想的空想家。

那天看完书之后，我们就围绕着那个班级生日蛋糕一起许下了自己的新年愿望，告诉宇宙，这件期许已久的事儿一定会发生！

心理暗示的神奇力量不言而喻，除了在"积极心态训练月"中无数次涉及之外，在情绪情感管控这一个主题月，我也经常在班上强调这一点。在此以"心有能量——最后一片叶子的启示"微班会为例。

心育目标

① 对正向暗示的积极作用有初步认识，遇事能够向积极方向牵引。

② 通过冥想法，发现暗示的"心力"。

③ 能够设计一些肯定自己的、充满激情的短句来进行自我暗示。

心育准备

准备小说《最后一片叶子》的故事梗概。

心育过程

环节一：暗示的力量

师：同学们，全体起立！今天我们一起来玩一个互动小游戏！请听老师口令。

（全班站起来之后，维持纪律，待到全班鸦雀无声之后，继续引导）

师：请同学们闭上眼睛，调整呼吸（停顿），伸出你的双手跟着老师的指示来想象一个画面，想象着你的左手放上了一本书，你的右手绑上了一个氢气球。书有一点重，而氢气球有点轻，想要往天上飞走（停顿）。接下来，想象着再往你的左手放一本厚书，再往你的右手绑一个氢气球（继续这个放书和绑氢气球的指令几个回合）。最后，请同学们想象着放一本更重的《牛津英语辞典》在左手上，再绑一个氢气球在右手上。请同学们缓慢睁开眼睛。

（这个时候，大家都忍不住笑了，环顾四周，发现周围人的左手和右手拉开了好大一截的距离。就真感觉好像有书压在了左手上，让左手沉重地托举着书本一般；相反，感觉右手好像真的被氢气球拖着往上飞）

师：同学们，明明没有书，也没有氢气球，为什么还是产生了"位移"？这股力量从哪儿来的呢？

生：暗示来的。

师：对！我们的心似乎也能产生能量。这就是通常所说的"心力"。暗示能产生强大的心力，刚才大家也都见识到了。心理学家们发现，其实一个人的暗示和自己的情绪、身体健康都息息相关。美国著名的短篇小说家欧·亨利写下了一篇感动全世界的名篇《最后一片叶子》，也让我们领略了暗示的神奇力量。我们一起来简单看看这个故事吧。

环节二：故事分享

（PPT展示《最后一片叶子》的故事简介）

患了肺炎的穷画家琼西住在一个画室里，持续发着高烧，身体极其虚弱。她的朋友苏请来了医生为她诊疗。医生看了之后，对苏说，琼西的病只有十分之一的恢复希望，这一分希望就是她要有想活下去的念头。可是医生看出来，琼西好像十分沮丧，心事重重，她断定自己是好不了的。看着窗外对面墙上的常青藤叶子不断被风吹落，她说，最后一片叶子代表她，它的飘落，代表自己的死亡。于是她天天躺在床上一片一片数着窗外对面墙上的常青藤叶子，从100多片数到只剩下最后一片了。那个风雨交加的夜晚，琼西预言明天早上，那最后一片树叶必定落下来，而她自己也将摆脱一切烦恼离开人世。当晚，苏把琼西的情况告诉了住在楼下的老画家贝尔受。贝尔受也得了肺炎，但他一声不响连夜冒着风雨在对着琼西窗户的墙上画了那最后一片常青藤叶子，锯齿形的边缘已经蔫萎发黄，但靠近茎部的部分却还是深绿色。第二天早上，琼西让苏拉开窗帘，发现虽然经历了一夜风吹雨打，可那片常青藤叶子依然挂在离地20多英尺的藤枝上。琼西的眼睛开始闪光了。两天后，她的病慢慢好起来。而贝尔受却因为受了一夜的风雨，加剧了病情，不幸死去了。但他画的这最后一片常青藤树叶，却是他一生最伟大的杰作。

师：同学们，老师的问题是，为什么琼西的肺病能够神奇地好转？

全班分享之后，我也就此总结：最后一片叶子是生的象征，附着着琼西对生命的渴望，当一个人把信念、希望、意义不断地附着在一种事物上面的时候，"心"的能量就开始涌动而生……

师：既然暗示这么重要，我们也需要从心理学的角度来谈谈暗示（播放PPT）。

①暗示离不开重复。重复多次的积极暗示，可以取代原有的消极信念，重复多次的消极暗示，也可以替代你原有的积极信念。

②暗示离不开想象。所谓的"气沉丹田"，那也是想象中的气，从胸部沉到了腹部。我们经常想象身处鸟语花香、阳光明媚、惠风和畅的环境，都会对人的生理功能有着良好的影响。

③暗示可以通过语言传递信息。语言本身有能量，无数人传递同样一个信息时，你可能就信了，而且很可能是真的。

④暗示可以被阻断。当我们带着觉知去省察进入我们大脑的各种暗示时，要及时去粗取精，去伪存真，提醒自己拦截负面的情绪。①

环节三：填写暗示卡

师：同学们，老师接下来发给大家暗示卡，请你根据自己的实际情况，在暗示卡上写下你最想对自己所说的话，并且经常在内心告诫自己。相信你一定能成为自己的能量师，驱走人生阴霾，拥抱快乐人生。

第三节　减缓焦虑，轻松应考

考试焦虑是考生中常见的一种以担心、紧张或忧虑为特点的复杂而延续的情绪状态。

考试焦虑（test anxiety），是指因考试压力过大而引发的系列异常生理心理现象，包括考前焦虑、临场焦虑（晕考）及考后焦虑紧张。心理学认为，心理紧张水平与活动效果呈倒"U"字曲线关系。紧张水平过低和过高，都会影响成绩。适度的心理紧张，可以对人起一种激励作用，产生良好的效果。但过度的考试紧张则导致考试焦虑，影响考场表现，并波及身心健康。

当考生意识到考试对自己具有某种潜在威胁时，就会产生焦虑的心理体验，这是面临高考或中考的学生普遍而突出存在的现象。他们怀疑自己的能力，忧虑、紧张、不安、失望、行动刻板、记忆受阻、思维停滞，并伴随一系列的生理变化，血压升高，心率增加，面色变白，皮肤冒汗，呼吸加深加快，大小便频繁。这种心理状态持续时间过长会出现坐立不安、食欲不振、睡眠失常等现象，影响身心健康。② 接下来，我将就如何减缓焦虑情绪给出一些实用方法。

---

① 佚名. 心育活动之我能"正向做暗示" [EB/OL]. [2018-07-23]. https://www.taodocs.com/p-330487360.html.
② 佚名. 考试焦虑（test anxiety）[EB/OL]. [2017-11-03]. http://blog.sina.com.cn/s/blog_70e8e5eb0100sysg.html.

心育实践 1 "扫房子"技术

心育理论

"扫房子"技术是意象对话流派当中的一个实用的咨询技巧。

其运作机理与"心理投射"有关，即通过潜意识投射出来的一些意象来洞察一个人的心灵状态，通过改变这些意象状态，最终改变人的心灵状态。

这个技术有它的大用处，也有它的小用处。大用处体现在心理老师可以用它来治疗很多深层次的心理疾病。小用处体现在每一个人都可以利用它来缓解各种焦虑情绪。而且这个技术最大的实用之处是它可以没有人引导。

"意象对话"中"意象"代表着各种现实中的物品，意象上面附着着内心的能量，有昏暗的，有明亮的，有积极的，也有消极的……。总之，不同的意象代表着不同的情绪和精神状态。

比方说：

破败的房子——自我整体评价低。

格外坚实——心理保护壳。

格外华丽——表演性。

玻璃房——外表好看，但很脆弱。

草房等（不坚实）——没有能力去保护自己的人。

干净度——肮脏、潮湿、灰尘、恶臭：抑郁情绪，也有焦虑、恐惧。

屋里东西杂乱——焦虑。

屋里空——假空（暂时看不见）：慢慢可以看见；真空：的确什么都没有，说明心里挂碍比较少，凡事看得开，或生活空虚、感到生活没有意义。

宽敞与否——宽敞对有的人来说象征性格大气，对有的人却代表缺乏安全感。

进去的难度——进去难代表不愿意面对自己，不愿意了解自己，有回避情感的倾向。

房子颜色——情感基调。（暖色调代表外向、热情，冷色调代表内向、情绪灰暗）

房子不着地——不踏实。

门窗——开放性。门更像嘴，更像实在的开放性，窗户更代表眼睛，更像无形的开放性。（鼓励打开门窗）

有了这样一些基本意识，我们就可以运用意象对话技术对学生进行引导，改变学生的消极意象，达到改善消极情绪、消除症状的目的。

以下是我给来访的学生做的一次"扫房子"技术的片段——

学生的意象：房子是木头房子，窗户在房子墙壁比较高的位置上，是关着的。推开房子的门，光线不是很好。在墙壁上有一个钟表，钟表下面有一个书柜，书柜上摆满了书。有一张书桌、一把椅子，书桌上凌乱地放了几本书。还有一个衣橱，橱门是关着的。这个房间的主人是一个十六岁的女子，头发凌乱，面容苍白。

在这个意象中学生的问题呈现得非常清晰。房间内的光线不好，说明学生不太自信；室内悬挂的钟表说明学生有较强的时间焦虑感，要求自己在规定的时间内必须完成某些任务；书柜上的书以及书桌、椅子都说明了学生目前的生活重心是学习。由于长时间的备考学习，疲惫、心力交瘁，就是她目前的真实状况。

师：房子光线不是很好，有什么办法可以改善一下吗？

生：有，可以把窗户打开。

师：现在觉得怎样了？

生：好多了，似乎窗户好久没有打开了。房间里亮多了。

师：我们把房间整理一下好吗？

生：嗯，好的。

师：你想整理哪里呢？

生：我先把书柜上的书整理一下，把它们放整齐；把书桌上的书也摆整齐。

师：嗯，好的。这下房间感觉清爽多了，是吗？

生：嗯。

师：咱们看看衣橱里有什么？你觉得能打开吗？

生：能，很容易就打开了。衣橱里挂着好些漂亮的衣服，似乎好久没有动了。衣橱最下面竟然还有羽毛球拍子和篮球。

师：看到这些，你的感觉是什么？

生：我感到很惊奇。这么漂亮的衣服都没有人穿，而那个女人穿的却很邋遢。我觉得她应该换换衣服，换换衣服就能换一下心情。篮球、羽毛球竟然和衣服放在一起，看来这些东西被房主人归为一类，闲弃在一边了。

师：你愿意帮房主人做一下改变吗？

生：愿意。我可以告诉她换件衣服，我们可以一起出去打羽毛球。

师：她也愿意吗？

生：她也愿意。她看到我走进房子的时候也很惊奇，似乎好久没有人来和她玩了。她很高兴，我们一起选衣服，她挑了一套粉红色的运动装穿上。随后她又梳了梳头发，扎了个马尾，精神多了。我们拿着羽毛球拍子一起去打羽毛球。

……

通过40多分钟的咨询，来访的学生把自己杂乱而且黑暗的心房打扫了一遍，外在的心情状态也都得到了很大的改善。

那接下来，我就给大家做一个示范。

"扫房子"技术的个案实践

心育过程

首先您必须找到一个安静的地方坐下来。（背景音乐响起）

阶段一：冥想放松阶段

引导语：

请你闭上双眼，调整好坐姿，屏息静气。生活中，我们关注周围的人和世界，接下来请你更多地关注一下身体发生的微妙变化。伴随着音乐，用意念告诉你此时此刻，你是最轻松的。

好的，双肩下垂，然后慢慢地做深呼吸。一呼，一吸，一呼，一吸。接下来深深地吸进来，慢慢地呼出去；深深地吸进来，慢慢地呼出去……告诉自己，每一口吸进去的氧气都在唤醒你的每一个细胞，告诉自己每吐出来的一口气都是在卸下肩上背负的担子。现在你无比地轻松。

想象你静静地俯卧在海滩上，周围没有其他的人，你感受到了阳光温暖的照射，触到了身子下海滩上的沙子，你全身感到无比舒适。微风带来了一丝丝海腥味，海涛在有节奏地唱着自己的歌儿，你静静地、静静地聆听着这永恒的海涛声。

突然从远处飞来一个白色的闪闪发光的能量球，恰恰在你的头顶，能量球开始从头进入你的身体，到达的每一个地方，都让你感觉无比轻松。能量球现在来到了我们的颈部，颈部的酸软被带走；能量球来到了我们的双臂，经过了我们的10个指头，给我们注入了能量，此时，我们发现，我们的双手轻松地下垂着、下垂着；好了，能量球到达我们的胸，进入了我们的五脏六腑，来来回回之间，让你感觉舒适，你继续放松、放松；接下来能量球来到了我们的胯部，经过大腿、膝关节、小腿肌肉、脚踝，到了脚趾头，最后能量球从我们的脚下汇成一股。我们看到，能量球已经是灰暗灰暗的了，它帮我们带走了晦气，留给我们的是全身异常无比的轻松、健康、舒适、有精神……

阶段二：看房子

引导语：

此时你会发现有一个房间，由远及近，由模糊到清晰，慢慢地出现在了我们的眼前。这个房间不必是我们熟悉的地方，也不必是你平常居住的卧室，它可以是任意一间从来没有见到过的房间。

好了，我相信大家都已经看到了。接下来，老师希望你们能够轻轻推开这个房间的门，走进去看一看。（停顿）你们肯定看到了房间的内饰了，它或熟悉或陌生，或清晰或模糊，每个人都不一样。同学们不用着急，慢慢看，擦亮自己的心眼，相信你一定能够看得清楚。老师给大家一些时间，在这个房间里走走看看，看你能看到什么？（留足时间）房间大小？有些什么东西？窗户在哪儿？光线如何？……同学们，我们的整个房间可能是很凌乱的，也可能只是某个角落特别凌乱，去找找它们在哪儿……

阶段三：扫房子

引导语：

好了，同学们，不管光线如何，现在请同学们走到自己的窗户前，把窗帘拉开，把窗户轻轻推开，让温暖的阳光照进我们的房间（给心灵注入能量），让徐徐清风吹拂我们的房间。此时，你会感觉到你的房间明朗起来，房间格局也不由自主地变大了；你感觉特别温馨、舒适。如果你感觉你的房间还不够明亮，没关系，来，自己找一下灯的开关，把灯也打开，让更多的光线进入我们的心房。此时，你的房间更加明亮，你房间的格局更加广大。接下来，请同学们把刚才看到的凌乱的地方收拾整理一下，请把那些布满灰尘的地方打扫一下。不着急，慢慢来，老师给你们足够的时间。打扫完了以后，抬起头来看看它，闭上眼睛感受它，多么整洁！多么美好呀！（收拾房间就是收拾我们的心情）如果你觉得还不够好，那你就再加入一些美好的东西吧。比如你可以栽种一些绿色的有生命力的植物，或许你还可以在房间里挖上一眼活水清泉……，都可以。在意象对话的世界中，你无所不能。

接下来，请同学们耐心地在屋子里转一转。请在房间中找到一件物品，把它看作学习。

不管这个名字叫作学习的物品是什么质地、什么色泽、什么状态，也不管你是喜欢它、排斥它、厌恶它……，现在，请你走近它，伸出你的手，轻抚一下它。（尝试着开始接纳"学习"）如果你想和它说点心里话，你会走上去跟它说点什么呢？它又会对你说些什么呢？老师又给你们留够时间去和它接触，把你这几年和它之间发生的故事都一股脑儿地倾诉一遍吧，或者你也可以对它说一些励志的话语，但不管怎样，记住，你的目的是尽量和它做朋友。

在打扫完房间之后，我们就可以引导学生缓慢地睁开眼睛，回到现实当中来了。

考试之前的晚上，如果学生有时候睡不着，就可以让他们躺在床上看看，打开心眼，看看自己的房子。看到昏暗的地方，就开灯；看到脏的地方，就擦拭；看到杂乱的地方，就收拾整齐；看到不顺眼的地方，还可以增加积极意象的装饰物，摆放花朵，增加自行车，摆上一台音响……。总之，在你和自我进行意象对话的那个世界中，你无所不能。这样，不知不觉中，你就安然入眠了。就像现实的房子一样，我们的心房也需要经常打理，有诗云：

身是菩提树，心如明镜台。时时勤拂拭，勿使惹尘埃。

肯定有老师会惊疑："就这么打扫房子也有用？"

你还别说，真有用；不仅对于个体有用，甚至对于考试后的团体疏导都有良好的效用。我曾经就此做了一项专门的行动研究，并把研究过程和研究结果整理出来，发表在了《中小学心理健康教育》杂志上。

"扫房子"技术在考后心理团辅中的实践

心育背景

初三以来，各类大小考试逐渐增多。笔者作为班主任在实践过程中发现很多班主任对于学生考后心理状况关注过少。学生心理焦虑程度、情绪状况参差不一，如何开展有效的考后心理疏导成了笔者关注的焦点。于是，把"无害"且"简单实用"的意象对话技术运用到考后心理疏导中成了笔者行动研究的方向。

心育过程

（一）准备阶段

1. 时间在期中考试结束之后，学生得知成绩后当周的班会课。

2. 把书桌分成单人单桌，让学生为自己创造一个独立、宁静、不受纷扰的环境。

3. 给每人发一张 A4 纸，对折两次，分成四等份。在每个角落分别写上"房间内部（前），绘画，文字描述；房间内部（后），绘画，文字描述"，如图 2-3-5 所示。

房间内部(前)	房间内部(后)
绘画	绘画
文字描述	文字描述

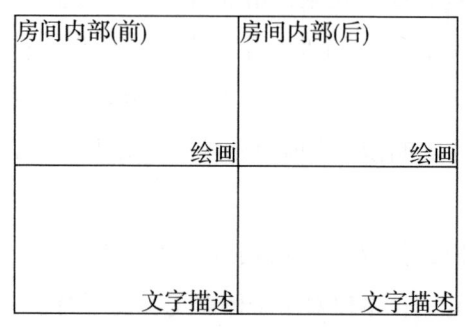

图 2-3-5 扫房子所需工具

4. 等学生准备完毕之后，伴随着轻音乐，听着老师的指导语，全身放松。

5. 积极动员。中学生尤其是初三的学生，阻抗比较明显，尤其是团体辅导阶段不愿意配合。为了加大参与力度，必须提前明确一些要求，如保持安静、减少躁动、积极想象，然后告诉他们不用怀疑老师在这方面的专业性，让他们知道自己的每一个积极动作都是有意义的，老师接下来对他们个体的帮助都很大，希望他们认真对待。

（二）工作阶段1——想象放松

引导语：

请同学们以最舒服的姿势，背靠在座椅的后背上。闭上双眼，双肩下垂，伴随着美妙的音乐开始做积极想象。

笔者常用的引导语是"想象性"放松的方式：用"能量球"从头到脚带走每一丝烦恼、每一点疲惫，唤醒身体每一个细胞，为内心注入充足能量。类似这样的话语，时长一般为5分钟。参见前文引导语。

（三）工作阶段2——看房子

当笔者发现绝大多数学生已经渐入佳境之时，就开始首次进入"房间内部"的想象。

引导语（略，同231页"阶段二：看房子"的"引导语"）

引导语：

如果学习是一件物品，你愿意把它想象成什么物品？第一个闪过你脑海

的那一个物品就是了。它在房间的哪个角落？……好了，请同学们缓慢睁开眼睛，看看周围，对着周围的人微笑。（与现实建立联系）

第一次看房子完成之后，笔者就让学生开始用黑色签字笔或是铅笔在第一栏"房间内部（前）"画出刚才看到的房间内部，在正下方进行简要的文字描述。与此同时，为了最大限度地顾及更多同学，采集更全面的信息，我给出了指示语："如果部分同学不擅长画或是你难以画出看到的东西，也没关系，你可以不画，但尽量用翔实的文字，在'文字描述'栏当中描述出所看到的。"

（四）工作阶段3——扫房子，增添积极意象

引导语：

好了，请同学们再随着音乐，调整好坐姿，缓缓闭上眼睛……（略，同232页"阶段三：扫房子"的"引导语"的第一段）

引导语：

接下来，我们再来看看刚才那个被你比作学习的物品。走近它，伸出你的手，轻抚一下它。（尝试着开始接纳"学习"）如果你想和它说点心里话，你会走上去跟它说点什么呢？它又会对你说些什么呢？老师又给你们留够时间去和它接触。记住，你的目的是尽量和它做朋友。

这一阶段的想象结束之后，又让学生在第二栏"房间内部（后）"中，把整理后的房间画在上面方格之内，把阐述性的文字描述写在下面"文字描述"栏内。

（五）工作阶段4——布置作业

打扫心灵房间的过程是持续性的过程，不可能通过老师引导的一次团体意象对话就彻底完成。于是我从三个层次给学生规定了一个考后心理疏导的作业。

晚上睡觉的时候，继续打扫自己的房间，和代表"学习"的物品进行对话。

辅以适当的运动，男生可以打篮球，女生可以散步、跳绳，形式不等，但要让自己动起来。

在自我打扫房间的过程中,或是在和"学习"进行对话的过程中,如果遇到了难以解决的问题,就请主动来咨询老师。

心育结果分析

数据收集:

1. 54名学生上交的绘画和文字描述。

2. 筛选出8位在"文字描述"栏当中没有进行文字描述的学生,进行访谈。

3. 提前拟好谈话提纲,用手机录音,整理成文字数据,提取有关信息,用以弥补文字数据的缺失。

研究结果

考后的心理焦虑普遍存在。第一次看到的"房间内部"画面和文字描述当中,学生普遍投射出了内心的焦虑、压力。这一点可以从他们浓重的笔迹、众多消极的意象(如"满地的纸团""布满灰尘的风扇""狭小的房间""有蜘蛛网的吊灯""灰暗的卧室""照不进光的城堡""布满蔓藤的屋顶"等)看出,如图2-3-6。仅有3位同学的作品中没有消极的意象投射。

图2-3-6 某学生的绘画和文字描述

扫房子技术对于考后心理疏导有着良好的促进作用。在"房间内部（后）"的绘画和文字描绘当中，笔者可以明显感觉出前后的差异性。尤其是在让阳光照射进房间后，在自己亲自动手打扫干净房间后，有36名学生，明显反映出了良好的心理情绪，心理能量也得到了增加。如，他们用了"温馨""明亮""轻松""舒服"等词汇，如图2-3-7。但仍然有一位同学表示出了虽然有所"明亮"，但仍然有无法"解锁""不够亮敞""照不进来"等无能为力的画面，如图2-3-8。这就需要老师做好分类工作，对这部分学生进行进一步疏导。

有2名学生表示，心理没什么变化，图画是被迫跟着老师的指导画出来的。

增添积极的意象对于缓解焦虑情绪有促进作用。在做文字记录和访谈的过程中，笔者可明显感觉到本班学生对于积极意象的介入有着明显的兴趣。8名被访谈的学生纷纷表示，他们愿意在打扫房间的过程中，摆放花朵、增加自行车（表示动力）等，并且愿意在房间的墙上贴上一些防尘的墙纸。一切完工之后，感觉心情十分美好。

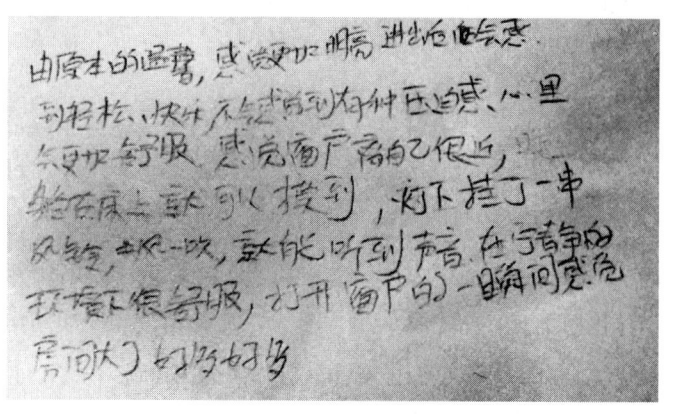

图2-3-7　某学生的文字描述

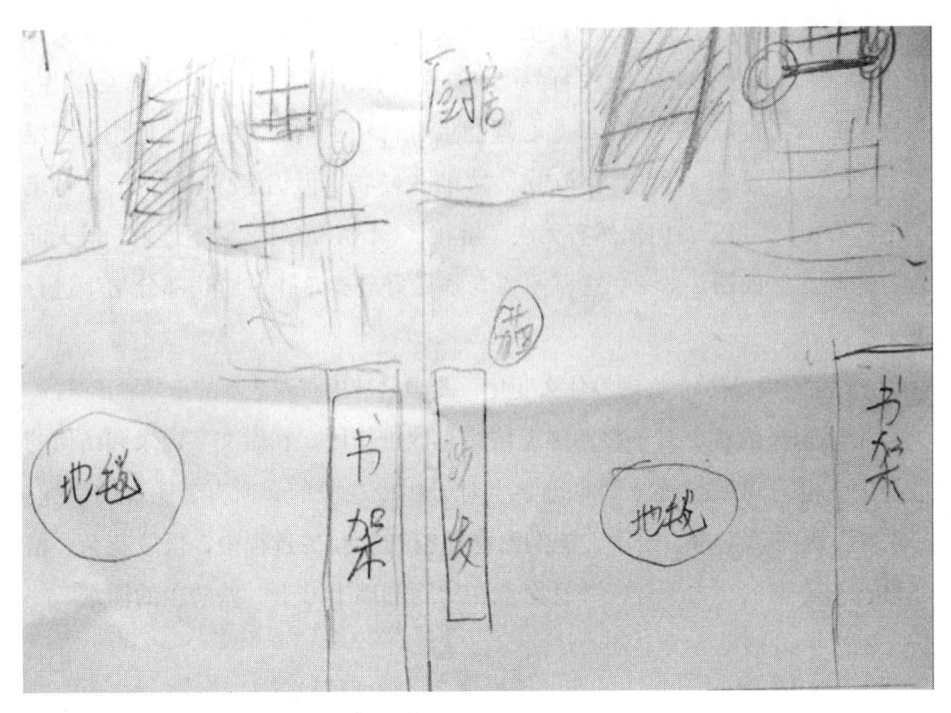

图 2-3-8　某学生的绘画

对于"学习"意象的表达各不相同，但消极意象表现居多。在尝试着和"学习"做朋友的交流对话中，有 11 人次觉得无需语言或没有对白描述，有 28 人次感觉到能够和它相处愉快。如访谈中，S 同学回忆道："它就是一幅画，画画偶尔中断，但是我觉得这是正常的，我先和它握手言和，等我有了灵感再来画。"仍然有 14 人次表示出了习得性无助感。如，J 同学说道："感觉它就是一本厚厚的书，难读——不知道怎么才能读懂它。"X 同学在跟"学习"对话时说："嘿，怎么跟你说这么久，都不理我？我也不理你了。"1 人次无法解读。

心育反思

实践证明，扫房子技术对于考后心理疏导有着良好的促进作用，而且能够用于团体辅导当中。引导学生自我打扫房间，其实就是教会学生自我清理心灵，自我解决心理冲突，通过积极的心理暗示，让他们解决"自我"和"学习"之间的冲突。这相当于教会学生一种自我疏导方式。长期的积极意象的介入能够给学生注入有效的心理能量，帮助他们树立战胜困难的信心。但是，对于个别"久拂不去"的尘埃、"擦不净"的玻璃、"永远照不亮"的房间等，需要对相应学生进行深入访谈，借助多方面的技术和资源来帮助学生拥有健康的心灵。

中高考是学生人生中的关键环节。很多学生的焦虑来源于不切实际的幻想，来源于对于结果的患得患失，来源于人为地附加过多期待。他们对"结果"的恐惧甚至已经大于对考试本身的恐惧。太在乎最终结果，反而可能会求而不得。纪伯伦曾经说过一句话："如果有一天，我不再寻找爱情，只是去爱，我不再渴望成功，只是去做，我不再追逐成长，只是去修，一切才是真正的开始。"我很希望我的学生能够卸掉心灵的包袱，只关注当下，轻松应战，于是我跟他们讨论了一个议题："多考几分会不会改变你的人生？"

心育实践 2　三个实验启示录

心育目标

①纠偏学生认知，让学生明白多考几分与人生成功没有必然关系。

②让学生懂得"顺其自然"和"全力以赴"的意义，以此达到自我暗示，减缓焦虑。

心育过程

师：同学们，在你们真正走上考场之前，我还想给你们讲一番道理，但这番道理需要同学们自己参悟。

那我就首先给大家讲几个实验好了，这几个实验都是围绕着一个问题展开的——多考几分会不会改变你的人生？

实验背景：

国外一个叫作耶尔马兹的少年，遗憾地差了两分没有被他梦寐以求的学校——纽约史岱文森高中录取（史岱文森高中，你可以想象成我们西南大学附属中学）。这所学校的学生大多数能够考上全美排名前20的名牌大学（你考上了附中的高中，也就相当于一只脚踏进了重点大学，因为附中的重点大学升学率为91%。就这一指标而言，重庆其他中学无出其右）。然而，你知道吗，能考上史岱文森中学的人只有约5%。

耶尔马兹当然永远没有办法回到那次重要的考试并且多拿两分，然后比较前后人生到底有何不同，毕竟人生之路永远只是单程，不可能再来走一次。

但是！

经济学家们想出了办法。

实验一：

参研人员：麻省理工学院和杜克大学组成的团队。

研究对象：史岱文森中学某年处于录取分数线上下的学生数百人。

研究方式：对照实验。实验组为：线上学生；参照组：（因为几分而落榜）线下学生。

研究内容：考查了他们大学预修课分数、学术能力评估测试分数、最终进入大学的排名。

研究结果：分数线上下的学生在以上几项指标上得分难分高下。最终所就读的大学都是排名相当的名牌大学。

师：同学们，这一个实验会不会让你好受一点呢？会不会给你吃下了一颗定心丸呢？关键是，我们从这个实验中能够收获什么启示呢？

生1：好的中学也并不一定能够让我们最终考上更好的大学吧？

生2：在哪儿读书似乎不是那么重要了，重要的永远是自身的水准。

……

师：那我们再来看实验二。

实验二：

研究对象：哈佛大学毕业生和宾夕法尼亚大学毕业生。（你可以想象成北大和川大的毕业生）

研究内容：毕业后10年的年薪收入。

研究方式：研究平均工资数据。

研究结果：哈佛大学毕业生平均年收入为12.3万美元；宾夕法尼亚大学毕业生平均年收入为8.78万美元。

师：从这个实验，我们又能得到什么启示呢？

生：好的平台对我们的人生发展还是有影响的。

生：我觉得收入水平还是与个人能力发展呈相关性，因为当初他们被大学录取的时候，哈佛大学的收分肯定高于宾夕法尼亚大学的收分，从而也就甄别出了学生的能力水平。

……

师：那我们最后再来看看实验三。

实验三：

参研人员：经济学家斯泰西·戴尔和艾伦·克鲁格。

研究对象：一群考上了耶鲁大学的精英学子。

研究方式：对照实验。将这群考上耶鲁大学的学子分成两组，一组进入耶鲁大学，另外一组因为家庭或经济原因放弃耶鲁大学选择了不那么有声望的大学。

研究内容：职业收入。

研究结果：？[①]

师：大家可以猜一猜，两组学生哪一组的平均工资水平会更高？

生1：也许是上耶鲁那一组吧？

生2：也许都差不多吧？

师：对啦！就职业收入而言，他们难分伯仲。这又可以告诉我们什么道理呢？

师：其实，综合以上三个实验，我们可以得出以下结论：

结论一：多考几分不会让你一飞冲天；反之，少考几分也未必能够让你

---

① 大高华. 那些高手是如何设定目标？[EB/OL]. [2019-12-03]. http://blog.sina.com.cn/s/blog_6b96f1de0102z2aa.html.

一败涂地。

结论二：平台并非想象的那么重要。真正重要的，永远都是你所具备的学习能力和学习品质。

结论三：学校教育就好比火车月台票，只是让我们有机会进入月台。但是去哪一个方向，在哪一站下车全靠个人。

师：还记得吗？我以前总是叫你"全力以赴"，尽量考上一个好的中学和大学；现在我却叫你"顺其自然"。原因非常简单。因为"全力以赴"是一种积极向上的人生态度，中学阶段种下这一颗人生态度的种子，将对你未来所有的时光产生无穷无尽的威力，因为中学阶段培养出来的这种态度最容易"迁移"。所以，不管你是在本部附中还是在银翔附中，也不管你是考上北京大学还是南京大学，你都会燃出绚烂火花，就像前面的三个实验一样。

俞敏洪曾做过一个比喻：文凭不过是一张火车票，清华是软卧，本科是硬卧，专科是硬座，民办是站票，成教是在厕所挤着。火车到站，都下车找工作，才发现老板并不太关心你是怎么来的，只关心你会干什么。

任何老板都喜欢全力以赴的人。这一点，希望你明白。

而"顺其自然"也并不是两手一摊，无所作为，它是竭尽所能之后的不强求。毕竟你不能左右人生所有的"局"，你不一定能"破局"，但因为有了"全力以赴"的态度作为生命的底色，你终究是有"格局"的。

所以，时至今日，回首中学三年，你未曾因虚度年华而悔恨，也未曾因为碌碌无为而羞愧，那么你方可大大方方、顺其自然地进入这个赛场，考好考差似乎没那么重要了。这次我反而不希望你背负太多的负担和责任去考。

如果你确实曾经有虚度年华和浪费时间的情况，那你就更没有负担了。考好了，应该感谢老天爷用金蛋砸中了你；没考好也自然是情理之中的事。也许，你需要经历一次刻骨铭心的失败之后，才能明白"全力以赴"的价值。一旦明白，且始终如一地践行，那么定能成才。

我觉得你的爸爸妈妈也可能是这么想的：从来不要把中高考当成人生成败的赌注，我们所有的人都只是想让你在足够年轻的时候体会一次全力以赴。

心育实践 ③ 困境想象法

减缓考试焦虑，除了认知疗法以外，还要教给学生具体的备考方法。还是那句话，只有手中有"粮"，才能心中不慌。在这里，我再给大家介绍"困境想象法"的心理妙招，非常有用，屡试不爽，是学生和家长频频称赞的减压方法。这个方法的来龙去脉都在以下这封信当中。

各位同学、家长朋友：

（一）

众所周知：

"学得好，不如考得好。"

"考场如战场。"

"善考者也善攻'心'。"

"善打心理战的人有可能超常发挥……"

同学们三年的学习与积累，虽说知识与技能的大局已成，但考场角逐的乾坤仍然未定，因为心理的调节确实在"考场发挥"的过程中起着极为关键的作用。

那么，父母与老师平常都在说的"心理战"应该如何打呢？今天的文章先从一个实验说起。

1999年，研究人员在美国加州大学做了一个实验。在期中考试之前，研究人员把学生分成了三组：

第一组学生，他们每天花几分钟，幻想自己取得优秀成绩的积极结果。

第二组呢，每天要花几分钟去想一下，自己面临的考试有哪些困难之处，自己需要解决哪些难题。

第三组是对照组，他们不需要刻意做什么事情，像平时一样就好了。[①]

那亲爱的你可以猜一猜，到底哪一组测试的结果最好呢？

先闭上眼睛想一想。

[①] 柳一一. 超一流的高手，都懂得如何设定目标![EB/OL]. [2019-06-03]. https：//www.sohu.com/a/292498823_155464.

答案是：

研究人员发现第二组的成绩最好，成绩最差的就是只幻想积极结果的第一组。

啊！？不会吧！这是不是和大家猜测的截然相反呢？长辈们不都是说"乐观是一种好的品质，能够帮助我们战胜困难"吗？那么，这个实验结果却有违我们的常识，到底哪里出了错？

其实，背后的机理是这样的：

乐观确实是优良品质，但它在真实世界里并非战无不胜，尤其是当人们把乐观精神单纯地聚焦于对好结果的想象时。这种情形下，你越沉浸在对未来成绩的美好想象里，就越会忽视真实世界需要付出什么样的努力。

所以，别执迷于所谓的乐观了，可能你越乐观想象达成目标后的积极状态，你离真实的目标就会越远。

那么我们应该怎么办呢？

我们应该做的是"想象困境"，就像上面的实验中，考试之前想象一下自己可能会遇到的各种问题。困境想象法的学术名称又叫"心理对照"，是由著名心理学家加布里埃尔·厄廷根提出的。

（二）

接下来，我讲讲我的经历。我曾用困境想象法完成了各种"模拟考试"，最后高考逆袭，成为黑马。

我在求学阶段，最怕数学了。因为总是无法入门，数学长期处在及格的边缘。早在高一高二的时候，仅仅数学一个学科，我就能够被学霸轻轻松松甩开40分左右的差距。后来通过长期不懈的努力，终于成功跨过了数学的"门槛"。到了高三的时候，我终于能够考到110—120分了，也缩小了和其他同学的差距。

因为是后天"恶补"而赶上来的，基础总会出现这样或那样的漏洞。再加之我的性格是属于那种毛里毛躁的类型，所以经常出现算错的情况。更糟糕的情况是，辛辛苦苦想了半天的题，依然不得解，以为是难题，等到老师评讲的时候，才发现自己少用了一个条件……

不管怎么样，数学就像是后娘养的一样，总是不受待见，被挖空心思地"刁难"，各种不顺，我的成绩一直起起伏伏，波动性极大。似乎考得好与不好，全凭"后娘"的情绪好坏来决定。数学成绩连起来的曲线图，就好比是那种阴晴未卜的情绪图，高高低低，难以捉摸。

由于这个原因，我一直都被老师们视为"临线生"。什么意思呢？就是临近重点本科线的那批学生。背后的逻辑就是，该生曾在无数次的模考中，有过越过"重点线"的经历，这给老师们无数的幻想和希望；也曾经在无数次的模考中，被压制在"重点线"以下，也牵动着老师们敏感的神经，让老师产生焦虑的感觉。

我想，成绩这么大幅度波动，对高考是非常不利的，鬼知道高考那次考试是不是埋葬我梦想的地方呢？于是，我决定要做一点点习惯的改变。

（三）

在最后不到100天的时间里，我培养了一个习惯，就是写日记，日记的主题就是"考场模拟"系列。

不管每天的作业有多少，不管每天的心情如何，也不管是不是完成了当日计划，反正，每天雷打不动的就是"幻想"，晚自习结束前的三十分钟一定是我的"幻想"时刻。"幻想"就是"模拟心态"。

因为我最怕数学，所以我把自己在数学考场上的状态在日记本上模拟了无数遍。

我会模拟我在考场的状态，我写道：

……我临阵不慌，从容淡定，考场上很从容。一小纸杯的纯净水放在考桌上，每顺利攻坚完一道题以后，就总会细呷一口。不慌不忙地展开双手，慵懒地伸一个懒腰，眼光四顾之后，马上定睛细看卷子上的试题。每道题，都要厘清思路，明白考点，回想易错点，勾画并标注条件，不可遗漏……

我当初没学过心理学，回头再看看这些文字，却发现很多地方都遵循着心理学的原理。每次做完一道题，就一定要喝口水，其实就是给"快思维"放一块"刹车片"，有利于理性的舒张。伸懒腰，眼光四顾，就是要"笑看浮生忙碌""忙里偷闲，自带节奏……"

我会模拟万一遇到极有难度、极无缘分、极不顺手的那种卷子的情形：

超难型试卷：

……此时，已经过了30分钟，我还徘徊在选择题的6—7题，并且已经"卡壳"了，后面的选择题又基本都有一定的难度，怎么办？即便是神仙，岂有不慌之理……

我告诫自己：

于是，我想调整心态，自我暗示——有啥事？大家都一样，就看运气了，我运气向来不错，瞎蒙的准确性还可以，我肯定是有利的。哼！

……于是，我又花了15分钟，连猜带蒙，稍微带着一点科学论证的味道，做完了其余的几道选择题，并顺便把试题做了一个简单的分类——完全不会的（×）；可能会的（半√）；会，但算出没有答案与之符合（√）。于是，转攻下一类题：填空题。会做的至少有两道，一道似是而非，一道下不了手。（此刻，我更加不慌了，因为，我已经明确了该套题的难度）即便是班上最厉害的陈、李、魏、肖等人不过也仅能得120多分罢了！我只需要保证做过的题全对即可……

当然有时候，我也会模拟一般性难度的考试，如：

6/2/2 或是 6/3/1 考题模拟。

何为"6/2/2""6/3/1"？即以基础题居多，中档题居中，难题极少的常规试卷。那么又应该如何应对这类考试呢？

通观全卷，我迅速在心中记下题型，并初步把它们分成：

会做的，或是以前经常做的。

虽不是经常做，但凭借能力的拓展能够解决的。

完全没见过或是题型复杂的。

接着，我便进入了答题阶段。前面的几道题在较短的时间内能够完成，也比较简单。但是由于自身缺点的缘故，所以对此要多留一个心眼，检查一下是否有误选的情况。可能会在5—8题中的任意一题卡住，这时，千万不要慌张，我也许不会做那类题，但说不定下面某些题却十分对胃口。因为同样的题，针对不同的人，就会有不同的情况。告诫自己，难易搭配不一定是一成不变的。

够了吗？远远不够！我还会把每一道题的答题具体时间全部算出来，并绝对允许出现考场上因为突发情况而顾此失彼，耗费大量时间的情况：

超难型试卷

选择题＋填空题＝1小时（45+8=53分）

17题（10分钟，12分全拿下）

18题（10分钟，解决一个问题，6分）

19/20题（30分钟，拿下16分）

21题（12分钟，6分）

22题（只做对一个问题，4分）

当然还有不可思议的低级错误，我也没有轻易放过：

顺便说一句，那个失误是 60°÷15°＝6！唉！

不止于此，我还对文综这些学科进行了总结：

……我曾经试过，由于地理过难，而又抱着一种不愿意放弃的思想去解答，结果花了半个多小时，仍旧做错了，大抵是思维还未预热的缘故……

……构思是相当重要的一环。虽然占的时间不多，但体现的是组织答案的缜密程度。构思答案的来源、要点、所写的每句话的关键词……

现在回过头再来思考：

"模拟考试"之所以有效，是因为人把注意力放在了真实的困难上。实现目标的路上，最怕什么？当然是困难。克服困难，目标达成率自然就会很高。

而且，每当我用困境想象法去关注困难的时候，我对困难会有一个基本的心理预期，以及基本的应对方法。我不会因为困难的出现而完全蒙圈，也不会一蹶不振。毕竟，我早已做好了心理准备。这样，在实现目标的路上，如果出现困难，你就只需要如实地告诉自己，发生了什么事情，需要采用什么方法，而不会否定自己，批判自己的无能。正如柳一一所说："困境想象法，能让我们真正脚踏实地。而脚踏实地，是仰望星空的前提条件。"①

对情绪的大量研究表明，情绪具有三个方面的功能：动力功能、强化功能和调节功能。情绪的动力功能涉及的是情绪对个体行为积极与否的影响问题；强化功能是情绪对个体行为活动方向性的影响问题；情绪的调节功能则是涉及情绪对个体认知操作活动效果的影响问题。有鉴于此，我才说情绪管理一定是心灵管理中的重要一环。

中学生在生活中充满各种情绪，有时欢喜，有时沮丧，有时焦虑，有时兴奋，五彩斑斓。所以，围绕着情绪各个维度展开，可以有很多话题，这些年我做了很多实践尝试。诸如班会课"穿越情绪的风暴"让学生学会使用"不良情绪转化五步法"，以应对不良情绪；班会课"破译负面情绪的密码"，让学生看到负面情绪也有积极的一面；班会课"为愤怒打一把伞"目的是让学生有正确应对愤怒的方法；烦恼，是人们遇到困难或挫折时的一种情绪体验，青春期学生会遇到很多烦恼，"你好，烦恼"这一班会课的目的是教会学生应对青春期的烦恼……。最终目的就是让学生成为情绪的主人。

---

① 柳一一. 超一流的高手，都懂得如何设定目标！[EB/OL]. [2019-06-03]. https://www.sohu.com/a/292498823_155464.

第四章
心灵的栖息地——自我及内心管理

谈班级管理，离开了对个体的具体关照都是空中楼阁，尽显苍白。因为班级是个体学生组成的学习组织，只有把目光聚焦在学生个体心理发展基础之上，才能有效分析。我相信，一切的管理，最终落脚点都是人，而"人本"的核心又是以"心灵"为逻辑思考起点的。

从青春期所面临的主要心理冲突来看，他们一切澎湃而动的生理春潮和激流涌动的情绪海浪都指向了一个问题——我是谁？（心理学术语为自我同一性）"我是谁"的问题将在这个时候不断地困扰他们，他们成长的"触角"将在这个时候不断地"往外走"和"往内走"，从而形成了"关系"。所以，从广义而言，"关系"就有两个维度。第一是"向内走"的关系，我们姑且可以称之为和"自我"建构的关系，要求学生个体不断地建构自我，和自我对话，把内外世界进行有机整合，最终会形成"我是谁"的稳定人格。第二就是"向外走"的关系，我们姑且认为这是"自我"和周围"他人"的关系，包括与同学、父母、老师的相处之道，只是这一阶段的交际重点已经从"父母"过渡到"朋辈"的圈子。现实生活中，我们也的的确确感受到，朋友和同学说的话远远比父母还要管用。当"自我"的小舟碰上"他人"的礁石时，他们又开始进一步思考"我是谁"这一哲学命题。

"心灵管理"的重点之一就是管理"关系"，我把它看作班级管理的动力源泉，因为只有弄明白了学生的"自我关系"和"人际关系"的微妙，才能够读懂学生的内心世界和人际世界，也才能够有效地把握管理的本质——"人"。接下来，我也将从构建"自我关系"和"人际关系"两个方面来和大家分享我在班级里的做法。构建良好的"自我关系"基本目标是让学生认识自我、接纳自我，最终能够和自我有效相处。

第一节　认识自我，接纳自我

青春期主要矛盾

　　心理学家埃里克森提出的人格发展阶段理论给我们充分了解学生提供了很好的理论基础。埃里克森把人这一辈子分成了八个阶段，他认为每一阶段的人都面临着每一个阶段的心理冲突。如果这些心理冲突和心理矛盾能够顺利解决，人就能够获得相应的品质。如果这些心理冲突未能解决，就会自动遗留到下一阶段成为心理问题的根源。

　　埃里克森认为，青春期的孩子面临的主要心理冲突是"自我同一性和角色混乱"，什么意思呢？这就是说，青春期的孩子自我形象和人格都还没有高度统一，需要外界不断确认。举个例子，比如，一个孩子今天很不开心，因为有人说他很自私，但是他以往的认知观念里，也许觉得自己是一个很慷慨大方的人。宽泛地讲（注意：这里并不一定严谨，但通俗），这一组"自私"与"大方"的矛盾就是一组"角色混乱"。

　　关于"自我同一性和角色混乱"问题在中学生群体中是普遍存在的，但因为具有一定的"隐蔽性"，所以在日常生活中不容易察觉。但老师们可以从以下两幅图画中窥见端倪。大家首先可以认真地观察图 2-4-1、图 2-4-2，看有什么明显的特征？

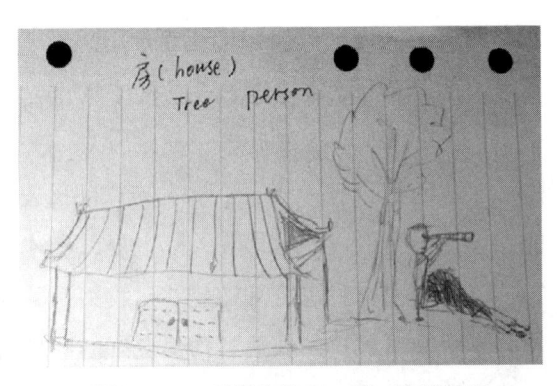

图 2-4-1　某学生的自画像　　　　图 2-4-2　某学生的房、树、人简笔画

左边这幅图是某学生的自画像,最明显的特点是他用凌乱的线条把自己的脸给勾销了。我问他:"你为什么不把自己画完,反倒乱涂呢?"

学生的回答是:"越画越不知道自己长什么样了……"

其实学生并不是真的不知道自己长什么样,而是遇到了各种人际关系问题。他心中的理想的自我和父母眼中的"我",以及在同学们面前展现的另外一个"我"并不是高度统一的。从这个源头出发,我进一步窥探到父母的高标准对这名学生造成的压力。

右边这幅画的特征是有两个人,其中一个也被勾销了。最开始的时候,学生在一棵树下面画了一个躺着用手撑着头的人,感觉很闲适。但随后马上用铅笔把他"涂掉",画出了另外一个站立起来的,拿着望远镜在眺望未来的小人。我很好奇地问:"为什么要把他涂掉呢?"

他回答说:"我也不知道,就感觉自己这种状态很不对头。"

很有意思,其实我当时只让学生画"房、树、人",并没有告诉他"房、树、人"中的人就是自己。但他画着画着就把自我的状态给投射到画上去了,而且在回答我的问题时,他的话是"感觉自己这种状态很不对头"。

到底是什么状态不对头呢?结合学生的情况,我分析,学生在家是一种被极度呵护的状态,是一个寄居在"壳"里面的状态。小学毕业之后,上了初中,要开始住校了,不知道自己该以什么样的状态呈现在"关系"中,既不知道如何自处,也不知道以何种状态出现在人群中。

心育实践 1 我教学生"变傻"
——"理想我"和"现实我"的统一

心育思考

"自我"概念是一个复杂的结构系统,很多书上的措辞都稍有不同,定义也略有区别。弗洛伊德就把自我分为"自我""本我""超我";人本主义心理学家罗杰斯认为自我是"一切体验的总和";温尼科特认为自我是一个"能量球";黄希庭先生在《心理学》中提到自我分为"现实自我""理想自我"和"镜中自我"。这些"自我"肯定在具体的定义上也有区别，但我觉得我们一线老师没有必要分得这么清楚，基本上就可以按照黄希庭先生所提到的三个"自我"来理解。

现实自我是指从自己的立场出发，对现实中的"我"的认识。理想自我是指自己期待的自己，是对一个想象出来的"我"的认识。如当被问及"是怎么样一个人"和"你想成为什么样的人"时，前一个问题的答案就是自我概念中的"现实自我"，后一个问题的答案则是"理想自我"。所谓"镜中自我"就是从别人眼中看到的"自我形象"。自我是这"三个我"构成的，这三者有可能是一致的，也有可能是不一致的。还记得之前那个"自我同一性和角色混乱"的概念吗？当人格中的几个"我"是一致的，就具有"自我同一性"；反之，就是"角色混乱"。

了解到角色混乱这一点后，我们就会对学生很多奇怪的行为表象有所理解。下面就是一个我实践过的案例。①

心育背景

对于 M 同学在课堂上的一问三不知，我克服了一贯的"强迫症"——非要她说出个一二三才肯作罢。我变了，我变得理性和温柔多了。我暂时把这事儿打住了。我问："M 同学，你是真的不知道？以你的水平不可能不知道 begin to do sth. 等于 start to do sth. 吧？"M 也不作声，继续埋着头，"我不知道"。

"不知道也好，老师给你免费补补，放学后来我办公室。"

……

她来到了办公室。M 同学和我有深厚的情分，这一点我深信不疑，我在她身上花的功夫让这一个"辣妹"一直在我面前毕恭毕敬。她内心知道殷哥对她很好，用她妈妈的话说，如果换一个老师，M 可能就毁了，是我改变了她。

M 是一个不算天资聪颖但是勤奋有加的学生，这点我也知道。她上英语

---

① 该案例已整理成文章《我教学生"变傻"》，发表在《班主任之友（中学版）》杂志 2016 年第 4 期。

课的时候长时间不敢开口，恰恰是英语科代表的她一直用沉默掩盖着这份不自信。我也偶尔抽她回答问题，但是效果都只能是差强人意。"Sorry, I don't know."这样的回答也不在少数，我只是装作若无其事地帮着她引出答案。她有一种不太正确的"信念"——我不优秀，不能很快吸收，但是我后面会做大量功课来弥补。她也确实做到了，要不然她的英语会更差劲。她不喜欢开口，因为一开口就把原本连贯的文字读得断断续续，结结巴巴。这就是我和她谈话的背景。

她低头，默然，一副受训的样子。

"你学习幸福吗？尤其是在学习英语的时候？"我开始转换角度问道。

她摇摇头。

"不幸福的原因我比你自己还清楚。"我对她说。

她疑惑不解地望着我，从她和我对视的眼神中我能够看出来她的疑惑。

"信不信？"我面带笑容地问她，我希望她能够感觉到和我谈话不是一个负担。

她眼珠子略微转动，但微颔首，我感觉她稍微有点兴趣了，并不是之前来办公室那种心态了。

心育过程

"要让你现在的这种学习状态有所转变，老师就一个词——'变傻'。"我依旧微微笑。

"什么？"她略微停顿，"变傻？"似乎对于我的建议大有狐疑。

"对！你可以让自己适当地'变傻'。你觉得自己就是有点'傻'了，你的心理底线就低了，你就更接地气了。接地气了，你就是真真实实的学生了，你就让老师和你的心理距离更近了。"

为了让 M 更加明白其中的道理，我拿出一张 A4 纸，说道："来，老师今天把这个'天机'道破，顺便把 the secret to happiness 告诉你。"（这个短语我们刚学到，我也就顺口说了一下）

我在 A4 纸上画了三个不同大小的人，分别标注成"理想我""本我"和

"自我"。

"其实，这三个人都是你自己，只是表现形式有所不同。"

"如果你总是想把自己勾勒成一名优秀学生的形态，你就无形地把'理想我'的形象放大了，你是有一种高高在上的感觉了，但是你的真实的'本我'却是这么小，两相一对照，一幅不和谐的画就产生了，让你的'自我'无所适从，你就不会开心。你在课堂上就会患得患失，考虑自己是不是因为回答不出来而掉价了。考虑自己是不是又因为结巴的朗读而被同学笑话——哼！还是科代表呢！但谁说科代表就一定是全知全能的？'我'就是这样一个独特的'傻里傻气'的科代表，'我'的'理想我'和'现实我'就是如出一辙，就是一团和气，那你就会因为学习而幸福了。就是这样一个'傻'字儿，说不定让你在不经意间就进步很大。信不？试试看？"

我只顾着自己说，都没有发现M的眼里泪花闪闪，她继续默然，但是一个劲儿地点头。"老师，我也确实是有这样的情况。我觉得自己身为英语科代表就应该起着表率的作用，我觉得我们班很多同学英语都比我好，我也只有默不作声才不会犯错误，因为我怕一旦我出错了，别人就不服我。如果我私底下努力的话，我还可以赶上来，制造出一个'好成绩'的假象。"M啜泣着说道。

"那你就做一个傻傻的、呆萌萌的，但是很勤奋的科代表可以吗？"我继续问道。

"嗯。"

"那你现在把这个'理想我'重新画一下，让这个画面看起来更和谐，可以吗？"我把纸和笔都递了过去。

几分钟过后，她给我呈现出了一个以"手牵手"为主题的画面，"老师，我感觉好多了，正如你所说的那样，如果我重新看待真实的自己，不把那个'全知全能'的假面具戴上的话，就舒服一些了。"

"可不是嘛，人首先要学会接纳自己，接纳自己的不完美，允许自己犯错误，允许自己和别人不一样，这才是幸福学习的秘诀呀。"

……

后来，M确实承认，她不是真的不知道那个简单的问题，只是之前一直很怕，就莫名其妙地说"不知道"。

我知道，这是她潜意识层面发出来的"阻抗"，为了保护那"可贵"的自尊，她就干脆说一句不知道，暗示老师以后不要抽她回答问题。

心育反思

这种"理想我"和"现实我"之间的矛盾是广泛存在于中学生群体之中的。所以，老师们练得一双慧眼之后，就能够理解这类学生内在的焦虑感，理解表象行为背后的本质，做出及时而有效的心理疏导，这样就能在很大程度上减少焦躁，对于保证学生的心理健康非常有益。

心育延展

关于弗洛伊德的"自我"概念，我还想再补充另外一个概念——"压抑"。这对我们一线教师深入了解学生也是大有裨益的，因为很多在我们常人看来很怪异或是不可思议的行为，其实都是"化了装"的压抑。

那什么是压抑呢？通俗点，压抑就是三个小人在打架！弗洛伊德说，每个人的人格都是"自我""本我""超我"的统一。"本我"蕴藏着最为原始的欲望，如性欲、食欲；"超我"是社会传统、伦理道德、法律法规、清规戒律约束下的那个我。"本我"在心理能量的推动下不断地想把自己的"原始欲望"展现出来，但"超我"觉得这些东西都无法登大雅之堂，就开始压制。"自我"就是夹杂在中间，与社会直接接触的那个"我"。如果"本我"和"超我"总是打架，"自我"夹在中间就很难受，大家可以这么理解。

适当的压抑肯定是有好处的。正如弗洛伊德所说，对性冲动的压抑，可以让人们把这些能量升华，做一些创造性的工作。但长期压抑一定积患成疾。

我认为，各种千奇百怪的行为背后都有一个长期的压抑。"压抑"郁结的能量是根，外显出来的行为只是表征。比如，对性压抑太多，人就可能会产生各种心理疾病——性变态、社交恐惧症、强迫症等。

以中学生的性压抑为例。仿佛总有一个能量在不停地呼喊着："我要她，我要性！"而另外一个能量则不断地说："不可以，你现在要性是不好的，你的当务之急是把学习成绩搞好，以后什么都会有的。这是一种延迟满足。"这两个声音我们是听不到的，它们处在潜意识中，但实际上日日夜夜在不断地呼喊着，言说着，冲动和压抑就是两股能量的角逐。

压抑有三种发展方向。第一种是长期保持稳定和平衡的，这也是我们理想中的幸福之态。第二种是一方压倒了另外一方，表现出来的就是一种冲动和行动。一个老实人总是被欺负，心里有一个愿望就是杀了那个欺负自己的人，但是另外一个内心声音说："还是忍一忍吧，出了人命一辈子就毁了。"最后，在某一天，他忍无可忍就把对方给杀了。比如，2004年轰动全国的马加爵杀室友的案例就是最好的印证。第三种是愈演愈烈，冲突加强。比如，性的能量是会不断被激发的，性压抑越久，被压抑的性能量也就越多，压抑它的能量也就被迫越来越大，对于青春期的孩子来说，就一定是注意力资源的严重耗竭。如果他能找到一种方式来发泄就好了，如运动、手淫等。所以，我才说，各种千奇百怪的行为都是"化了装"的压抑。对于我们一线老师而言，就要拨云见日，不被表象所迷惑。

心育实践 2 遇见最美的自己——学会认识自我

心育思考

有人说：一个人认识自己的过程是艰难而又曲折的，只有闯过了人生的重重"迷宫"，才能找到自己，认识自己。真正彻底地了解自己是一件很不容易的事。那老师如何帮助青春期的孩子有效地认识自我，看清人生"迷宫"呢？我给大家推荐"周哈里窗"（Johari Window）。心理学家鲁夫特（Joseph Luft）与英格汉（Harrington Ingham）提出"周哈里窗"模式（如图2-4-3所示），"窗"是指一个人的心就像一扇窗，普通的窗户分成四个部分，人的心理也是如此。因此把人的内在分成四个部分：开放我、盲目我、隐藏我、未知我。其中开放我又称为"公众我"；盲目我又称为"背脊我"；隐藏我又称为"隐私我";未知我又称为"潜在我"。基于"周哈里窗"理论,我曾遇到过一堂设计非常巧妙的心育课,叫作"拨开迷雾,遇见自己——学会认识自我"[①],我参照这堂课,引导我们班上的学生尝试着运用这个新的工具来认识自我。在此,献上这节课的授课过程。

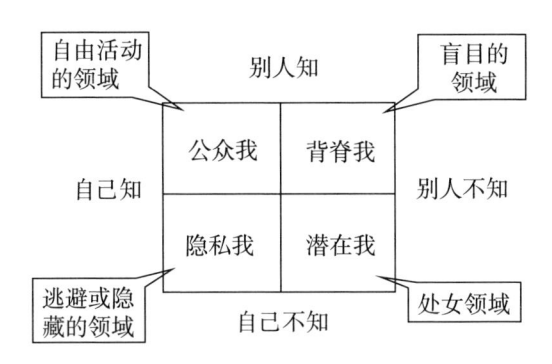

图 2-4-3 "周哈里窗"模式

心育目标

① 知道并明白"周哈里窗"的基本理论。

② 尝试并学会运用"周哈里窗"来初步认识自己。

③ 体验并领悟正确认识自己的重要性。

心育过程

环节一:游戏启思,走近自我

游戏:大风吹

规则:

① 老师说"大风吹",学生回应"吹什么",老师说出部分学生的特征。

② 拥有这些特征的学生需要互换位置,没有被吹到的学生不动。

③ 最迟坐下的或反应错的同学受罚:一起做一个灿烂的笑脸。(特征备选:戴眼镜、长头发、身高 160cm 以上、有上进心、快乐、善良、正直、

---

① 佚名. 拨开迷雾,遇见自己:学会认识自我 [EB/OL].[2019-07-16].https://www.renrendoc.com/p-57763567.html.

爱笑）

师：指令中的哪些个人特征更容易被了解？为什么？

小结：一个人的外在特征容易被发现，但内在特征较难被了解。只有充分认识自己，才能在游戏中迅速做出反应。

环节二：故事放松，反思自我

讨论：我们为什么要认识自己？

资料："人啊，认识你自己""我是谁——苏格拉底三大终极哲学问题之一"。

故事：一只鹰蛋从鹰巢里滚落了出来，掉在草堆里。有个人发现了它，以为是一只鸡蛋，把它拿回家去。有一只母鸡正在孵蛋，它和其他的鸡蛋一样，被孵化了出来。于是，它从小就被当作一只小鸡，过着鸡一样的生活。由于长相古怪，许多的伙伴都欺负它。它感到孤独和痛苦。有一天，它跟着鸡群在稻场上啄谷子。忽然，山那边一道黑影飞掠了过来，鸡们惊慌失措，到处躲藏。等到危机过去，大伙儿才松了一口气。"刚才那是一只什么鸟啊？"它问。它的伙伴告诉它："那是一只鹰，至高无上的鹰。""喔，那只鹰真是了不起，飞得那样潇洒！"它发出内心的羡慕，"如果有一天，我也能像鹰一样飞起来，那该多好！""简直是痴心妄想！"它的伙伴毫不留情地训斥它说，"你生来就是一只鸡，甚至连鸡们都为你的丑陋感到丢脸，你怎么可能像鹰一样飞呢？"它黯然神伤地走开了。

小结：雄鹰因为不知道自己是一只鹰而甘于做一只整天在地上扒食的鸡，可见正确认识自己非常重要。

环节三：实践指导，探索自我

美国社会心理学家鲁夫特和英格汉在1955年提出关于认识自我的"周哈里窗"理论。"窗"是指一个人就像一扇窗，被分成四个部分——开放我、盲目我、隐藏我、未知我，我们可以从这几个方面去了解自己。

（一）开放我与隐藏我

活动：10个"我是谁"

规则：老师问一次"我是谁"，学生在纸上写一个答案，共10次发问。

师：请把你愿意和大家分享的答案读出来，不愿意分享的可以不读。（3位同学分享后，请全班同学把自己愿意让别人知道的答案打钩，不愿意让别人知道的打叉）

师：这里有一个心理学知识——自己知道，也愿意分享给别人的这部分自我叫"开放我"，不愿意分享给别人的这部分自我叫"隐藏我"。

师：在生活中，我们怎样才可以更加了解自己？

生：写日记，和自我对话。

生：反思自己的表现，看别人的反应……

生：看一些电影。里面的一些人物总能勾起自己的反思。

……

（二）盲目我

师：自己不知道，但别人知道的这部分自我叫"盲目我"。

活动：照镜子

规则：

① 每个人邀请左边和右边的 2 位同学来书面评价自己值得被欣赏和需要改善的地方。

② 被邀请的同学要真诚、真实，并写上自己的名字。

师：看到他人的评价，你有什么感受？为什么？当他人的评价和自我认识不相符时，怎么办？

小结：他人的评价是增强自我认识的主要途径。当这两者不相符时，我们首先要调整心态，静心反思，理性辨别到底哪些是自己的特点。（一听二问三思四辨五改）

（三）未知我

师：自己和别人都不知道的这部分自我叫作"未知我"，也称为"潜在我"，通常是指一些潜在能力或特性。比如一个人经过训练或学习后，可能获得的知识与技能，或者在特定的机会里展示出来的才干。

活动：掌声响起来

规则：你认为你一分钟能鼓掌多少次？请学生先自己估计次数，然后老师开始计时统计。

师：你鼓掌多少次？看到实验结果，有什么感受？在生活中，我们可以怎样发掘自己的潜在能力？

师（小结）：大胆尝试新事物、参加比赛活动、坚持练习……

环节四：情感升华，接纳自我

播放视频《缺失的一角》。

师：看完视频，你有什么感受？

总结：

① 每个人都不可能完美，"我"是有缺陷的，认识自己的过程中要学会接纳自己。

② "我"是会变化的，在不同成长阶段，我们要不断地去觉察自己、反思自己。

第二节　挖掘自我——天生我有才

心育实践 1　挖掘自身宝藏——《绿野仙踪》启示录

心育思考

认识自我的过程是一个持续性的渐进的过程，不可能一蹴而就，既需要老师进行有效引导，更需要学生把一切的"外在体验"进行"内化"。这也需要我们开展一些有效的心理团体辅导活动来助推。"我"这盏灯，由于很多时候被世俗的"尘"所蒙蔽，以致我们对自我的认识处于一种"失真"的状态。这种"失真"的状态就好比明明是一只威风凛凛的狮子，却认为自己没有"勇气"；一个很善良的稻草人却认为自己缺乏自信没有"头脑"；一个有情有义的铁皮人觉得自己没有"心脏"……。我曾经受《绿野仙踪》这个童话故事的启发，给学生上了一堂心育班会课"挖掘自身宝藏——《绿野仙踪》启示录"，班会课目的有二：第一是回答"我为什么成为现在的我"（自证预言的力量）；第二是回答"我要如何挖掘潜藏的自我"。

心育目标

① 通过分析《绿野仙踪》的几个人物，让学生懂得自我的光环很有可能被消极的暗示所蒙蔽。

② 让学生理解"自证预言"充满于生活的方方面面。

③ 让学生深入挖掘自我蕴藏的宝藏，重塑对生活的信心。

心育过程

环节一：暗示有"力量"

（略，该环节内容同 225 页"环节一：暗示的力量"内容）

环节二：挖掘自身的宝藏——《绿野仙踪》的启示

师："意识"的力量非常强大。强大到让一只威风凛凛的狮子认为自己没有"勇气"；一个很善良的稻草人却认为自己缺乏自信没有"头脑"；一个有情有义的铁皮人觉得自己没有"心脏"。

师：同学们小学时读过一本叫《绿野仙踪》的书吗？今天，我们从心理学的角度再一次给同学们简述一下故事。（PPT 呈现故事）

故事简介：

善良的小姑娘多萝西和她的小狗托托被一场龙卷风刮到了一个陌生而神奇的国度——奥兹国，并迷失了回家的路。在那里，她陆续结识了没脑子的稻草人、没心的铁皮人和胆小的狮子，他们为了实现各自的心愿，互相帮助，携手协作，历尽艰险，遇到许多稀奇古怪的事情。最终，他们凭借自己非凡的智能和顽强的毅力，都如愿以偿地完成了自己的心愿。

故事主人翁简介：

稻草人：很善良，但是缺乏自信，他认为自己没有头脑。

狮子：一只威风凛凛却胆小怯懦的狮子，他想要寻找勇气和胆量。

铁皮人：没有心脏却有情感，最后收获了心脏。

【解读稻草人】

稻草人并非因为没有脑子就不会思考，稻草人能够认识到自己没有脑子，本身就是一件基于有脑子才能想到的事。他希望有一个大脑，虽然他说自己没有大脑，但一系列举措却体现了他的足智多谋。

【解读铁皮人】

铁皮人曾经为了娶他心爱的女人而努力砍树，但是女孩的母亲为了阻止这一切收买了邪恶的女巫。女巫使用魔法让他在砍树的时候斧子滑出手，砍掉了自己的四肢，一次又一次地，最后他的全身不得不都是由铁皮组成。这带来的结果是让他没有了心，他以为没了心就不再爱那个女孩，其实女孩一直在他心里。铁皮人也并非没有爱心，没有爱心就不会帮助多萝西了；他说自己没有心，却是一个心地善良的人。

【解读狮子】

胆小的狮子想要跟奥兹要勇气，他作为万兽之王，很羞愧，他不是真正的勇士，尽管外在证据证明他的恐惧都是不合理的。但胆小的狮子在前进的道路上表现得非常勇敢。在旅途中，他多次跨越鸿沟，每次都有一个同伴在他背上。当他们走到更宽的鸿沟时，胆小的狮子总是纵身一跃，奋不顾身。

师：同学们，不知道你们有没有从这个故事当中发现一些矛盾之处？

生：一开始他们都不相信自己，后来相信自己才使得他们找回了自己的品质。

生：有一个悖论，即所有角色需要找寻的品质都是自己已经具备的品质。

生：艰难困苦使得潜力得以挖掘。

……

师（总结）：同学们说得很好，这些人物所要寻找的东西其实他们都已经拥有了，只是自己没有意识到而已。这部童话告诉我们，我们每个人身上都有自我矛盾性，我们已经拥有我们想要的品性，而真正缺少的，其实是自信和正确的自我认知。

过渡语：

其实，生活中，我们每个人身上都有他们的影子。我们之所以认为自己没有"勇气""情感"，缺少"智慧"，是因为我们给自己贴上了"标签"，在心理学上叫作"自证预言"。

环节三：你最终会变成自己所想象的样子——自证预言

呈现PPT：

自证预言（又称"自我应验预言"），是由美国社会学家罗伯特·金·莫顿（Robert King Merton）提出的一种社会心理学现象，是指人们先入为主的判断，无论其正确与否，都将或多或少地影响到人们的行为，以至于这个判断最后真的实现。通俗地说，自证预言就是我们总会在不经意间使我们自己的预言成为现实。

所谓"自证预言"本质上是一种心理暗示，暗示是有神奇力量的，就如我们课前所做的那个活动一样。如果人们相信某件事情会发生，那么这件事情最终真的会发生。

师：生活中，我们需要警惕悲观预言：先给自己一个否定的结论，然后不自觉地用语言和行动去证明自己否定结论的正确性。

（为了方便学生了解，我同时呈现一个例子和一个视频）（略）

师：就像上面举的例子，如果你认为自己不是读书的料，然后你就会在生活中主动去搜寻各种细节去佐证这个观念。这就形成了一个恶性循环，你永远在消极中不得前行一步。

师：从"自证预言"出发，同学们一起来探寻一下《绿野仙踪》里的这些角色是如何失去优良品质的？

生：他们在早期都一定经历了一些挫败，这些挫败让他们没有正确看待自己。

生：我同意！因为没有正确看待自己，他们开始自我暗示，并且就是在自我暗示之下，不断在生活中寻找"证据"去证明自己某种品质的"缺失"，进一步强化和加深了自己无能的认知。

……

师（总结）：灯蒙灰尘，并不是灯没有光；心遭孽障，并不是人没有智慧。那我们又应该如何寻找自身"蕴藏的宝藏"呢？

如果说，真理往往只有被清楚地点明之后才能幻化"魅力"，那么问题也只有被充分地呈现之后，方有"觉知"。明确病症，了解病灶，才能对症下药，自我觉醒。

中学阶段的学生也更加偏爱科学与理论，不会仅仅停留在"鸡汤文"的表象，深入挖掘"自证预言"的本质，也能够让学生更信服。

环节四：挖掘自身"蕴藏的宝藏"

师：在故事中，稻草人不认为自己有头脑，铁皮人感叹自己缺乏一颗心，狮子认为自己失去了勇气。当然，我们会立刻看出，这些想法其实是不正确的：稻草人是最聪明的，铁皮人充满了同情，狮子充满勇气和高贵。他们都已经拥有了他们想要的，但他们无法看清自己。这给我们的启示是，我们每一个人内心都充满了无限的宝藏，只是在成长的过程中，这些宝藏被我们自己淹埋了，我们缺的不是这些品性的宝藏，而是缺乏足够的自信和正确的认识。

那接下来，同学们和我一起做一个冥想活动。（略）

师（总结）：成长的过程是自我觉知的过程；成长的过程是不断擦拭"蒙尘"的美好的过程；成长的过程是挖掘埋藏的美好品性的过程。

心育实践 2　最强大脑——天生我材必有用

心育背景

"认识自我"还包括认识自我的别具一格的价值。在带蜗牛班的时候，我经常告诉我的学生："老师坚定地相信，在座的每一位都有独一无二的光芒。"我们也可以设计一些班级心育活动来加以系统引导。在此举一例，我曾在班上上过一堂微班会课"最强大脑——天生我材必有用"，主要是讲述了霍华德·加德纳的多元智能理论，启迪学生为自己找到智能雷达图。

心育目标

① 让学生学习加德纳的多元智能理论。

② 理解人的成功就是把自己挂在对的地方。

③ 通过智能雷达图来发现并挖掘自己的价值。

心育过程

环节一：最强大脑

师：同学们，假设时光穿越，让以下 8 个人回到中学生时代，处在同一个班，你猜猜哪一个人是"最强大脑"？

（我放出 PPT，这个引入活动一下就让学生炸开了锅）

师：我们首先来一个一个地认识一下这些同学，第一个是——

生：第一个是莫言同学；第二个是周恩来同学；第三个是达尔文同学；第四个是乔布斯同学；第五个是郎朗同学；第六个是孔子同学；第七个是李小龙同学；第八个是……

（第八个是华罗庚，因为辨识度不高，而且与学生相隔较远，学生们一开始都认不得）

师：同学们，第八个是华罗庚同学，他以后长大了是我们国家赫赫有名的数学家。接下来，同学们就畅所欲言，哪一个是最强大脑？为什么？

生：我觉得是孔子。因为孔子后来变成了伟大的圣人，是伟大的哲学家和思想家。哲学家的智商都应该非常高哟。

生：我觉得应该是乔布斯。乔布斯改变了世界，我读过些许关于乔布斯的故事，他确实是天才式的人物。

生：我觉得应该是华罗庚。华罗庚数学这么好，理科就肯定很好呀，理科好的人，智商肯定也不低。

……

（在部分学生分享了自己的观点之后，我们举手表决，最后发现，绝大部分学生认为数学好的华罗庚和苹果公司创始人乔布斯是"最强大脑"。也有部分人觉得周恩来、达尔文、孔子是可以排得上号的"最强大脑"，但李小龙、莫言、郎朗简直就无人问津）

环节二：认识多元智能

师：同学们，最近热播的真人秀节目《最强大脑》有没有看？里面的奇人的技能也都是千奇百怪，百花齐放，大显神通！但是刚才一说到"最强大脑"，大家好像就自然狭隘地理解成了"高智商"；理解成"高智商"本身也没错，但是把智商理解成数理逻辑好就有点问题了。同学们，以前传统观点认为，智商关乎的就是语言逻辑和数理逻辑。但心理学家霍华德·加德纳认为人的智能远远不止这两个，而是具有更多的维度。接下来，我们一起来看看多元智能。

（介绍，且呈现相关PPT）

语言智能。这种智能主要是指听、说、读、写的能力，表现为个人能够顺利而高效地利用语言描述事件、表达思想并与人交流的能力。这种智能在记者、编辑、作家、演讲家和政治领导等人身上有比较突出的表现，例如由记者转变为演说家、作家和政治领导的丘吉尔。

音乐智能。这种智能主要是指感受、辨别、记忆、改变和表达音乐的能力，表现为个人对音乐包括节奏、音调、音色和旋律的敏感，以及通过作曲、演奏和歌唱等表达音乐的能力。这种智能在作曲家、指挥家、歌唱家、演奏家、乐器制造者和乐器调音师身上有比较突出的表现，例如音乐天才莫扎特。

逻辑—数学智能。这种智能主要是指运算和推理的能力，表现为对事物间各种关系如类比、对比、因果和逻辑等关系的敏感，以及通过数理运算和逻辑推理等进行思维的能力。这种智能在侦探、律师、工程师、科学家和数学家身上有比较突出的表现，例如相对论的提出者爱因斯坦。

空间智能。这种智能主要是指感受、辨别、记忆、改变物体的空间关系并借此表达思想和情感的能力，表现为对线条、形状、结构、色彩和空间关系的敏感，以及通过平面图形和立体造型将它们表现出来的能力。这种智能在画家、雕刻家、建筑师、博物学家和军事战略家的身上有比较突出的表现，例如画家毕加索。

身体—动觉智能。这种智能主要是指运用四肢和躯干的能力，表现为能够较好地控制自己的身体、对事件能够做出恰当的身体反应，以及善于利用身体语言来表达自己的思想和情感的能力。这种智能在运动员、舞蹈家、外科医生、赛车手和发明家身上有比较突出的表现，例如美国篮球运动员麦克尔·乔丹。

自我认知智能。这种智能主要是指认识、洞察和反省自身的能力，表现为能够正确地意识和评价自身的情绪、动机、欲望、个性、意志，并在正确的自我意识和自我评价的基础上形成自尊、自律和自制的能力。这种智能在哲学家、小说家、律师等身上有比较突出的表现，例如哲学家柏拉图。

自然观察智能。这种智能主要指观察自然界中事物的各种形态，对事物进行辨认和分类，能够洞察自然或人造系统的能力，表现为能够辨识植物，对自然万物分门别类，并能运用这些能力从事生产的能力。这种智能在生物学家、生态学家、化学家、植物学家等身上有比较突出的表现，例如生物学家达尔文。

人际智能。这种智能主要是指与人相处和交往的能力，表现为觉察、体验他人情绪、情感和意图并据此做出适宜反应的能力。这种智能在教师、律师、推销员、公关人员、谈话节目主持人、管理者和政治家等身上有比较突出的表现，例如美国黑人领袖、社会活动家马丁·路德·金。①

---

① 佚名.多元智能理论讲座[EB/OL].[2019-02-14].https：//www.docin.com/p-476418223.html.

环节三：智能再判断

师：看完了多元智能理论，我们再来看看刚才8个同学的归属。

（于是我和学生分别进行了连线和匹配）

环节四：我的智能雷达图

师：既然了解了我们的智能是多元、多维度的，那接下来我们就可以根据之前的理论介绍来画出自己的智能雷达图。老师会发一张表格，你们根据自己的实际情况，给自己描点打分，然后依次把这些点串联起来，就得到我们的智能雷达图啦。什么地方强、什么地方弱一目了然。

环节五：总结分享

师：从这个"最强大脑"的活动，我们可以参悟到什么呢？

（生讨论）

师（总结）：同学们，其实我们发现这8个人都是各自行业的泰斗级别的人物，但若是莫言非要和华罗庚比数学，乔布斯非要和李小龙打一架（众生笑），孔子不服气周恩来总理的纵横捭阖、左右逢源，……那就造成世界上的悲剧啦。如果你认识不到自己的价值，如果看不清楚自己存在的意义，非要把自己的弱势拿去和别人的优势做比较，那你永远没有闪光的机会。

第三节 悦纳自我——自卑与超越

心育思考

认识自己的维度也一定是多元的，除了要认识到自己的智能优势以外，还可以认识自己的兴趣所在，当然，这些也都是生涯教育的课程目标之一。我也曾经利用"兴趣岛"这些互动活动帮助学生认识自我，这里就暂时不提了。认识自我最终目的是让学生悦纳自我。"悦纳"中的"悦"就是高兴的、愉悦的，但是现实生活中，很多人都有各种自卑情结，以致没办法悦纳自我。

自卑情结

谈"自卑情结"首先要让大家明白什么是"情结"。情结也就是心理能量的郁结，是我们未了的心愿，是使我们耿耿于怀的心事，就是心里解不开的结。这个心愿带着许多能量，也就是在一次次相似的事件之中，这个情结积攒了很多的能量。

心理活动有一个规律就是：内容相似的就会相互结合在一起，形成一个更大的结，就好比晶体在溶液中生长一样。比如一个性格内向的孩子小 A 被其他小孩子欺负了，他心里愤怒，但是不敢表达，害怕自己表达愤怒会遭到报复，这样，他的心里就有一个压抑的结。在家的某日，母亲无缘无故责骂他，他心里愤怒，但同样害怕母亲而不敢表达。在上了中学以后，因为成绩不好，一直畏缩在教室的角落里。在 18 岁的某一天，在街上遇到了地痞，地痞向他挑衅，他心里愤怒，但是还是告诉自己："我还是不要招惹他好了！"这些小的结会结合在一起，形成一组。这一组，我们称之为"怯弱情结"。

再比如，一个小女孩小 B，上学的时候因为成绩不好被老师奚落，她觉得很难受。她爸爸妈妈无力供养几个孩子同时读书，于是让她辍学在家。她发现她的好姐妹都在继续上学，于是感到很自卑。多年以后，她发现自己曾经的发小因为读书改变了命运，而自己却生活在社会的底层，饱受生活的艰辛。一次旅游，途经某大学，发现大学的生活真美妙，她不禁遗憾自己一辈子都没有机会了。这些小结组成一组，形成了"读书情结"。于是，可想而知，她会把这一组郁结在一起的能量全部施加在自己的孩子身上，希望孩子能完成自己未完成的心愿。

在相似情境出现的时候，这个情结就会被激发出来。而情结一旦出现，就带着它所有情绪的能量。情结有一种力量，让事情再一次以过去的形式发生，就像上文的例子。一旦遇到冲突情境，小 A 首先会愤怒，这是本能反应。而一旦愤怒，他的自卑情结就出现，于是他就会由愤怒转化为恐惧，就会退缩——像他过去几百次的退缩一样。小 B 在看到自己孩子读书不努力的情景时，她就首先感到难过，一旦难过，她的"读书情结"就会出现，既自卑又期待，这股力量就会催使她想方设法地帮助自己的孩子努力读书。

情结是一个"心里的小人",它在驱使着我们做它让我们做的事情。荣格说,不是人支配着情结,而是情结支配着人。

如果一个人不解开这个结,也没有用什么方法把这个情结中的能量调走,那么一生一世它都会在他的心灵深处存在,永不消逝。他也许会以为自己忘了这件事情,但是在心里不会忘。有"处女情结"的男孩子,要么是有"精神洁癖",要么是有"自卑情结",如果没有其他力量的介入,这个郁结的能量永远都会左右着他的幸福。

精神分析学派认为,如果心理冲突被提升到了意识中,当事人知道自己真实的心理,就比较容易解决心理冲突和心理问题了。

那我们来看看,深埋在学生心中的"自卑情结"都有哪些呢?我曾经做过一个调查,并且写成了一份"自卑调查报告",在此呈现给大家。

心育实践 1　我的自卑因子调查报告

调查人数:102 人
调查方式:引导式写作汇报
调查时长:40 分钟

实践过程

引导语:

请同学们把桌子拉开,独立成桌。接下来老师做一个小调查,请同学们把相应内容写在自己的《心情小记》本上。每个同学都要保护自己的成果,也不要去看别人写的东西。保证调查内容属实,每个同学都要忠于自己的内心。

每个人都有自卑的因子。心理学研究表明,自卑感不是变态的象征,而是完全正常的。呈现PPT内容如下:

小调查:我的自卑因子

A.体态外貌:(体型,皮肤,身高,牙齿……)

B. 家庭背景：（经济状况、家庭结构）

C. 社交与性格：（不受欢迎、性格很倔、不善沟通）

D. 个人能力：（学习不好、体育笨拙）

E. 其他：（补充说明）

师：如果你选择 A，可能你是因为外貌体态自卑，比如殷老师初中那阵，很胖，我就很自卑，我讨厌老师谈到与"胖""肥""体重"相关的一切字眼，也怕同学们给我取绰号，你们知道老师的绰号是啥吗——圈圈！（众笑）大学了，我因为身高，很长一段时间很自卑，而且我还去穿增高鞋呢！（众笑）

（适当地暴露自我弱点，有利于学生向老师敞开心扉）

师：你如果自信于自己的体貌特征，那你可能自卑于自己的家庭背景，或耻于谈及家庭经济，或对父母离异隐隐作痛。若 A、B 都没有，那你可能焦虑于自己的社交或者性格或是个人能力。每一项，都请同学们做一个具体描述。我能够做的是，对你的所述绝对保密，如有引用，我会省去姓名，做适当处理。

（略带神秘感，学生参与热情极高）

生：老师，到底什么是自卑？我不知道有些算不算？

师：问得好。什么是你最不愿意揭开的伤疤，不愿提及，一提及就唯恐避之不及，那种多半就是自卑之源了。同学们边思考自卑之源，也顺便把你平日的"抗卑之道"写出来，即你对此做何回应，是回避？是逃离？是大声吼叫？是陪着笑脸？是开导自己？等等。

实践结果

结果一：仅有 3 人谈及"自己不自卑，没有什么自卑因子""我感觉我非常好呀"

原因分析：

① 可能是不愿意在不安全的情况下和不信任的人交心。

② 也可能是心理阻抗，把自己囚禁在自己的"茧"里，不愿撕开伤疤。

结果二：体态外貌自卑

这一点是绝大多数学生提及的一个问题，据粗略统计，班级仅有10余名学生认为自己体型外貌"还过得去"。这方面的问题主要集中在以下一些方面：

第一，"体型太胖，体重居高不下。在班上同学提及胖瘦、体重问题的时候，会感到非常紧张。或者不愿意去听，心里感觉不舒服"。

他们的"抗卑"方式也基本一致，他们提道：会穿宽松衣服，装作不在意的样子去遮住缺点。总会猫腰驼背，故意隐藏，求个心理安慰。打着减肥的旗号，以获得心中安慰。

第二，"我觉得我发育不好。每次别人拿这个事情来开玩笑的时候，我都会若无其事，但其实心里很不舒服"。

谈到"发育"问题的时候，男生主要偏重于身高；女生未曾提及，但可以脑补。部分学生因为身高问题其实还影响到了他的社交，比方说，有学生提及："我看起来弱不禁风，矮小，与同学在一起的时候都觉得自己矮人一等，所以一般不愿意和同学们出去玩，成为别人目光的焦点也让我感觉异常别扭。"

第三，"我确实长得丑，我的抗卑方式就是，转移注意力，不去想它，沉浸在其他事务中"。

第四，皮肤不好。油性，而且很容易长一些小痘痘、粉刺之类的。"别人问起来的时候总会感觉难为情。""我皮肤相较于其他人来说，要黑一点，有些同学喜欢给我取绰号，比如说'非洲酋长''煤球'之类的，我有些时候想要上去直接干架。"

当然还偶有学生提及"腿粗""发迹线"等问题，但这都不是普遍性问题。但无论何种体态自卑，学生基本上都能够找到相应的应对策略。如"腿粗"的女生夏日厌恶穿裙子；发迹线靠后的学生喜欢留长刘海。但是有些同学的体态和外貌自卑，已经逐渐根深蒂固，有形成"自卑情结"的趋势。我在看到下面这些文字的时候，心里也很难受，超级难受：

"老师，我为我的胖，自卑了近10年，从小学一年级到中学九年级，我在体型方面都很自卑，别人吃什么都不怎么胖，我基本上都在克制自己的嘴，就是胖……"

"……小学的时候，有同学因为我脸上的'小斑点'给我取各种各样的外号，有叫我'麻雀女'的，有叫我'麻子婆婆'的……。我恨他们，我好想上去扇他们几耳光。从此，我很自卑，我不愿意交新朋友，我怕他们嫌弃我，受不了那种异样的眼神。我不想主动发言，我就一个人悄咪咪地坐在教室里面，希望变成空气，变得透明，我既自卑又自负的性格估计都和这个不无关系……"

"……因为牙齿的关系，我怕体检，怕在五官科的时候他们让我张开嘴巴。因为牙齿的关系，我也改变了笑的方式，从此，所有的'笑'在我脸上都是轻微的抿嘴一笑……"

我深深地被这些话刺痛。很多人的性格和行为特征都有一些深层次的历史根源。如果只看到表象，很多行为在我们眼中一定是不可思议的，只有寻找到了那根绳索的"结"，才有可能逐渐消融学生的问题。（注意，都不能说解决，最多"消融"一点）

我同时也想，如果在问题产生的早期，他们能够遇到一些有专业知识、值得他们信赖的老师或是朋友，为他们疏导，那该多好呀！

结果三：家庭背景自卑

我觉得一切的自卑源于"比较"，如果没有"比较"，自卑与自信都无从谈起。就拿"家庭背景自卑"的调查结果来说吧。

一类学生比较经济：

"我觉得我所认识的同学，大部分家庭比我好，很多都住高档小区，而我家就住一个普通的居民楼。"

"总是听见父母在餐桌上谈论还钱交钱的事情，心里就很不舒服。"

"现在家庭经济状况非常不乐观了。爸妈没跟我直说，都说随便我用，但我其实能够感觉到他们聊天中的尴尬。"

"家庭不够富裕，每次他们说吃什么，出去玩呀，都要思量再三，显得犹豫小气。"

一类学生比较家庭结构：

"爸妈离异的时候，我还在小学，我内心极为孤独，我想和同学一起谈谈爸爸妈妈的事情。每次别人说起爸爸的时候，我就故意绕开话题，我就说'爸爸没怎么管我，但我绝口不提爸妈离婚的事'。"

"他们离婚了，从此我脸上就多了一分假笑。对，我的笑真的是装出来的……"

自卑的因子，仅仅是"因子"，就像每个人身上的癌细胞，普遍存在，不一定会诱发更深层次的癌症。但如果"心有所执"，能量就郁结于此。癌细胞会扩大范围，成为癌症；自卑因子也极有可能变成"自卑情结"。比方说：

"从我记事起，家庭经济状况就不怎么好。到后来，××患病，花了好大一笔钱，化疗，家里负债。终于还清的时候，病情再次复发……，我总担心××突然离我而去。所以每当同学谈论家庭经济时，我总是躲避，然后快速转移话题。"

"我对妈妈的情感很复杂，我爱她，但我又排斥她。她的年龄、容貌啥的，与班上很多妈妈比起来都很不堪，我甚至不想让他们知道我有一个妈妈……"

"（打我）……他们似乎不知道我也有面子，所以到现在我为了一件小事都喜欢哭，导致我不喜欢去承认错误。我只能尽量搞好和同学的关系，不愿意发生任何冲突，就算遇到争强好胜的同学，我也会装作自己很强大。其实，我知道打起架来，我谁也打不过……"

"我很小气的原因就是为爸爸妈妈考虑太多，很多时候同学们聚会，我都推脱有事，觉得一出去就要花钱。我的理由也基本是，父母不允许、没时间、临时有事情……，尽量不透露经济状况。"

经济状况的差异和家庭结构的变异，也成为很多学生的"心结"。我小时候也为此很长一段时间走不出来——我怕我父母来开家长会；我怕他们骑着三轮车来学校看我，为什么别人的父母都这么体面，而我的父母却这么让人"垂怜"？于是，我跟同学们吹过牛，说我爸爸是公司老总，待到同学们要来我家玩的时候，我总是找借口，说："爸爸今天生病住院了……"我早就无心学习了，只是在想如何找一个借口去搪塞同学。

结果四：社交与性格类自卑

人是社会的人，人这一辈子都在寻找归属的圈子！中学生处在"自我同一性和角色混乱"这一阶段，需要外界不断加以确认。同时，朋辈的影响力开始占据主导。所以，关于社交方面的自卑因子也是非常显见的。再加之社交质量多半是由性格所致，所以，我把它们组合到了一类。

"我是属于争强好胜类型的人，所以我知道自己得罪了很多朋友。在小学的时候，我连一个朋友也没有，只有老师关注我。久而久之我就有一种取悦老师的心理，而且我觉得这趋近于病态。其实我也不太想去注意老师的眼光，但感觉就像上瘾一样。可若是经常与老师接触，他们也会发现我的缺点，会与我疏远，这时我会手忙脚乱地做一些补救，有时候有用，有时候无用，……每天都很沉重。"

"我是话题的终结者，我很不会聊天，也感觉他们不懂我，所以我开始写小说，小说人物全部是我的提线木偶，我想让他们怎么说话就怎么说话……"

"我不善于沟通，固执！同学们不喜欢我这种性格，都劝我要改一改。为此，我经常压抑自己去迎合他人。终于有一次，压抑不住了，如火山爆发，和××直接闹翻。于是，我更觉得自己固执了！"

"我异常敏感于同学们的情感，我太在乎他们了，以至于我经常把自己跟他们的交流拿出来分析。晚自习的时候，我很容易走神，原因也是在分析和他们的对话。有一次，有个朋友说我很倔，像一个刺头，我顿时感觉自己被打入冰窖……"

也有学生知道自己不善言谈，经常得罪人，但是明显表现出一种逃避特征，如：

"他们太开不起玩笑了，惹得我有时候直接爆粗口，我也明显感觉到他们脸色变了。管他呢，谁让他们这么小气，我觉得我没什么问题。"

"我觉得我什么都好，就社交差了一点，但这又有什么关系呢？跟这些人迟早都是要分开的，过于在乎真的没有什么好处。"

正如前文提到的那样，有些人的社交问题，都是由家庭经济或者是体貌特征，以及后文要谈到的学习能力所导致的。据我观察，班级还暂时未出现有严重社交障碍的同学。大部分同学即便觉得自己有问题，但依然能够找到自己属于的那个"圈子"。有部分同学已经开始意识到，价值观和兴趣爱好会决定他们的"圈子"，已经开始逐渐把这份焦虑淡化。

结果五：学习能力类自卑

中学阶段，学科测试重视数理逻辑和语言逻辑。而很多学生的智能雷达不在这两个区域闪光。再加上学生在乎外在的评价，把"个人价值"和"学习能力"基本等同，于是学习能力较弱、学习成绩较差一点的学生，基本上都存在着这类自卑因子。如：

"在身边朋友考试或是默写过关的时候，只有我一个没过，我就会有强烈的自卑感。但我会巧妙地隐藏起来，不让别人看出来。"

"有时候会感觉到自己和他人的落差，比如看到其他同学都进了好班，总觉得有失落感、空旷感（这是心理的空旷）。和那些优秀的人在一起说话时，我总觉得自己是一个局外人。"

当然，这类的自卑也会引发超越感。这类学生的抗卑之道是：

"喜欢看有些励志的书籍或是暖心的文字，读完了会好得多，例如《亲爱的，我们都将这样长大》等书。"

"我选择使劲刷题，各个学科的后三道压轴题。"

……

也有旁门左道、逃避责任的举动。这类学生的抗卑之道是：

"总是不自信，喜欢去和优秀的同学核对答案，给自己一个心理安慰；有时候很想作弊；考得差的时候故意不去问成绩，别人问起的时候，就说不知道，还没去看呢！"

"中学阶段，成绩一落千丈。每当同学们在讨论成绩或者一道题的时候，我都会一边笑一边满不在乎地说——成绩这个东西嘛，无所谓。其实心里异常难受。"

"我会暗暗把我不应该丢的分加上去，感觉还行，勉勉强强还算行。如果老师不发成绩给家长，我就把这个自己加上去的分数跟家长说，希望他们心里好过一点。"

结果六：其他类自卑

这类型的自卑比较散。

有学生谈及"恋爱被甩"，在同学中闹得沸沸扬扬，有时候同学故意揭伤疤，让自己很难堪。或是："看见自己喜欢的人，不知道说些什么，感觉自己很 low，配不上她，只好在心里笑一笑，哈哈哈哈哈哈……"

有同学谈及"价值感""存在感"问题。

"人气不高，存在感低，容易被人当成空气。只好在有人叫到我时，问我问题时，我尽力去解答，使他们开心，同时刷刷存在感。偶尔努力学习，得到一次表扬，让同学们重新认识我。"

"感觉自己很平庸，不像其他人那么闪亮，存在感极低……"

有学生谈到对自己的"鞋子"十分在意。在意过了头：

"有一次，穿了一双不干净的鞋上街，看见别人的鞋都很干净，感觉自己的形象一落千丈。有人弄脏我的鞋，我就和他干一架或者是口头教育他。出门都会检查自己的鞋，……不知道为什么，哎！"

有学生说自己无特长，有学生自卑于"自律性"等问题，不一而足。真真是"少年维特的烦恼"，千姿百态！

当我把这个报告认真梳理出来的时候，我感慨万千，当晚我写下了几段反思：

我们总是忙于赶路，而忘了为什么出发。我们忙于教学，过问成绩，却忽视了育人，忽视了成长。我们忽视学生的心灵世界已经太久太久。心有千千结！我们太过于强调各自的学科教学了，但无论我们怎么强调知识，我们也必须承认，如果我们忽视了学生的内心世界，那心灵之原上怎不杂草丛生？当学生注意力之窗已经关闭，聚焦在心理千千结之上，走不出来，犹如牢笼中的困兽，知识的阳光怎么能照进心灵？

还是那句话：

自卑的因子，仅仅是"因子"，就像每个人身上的癌细胞，普遍存在，不一定会诱发更深层次的癌症。但如果"心有所执",能量就郁结于此。癌细胞会扩大范围,成为癌症;自卑因子也极有可能变成"自卑情结"。

别被表象迷惑。千奇百怪的行为背后都有一个可悲、可怜的原因。教育者要能够顺藤摸瓜,找到问题的根子去消弭问题、稀释问题才是当务之急。

接下来要做的工作,还多着呢……

老师们要明确,自卑因子在每个人身上都普遍存在,只是或轻或重罢了。有些东西也不是我们能够完全避免的,这超出了我们工作的边界,但我们也可以适当地做一些心灵方面的疏导工作。说到自卑,不得不谈到另外一位精神分析学派的大师,他的名字叫阿德勒,《自卑与超越》就是他的经典之作。这本书的核心观点可以概括为几句话:第一,自卑普遍存在;第二,很多行为怪象是化了装的自卑;第三,自卑感可以引发超越感。由此看来,自卑既可以造成消极后果,当然也可以生成积极行为,问题的关键在于如何看待自卑,这就牵涉另外一个章节谈到的"归因"。基于对这本书的理解,我上了一堂"心有千千结——自卑与超越"的心育班会课。

心育实践 2 心有千千结——自卑与超越

心育目标

① 让学生明白自卑并不可怕,人人都有自卑因子,应该大大方方地拥抱和接纳自卑因子。

② 让学生理解自卑的外在表现形式是多样化的,自卑感可以引发超越感,可以成为人不断进步的动力。

心育过程

环节一:如果你是 Ta

(呈现PPT)

① 他自小驼背,行动不便,他哥哥则蹦跳活跃。

② 他又矮又丑,体弱多病,哥哥高大帅气,身体强壮。

③ 大学时候，他的女性朋友一见到他哥哥就直接忽略了他的存在。

④ 他5岁时患上了肺炎，医生和家人都认为他要死了。但几天后，他竟然奇迹般地康复了。

⑤ 中学的时候，他因为数学不好被老师视为差生，老师们看不起他，并建议他的父亲让他去当一名制鞋工。

（生分享：自卑，沮丧……）

师：刚才这个孩子是男同学，接下来是一个女同学，如果你是她，你会有什么感觉？

① 她体型略胖，剪了齐耳短发。

② 她生在农村，家境极为贫寒。

③ 母亲和外公有病，无工作。

④ 父亲一人持家；工资少得可怜，而且不稳定。

⑤ 她的衣服基本上都是捡亲戚家的。

⑥ 班上经常有男孩子嘲笑她磨坏的鞋子和老气的衣服；初一时，一个男孩子曾经嘲笑她身上的衣服"土得掉渣"。

⑦ 妈妈每次来学校接她和弟弟的时候，都是骑着破旧的自行车，她坐后座，弟弟坐横杆，别人都说"耍杂技"的来了。

（生分享：自卑，沮丧……）

师呈现PPT，如下：

第一个是：

阿尔弗雷德·阿德勒，奥地利精神病学家，个体心理学创始人，现代自我心理学之父，和弗洛伊德、荣格齐名的伟大心理学家。代表作《自卑与超越》。

第二个是：

王心怡，枣强县一个高三学生。2018年以707分考上中国第一流学府——北京大学。代表作《感谢贫穷》。

环节二：认识自卑——"化装"的自卑

师：人天生就有自卑感。在个体成长过程中，由于真实的或想象的障碍，个体会有不完全或不完美的感觉，从而产生自卑感。自卑是"源"，外显出来的行为常常会"化了装"，如同万花筒一般。比如：

有三个孩子，他们头一次去动物园。当他们站在狮子笼的面前时，第一个孩子躲在妈妈的身后说："我要回家。"

第二个孩子脸色苍白、全身发抖地站在原地，说："我一点儿也不害怕。"

第三个孩子恶狠狠地瞪着狮子，问他妈妈："我能向他吐唾沫吗？"

师：三个小孩子都是怕狮子的，但呈现出来的行为却迥异，这就是个体差异。那接下来，请同学们相互讨论，并填空。

一个人，如果天天浓妆艳抹，她可能自卑于_____。

一个人，如果喜欢穿内增高鞋，他可能自卑于_____。

一个人，如果喜欢哗众取宠，他可能自卑于_____。

一个人，如果喜欢独来独往，他可能自卑于_____。

一个人，如果痴迷于健身，他可能自卑于_____。

生：如果天天浓妆艳抹，可能自卑于"外貌""丑""皱纹"……

生：如果喜欢穿内增高鞋，可能自卑于"身高"。

生：如果喜欢哗众取宠，他可能自卑于"低存在感""被忽视的感觉""内心空虚"……（众笑）

生：如果喜欢独来独往，他可能自卑于"人际交往能力弱""不被接纳"……

生：如果痴迷于健身，他可能自卑于"身体羸弱""人丑"……（众笑）

师（总结）：对了，同学们都分析得很好。自卑感引发补偿需要。我们天生都有某种程度的自卑感，由于自卑感总是造成焦虑感，所以争取补偿的动作就必然会出现。初中时，老师苦于自己胖，还曾经看了电视广告就买了减肥药，天天藏在一个角落里去服药。结果服了那药之后，天天拉肚子（众笑），我很怀疑那玩意儿是泻药（众笑）。在这里老师的补偿方式就是吃减肥药。

师：阿德勒的经典之作《自卑与超越》这本书揭示的最核心的道理是，自卑情结不可怕，人总可以通过寻找补偿的方式来获得优越感。一个人进步的动力就是自卑感和寻求优越感——自卑感在后面推,优越感在前面拉,于是,行为的动机就产生了。

环节三:克服自卑的两种方式

积极方式和消极方式。

师(引导):那人是如何克服自卑感的呢?如果一个人解决不了自己眼下的困难,就把这个问题搁在一边,然后回过头去从乱七八糟的小事中寻找优越感,这就走上了旁门左道。

案例一:抗拒批评

我自己学习不好,学习畏难情绪严重。但我不想让爸爸妈妈批评,每次他们要批评我,我就来气,以一种激烈的方式进行对抗。把压制批评这件事做好,从"抗拒批评"这件事情当中获取"优越感"。

心理诊疗:其实,这就是一种"纸老虎"心态。我的自卑在于_____。

生:不敢面对现实。

生:学习成绩不好,学习能力很弱。

……

师:那这种抗拒自卑的方式是积极的还是消极的,值不值得借鉴呢?

生:消极的,不值得借鉴。

师:以一种激烈的方式和父母对抗,其实是在宣誓,我是一个懦夫,我只有通过外在的怒吼来证明我还是能够压制你们的。

案例二:我捣乱故我在

我不到7岁就开始偷东西。12岁开始夜不归宿。天天出去跟社会上的男孩子鬼混。我明知道妈妈不允许,但是每当看到她为我现状发愁的样子,我心里就会获得些许满足感。

心理诊疗:女孩子2岁的时候,父母就离异了。妈妈根本不关心她,她心生怨恨。她的自卑感在于_____。

生:被人忽视。

生:没有价值。

……

师：这个案例有真实的原型，来自阿德勒的一个咨询病人。后来这个女孩自己亲口承认，她其实不愿意偷东西，也不愿意和那些男孩子鬼混。她做这些就是希望让她妈妈看看，让她妈妈知道妈妈管不住她。所以她是在利用这些行为报复她的母亲。这其实就是一种自卑情结，因为她确实是在和她母亲作对，但又没有自己的母亲强大，解决不了真正的问题，所以，只能用这些旁门左道来刷存在感了。

（生点头）

案例三：伤天害理

一小学生日记：我总是考不过××，我要是能够杀掉第一名，或者是他出车祸了，该多好呀，我就是第一名了。

案例：马加爵弑室友；周凯旋千里诛同学；复旦投毒案。

师：这些人其实都是自卑的。有时候，一旦自卑到极致，获取优越感的方式就可能有些伤天害理了。这显示的不是他们的强大，而是极度的自卑，更是泯灭的人性。

但阿德勒认为"自卑感"并不完全是洪水猛兽，如果能将自卑感转变为奋发上进的内在动力，力求补偿缺陷，取得成功，获取正向的优越感，那将是非常不错的。我们身边有太多这样励志的故事。

案例四：孤傲球星——科比、梅西

小时候，因为肤色和语言的问题，科比在自己的朋友圈子里面不招人待见。很多小伙伴都不愿意真正地接纳他，球场上也未在合适的时机把球传给他。但科比没有放弃理想，他一直坚持精进自我，最终成就了NBA史上一段绕不开的传奇。

梅西，因为身高问题，险些断送自己的踢球梦。但他天生要强，把身高的劣势转化成了前进的动力。加冕球王，问鼎球场。

这堂课，我还给我的学生分享了功夫大师李小龙自卑与超越的故事，分享了《国王的演讲》里国王克服口吃的故事，分享了赵丽颖不因圆脸定格人生，奋发图强的故事。

在我讲707分考生王心怡"感恩苦难"的亲身故事时，我发现，好多学生都在悄悄抹泪……

心育实践 3　为内向性格正名

心育思考

生活中，我还发现学生普遍对自己的性格不满意，总觉得自己的性格没有别人的好，就好比隔岸观花，坐拥了此岸的美景，却总觉得彼岸的花色更美。所以外向的男生总觉得自己很闹腾，遇事冲动，不容易冷静，做事情不细心，咋咋呼呼，总希望自己能够当一名安安静静的美男子；叽叽喳喳的女孩子总盼望着成为《诗经》描绘的"静女"。内向的学生又巴不得在胸中点燃一把烈焰，既能够燃烧自己，又能够照亮他人。所以教会学生悦纳自我，也要引导学生正确认识自我的性格特征。

心育背景

某天，一个内向的学生跑到办公室对我说："老师，麻烦你换一个组长可以吗？我觉得我不适合当组长。"

"好好的，怎么冒出这个念头呢？"

"有人认为我的性格温和，没有魄力，干不成大事。"

"谁呀？"

"老师，你别问了，我是不会说的。"

"好，老师不问具体是谁了，关键是你也这么觉得吗？"我继续追问。

"我完全赞同，我确实不算太有能力。就拿这次讨论野炊来说吧，我发现我的性格就不善于做这件事。因为整个过程，我基本上都是在听他们说，帮他们记录，基本没有怎么说话……"

和这个学生谈话，我发现了两个问题：

第一，她口口声声强调自己性格内向不适合管理。

第二，她对自己这种温顺的性格特征并不感到满意，自我认同度极低。

无独有偶，最近我与学生聊天时发现，班上较为内向的学生自尊心较强，自我评价却较低，这具有一种普遍性。好些内向学生处于一种"社交焦虑"之中——一方面自我享受独处和平和，另一方面又渴求被某个小群体接受。这也是少年维特式烦恼的典型特征之一。

其实，性格外向和内向本无绝对的好坏，都有各自适用的情景。造成问题的关键是社会普遍觉得"自信""有魄力""活泼""开朗""热情"的外向型社交人才更容易成功；而内向性格的人却常常被贴上"胆小""懦弱""没主见""自卑""孤独""上不了台面"等标签。整个社会风气隐隐约约地在影响学生，希望他们都拥有一个"外向"的外壳、"自信"的躯体。这种不合理的信念给人们（更别说青春期的孩子了）造成了不小的烦恼。

我们都知道，当一个人不能接纳自己的时候，当一个人不能够和自己和平相处的时候，焦虑就产生了，幸福教育无从谈起。基于这样的背景，我以"为内向性格正名"的心育班会课对班上部分内向的孩子进行疏导，目的也是让他们悦纳自我。

心育目标

① 帮助学生分析内向、外向性格各自的优劣势，从而能够更清楚地认识自我。

② 让内向性格的学生明白自身优点，从而能够发挥优势，悦纳自我。

③ 解决个体学生问题，驱散其内心疑云。

心育过程

环节一：牙齿和舌头的功能

师：同学们，牙齿和舌头，是上帝赋予人类的一对绝佳搭档，但是恰恰这对搭档的性格特质却截然相反，一个坚硬如刚，一个软糯灵活。接下来请具体描述一下牙齿和舌头的功能。

生：牙齿可以咀嚼，帮助我们消化食物；舌头可以辅助发音。

生：牙齿可以有美容功能。

师：美容？

生：对，没有牙齿，人脸就塌陷了呀。（众笑）

生：舌头上有很多味蕾，可以帮助我们尝遍世间美食。

……

师：谢谢同学们这么多脑洞大开的分享。那牙齿的刚强会不会排斥舌头的柔软呢？或者柔软的舌头会不会抱怨上帝给了自己柔弱的特质呢？

生：不会。因为每一种特质都有自己的功能和优势。

师（总结）：同学们有没有发现，牙齿刚硬如铁却依然会脱落；舌头柔软平和却与人终身相伴，不离不弃。所以刚有刚的自信，柔有柔的效用……

环节二：选出能代表你性格的动物

师：同学们请看PPT，选出能够代表你性格的动物，并和同学相互分享，你到底是什么性格的人。（呈现PPT）

（学生互动且分享）

环节三：性格小调查

师：那同学们喜欢自己的性格吗？咱们班上刚刚选择了小兔子、乌龟或者是小猫的同学请举手。你们喜欢自己的性格吗，为什么？

生：有时候喜欢有时候不喜欢，因为我觉得自己干事情太慢了。

生：不怎么喜欢，还是觉得外向性格有优势，他们可以抓住很多机遇。

生：我选择了猫，没想过，但我觉得安静有安静的好处吧。

……

师：是的，总体上而言，这个世界对内向型人充满了各种偏见。比方说（呈现PPT）——

小时候，妈妈总说："这孩子，见了生人就躲，长大肯定没出息。"（内向＝没出息）

上学时，老师说："其实是个聪明孩子，就是太胆小，以后只能吃公家饭。"（内向＝保守）

找工作时，面试官说："我们需要那种勇于表达自己、积极进取的员工。"（内向＝没有进取心）

相亲后，姑娘说："太闷了，以后肯定不懂情调。"（内向＝无趣）①

（生笑）

师：是不是外向者天然容易成功？

（学生点点头）

师：那是不是内向性格，或者天生安静内敛的性格就真的不能成功了呢？如果说马云是热烈奔放的，那李彦宏就是温文尔雅的，那腾讯的创始人马化腾呢？（配上三者图片）

生：马化腾安静沉稳。

师：马化腾具体是什么性格我不那么清楚，但一定有内向沉稳的人最后也获得了成功，对吧？

生：对。

师：那就只能说明，成功其实和性格没有绝对且必然的联系，赞成吗，同学们？

生：赞成。

环节四：为内向正名

师：内向性格的优势是什么？如果你是外向性格的人，从别人身上找找优点；如果你是内向性格的人，试着想一想自己的优势是什么。

（生分享）

师（总结）：同学们刚才的分享都已经真正触及了内向的核心优势。如果你是一个内向型人，也可以吸引那些外向型人追随你的世界，感受你的魅力——这才是内向性格赋予你的真正的价值。具体说来有三大优势。

优势一：或者喜欢深入思考，或者善于冷静地观察。（呈现PPT）

所以，内向性格的巴菲特说，投资成功的秘诀无关智商，你只需拥有一般水平的智慧，剩下的就是抑制自身冲动的性格。

所以，内向性格的爱因斯坦说，外界的无效信息，屏蔽了！外界的多余刺激，无信号！专注于自己的感受，专注于那些被人忽视的细节。失之东

---

① 丽丽赫本．内向性格：越是做自己，就做得越好 [EB/OL]．[2019-04-23]．https://www.xinli001.com/info/100359216.

隅，收之桑榆，这就是内向性格的人可以更专注于那些深奥理论或细微感受的原因。引导男人走向艺术和科学殿堂的最强烈的动机就是逃避日常生活。[①]

优势二：温和而坚定的管理风格。（呈现PPT）

师：同学们，有一种流行的观点：内向型人不适合做管理。那到底是不是呢？（停顿，等待着学生回答）

师：其实不是的。你们知道吗？性格理论研究者对大量管理人员进行性格测试后，发现内向外向性格在成功管理领域的差别不明显！美国建国初期，出现了大量像华盛顿、林肯这样内向性格的领导人。苏珊·凯恩认为："那时，内向型性格的人更容易获得尊重，当时的人们注重在没人监督的情况下，个人所表现出的内心的力量、正直、美德。"如果说亲和的沟通力、光芒四射的个人魅力，是外向型领导人影响力的来源，那么，内向型领导人吸引追随者的"武器"就是：缄默、庄严的自信。他们是了不起的倾听者，总是用客观、描述性的语言风格与下属沟通。他们说话不像外向型管理者那样富有感染力，但很少给员工错误的信号，不会让员工事后有"咦，哪儿不对劲？哎呀，被忽悠了"的感觉。

（生笑）

师：所以内向性格的圣雄甘地说，你可以以一种温和的方式改变世界！

优势三：追求高质量的、稳定的社交关系。（呈现PPT）

师：同学们都不敢相信吧？我们都有这种偏见，觉得内向型人格的人不擅社交。其实，心理学研究表明：内向型人遇到的"不会说话"的苦恼，并非是真的表达能力差。内向型人心理感受过于丰富，或者逻辑过于复杂。如果没有掌握一定的表达技巧，就变得结结巴巴，词不达意。而交流就是一门技术，只要智商没问题，通过一段时间的训练，人人都可以突飞猛进，根本不论你内向还是外向。所以交流能力不是原因，"内向型人不善于社交"的偏见，是因为这两种人的社交目的有天壤之别。[②]

[①] 丽丽赫本.内向性格：越是做自己，就做得越好 [EB/OL].[2019-04-23].https：//www.xinli001.com/info/100359216.

[②] 同[①].

师：所以，内向性格的 Lady Gaga 才说，感觉自己就像是高中时代那样，与世界格格不入。所以，也是内向性格的赫本说，我喜欢独处，喜欢和我的狗一起散步，一起欣赏树木、花朵、天空……，如果给我机会让我从周六晚上独自一人待到周一早晨，我会很开心！

环节五：感悟分享

师：那从老师这堂讲解课中，同学们得到了什么启示呢？

生：性格外向内向本无所谓好与坏，要接纳自己，和自己和平共处。

生：成功与否的关键不在于性格本身，而在于如何利用好性格中的优势部分。

生：班级中各种性格的人在一起，需要理解、包容、学习，而不是相互排斥。

……

类似的，我们当然还可以给学生上一堂关于外向性格的班会课。正如学生所说的那样，性格无所谓绝对的好与坏，只要正确看待，合理利用就好。

对于中学生而言，"我是谁"和"如何自处"是两个长期困扰学生的命题。下面这个案例是我对某位特别害怕独处、过分依赖朋友的学生进行教育引导的过程。

心育实践 4　独处，不孤单

不能很好地自处，还有一个表现就是过分依赖朋友。我们都知道，如果把自我的价值感建立在外界关系上，一个人是不可能有独立人格的，而且也不太可能有良好的学习状态，因为他总是想方设法地去建立"外界关系"，就容易迎合朋友，忽略自我内心。一方面，这将是对自我能量的耗损，另一方面，"小圈子"也特别容易形成，最终很有可能相互干扰，不利于班级管理。下面这个故事就是关于过分依赖朋友关系而缺乏独处能力的案例。

"我怕失去朋友，朋友对我来说太重要了，你不能让我失去朋友……"

小艺（化名）边哭边说道。

"我现在不是担心你失去朋友，而是怕你失去自我。"

……

小艺在家里和妈妈大吵以后，就不去上学了。原因是姐妹几个搞小团体实在做得有点过头啦！一个人要穿了超短裤，另外一个就要穿；一个人找了男朋友，另一个也觉得出双入对光荣，单身踽踽独行可耻；一个人不愿意学习，另一个也开始随声附和；一个人要上厕所啦，另一个即便没尿亦作陪……

小艺妈妈都觉得这样的交往实在太可怕了，于是决定斩断智能机，立马停课一周在家反思且隔离。我和小艺妈妈商量，如果非要带回家，不如把小艺留在我办公室吧，我也算能够随时跟踪其状态，适时做好思想工作呀。小艺妈妈表示非常感谢！我又一次毫不犹豫地把责任扛在了肩上。

"老师，我怕孤单，我怕独处，我怕同学们都不理我！你还是把我放回班上去吧……"

"不行哈！老老实实坐在我身边。把你留在学校已算是殷哥对你的救赎了，按正常的程序，你应该在家进行'家庭教育'了。"

"但是你一定体会不了没有朋友的滋味。那太可怕啦！"

"你对也对在这儿，错也错在这儿。诚然，与朋友相处可贵，但一个人独处又何尝不是呢？我现在怕的不是你失去朋友，我怕你失去自我。"

她一脸疑惑。

"别废话，待在这儿帮殷哥打杂，想不通就继续想。"

……

第二天早上，我走进办公室，小艺已经早早地坐定。

我坐在她的身边，对她说："交往和独处原是人在世上生活的两种方式，对于每个人来说，这两种方式都是必不可少的，只是比例不同罢了。由于性格的差异，有的人更爱交往，有的人更喜独处。人们往往把交往看作一种能力，却忽略了独处也是一种能力，并且在一定意义上是比交往更为重要的一种能力。反过来说，不懂交际固然是一种遗憾，不耐孤独也未尝不是一种很严重的缺陷。这点你承认吗？"

她微微颔首，以示认同。

"从心理学的观点来看，人之所以要独处，是因为要进行内在的整合，就是要把各种经验放在记忆深处的某个位置上。所以有没有独处的能力，关系到一个人能否真正地形成一个相对自足的内心。"

"你过分地依赖朋友，害怕独处，其实是因为你内心没有足够的安全感，你的心灵能量完全需要外界给予。所以朋友们一点点的需求，在你这儿都是圣旨，因为你怕失去她们。一旦失去她们，你的内心就缺失一个能量的动力机，就不能给你的自我补充心灵能量。所以，你是没有自给自足的内心的。"

"你一旦过分依赖她们，就好像吸食了精神鸦片。我让你端坐在这儿，与其说是隔离你们，不如说是在让你自己积蓄能量。你要是没有能量，你就不会盛开绽放；你要是盛开了，何患无友？"

"嗯！老师，你说得完全正确！"

"独处有时候真的会很舒服，就好比一个失去至亲的人，一定要独处一阵才好。这时候任何人的安慰都不能使他完成内心的整合，只有自己安静地舔舐一下心灵的伤口，才能有精神的完形。"

"独处之所以为人生的重要体验，不仅是因为唯有在孤独中人才能与自己的灵魂相遇，而且是因为唯有在孤独中，人的灵魂才能与神秘、与宇宙的无限相遇。正如托尔斯泰所说，在交往中，人面对的是部分和人群，而在独处时，你面对的是你整个自我和万物之源。"

做了简单的沟通之后，我甩了一本书给她，书名是《孤独，回归自我》。我让她闲来无事之时好好读读。

……

过了不久，小艺来找我，递给了我几张纸，说："殷哥，这是我做的一些摘抄和心得。"我惊讶："这么快？"

"不是啦，就是45页的那些话太好了，我特别有感触，每一句话都直击心灵，我就写了点反思。"

不消说，她一定能在办公室多坐几天啦！不是焦躁的，一定是静静的；

不是仇怨的，而是感恩的；不是精力消耗型的，而是能量补充型的……

害怕独处，有很多原因，或与性格特质有关，或缺乏原生家庭建立的安全感和形成的关爱，当然还有可能是认知不当造成的。如果仅仅是认知因素，那我们就可以适时引导，帮助其学会独处。

孤独本不是一个问题，但有时候，是当事人认为它是一个问题，所以导致了焦虑紧张的状态。比如下面的《丰富的孤独》是我和我的学生的一段对话，这段对话纠偏了其对孤独的认知。

丰富的孤独

曾经一个学生问我："自己时常独来独往，不知道这算不算孤独？"

我问她："你觉得孤独吗？"

她答曰："我自己觉得不孤独。我反而挺享受这个过程。你知道，我的性格偏内向。"

"这不挺好吗？你自己也挺能接受自己这种状态呀。"我疑惑地问。

"我主要是看着别的女孩子都是成群结队的，感觉很有归属感，然后忽然间觉得自己是一个异类。"

"人与人毕竟不同嘛，对于有些人格特质的人而言，他的快乐来源于与周围人的互动，一刻的独处都会让他寂寞难耐，身在稠密人群包围之中他才会有存在感，他人生的半径是需要'向外走'。但对于你这种人格特质的人而言，也许你更加愿意拥抱自我，和自我相处的感觉挺好，你的幸福半径需要'向内走'。你的内心世界一定是一块水草丰美之地，杂花生树，落英缤纷，五彩斑斓。"

"老师，你怎么知道呢？我都没细细地思考过。"

"造物主非常神奇，早就把真理都蕴藏在了细微之处。你看啦，'孤独'这两个字拆开来看，有孩童，有瓜果，有小犬，有蚊蝇，足以撑起一个盛夏傍晚的巷子口，人情味十足。你再具体想象，既有黄发垂髫摘瓜于棚下，又有小犬穿梭于人群，既有人间繁华小语，又有小虫耳边轻吟，……这些都是'孤独'二字构造的内心世界呀。"

"老师，你真的太会说了，我觉得也是，听了你的话，我觉得很释然……"

"其实，这当然不是我写的啦，这出自林语堂先生之手。"

适当独处，有利于自我整合，也有利于积蓄心灵能量，这个过程就好比"深挖洞，广积粮"。一个人首先需要自己强大了，弄明白了自己的角色，才能够更好地去适应世界。这就像生长的大树，向上的枝叶要想蓬勃生长，向下的根系就要野蛮生长。一个人，都没有勇气向内面对自我，接纳自我，又何尝能够把社交的触须延展到外界呢？即便像细藤一样，伸向了外界，那又如何保证他能够悦纳别人？所以，即便在整个世界都呼吁要朋友、要圈子、要社交的时候，我也引导着学生首先看清楚自己，认识自己，看清自己的"心灵容貌"，体验"心的能量"，厘清"心的情结"，了解自我的智能和兴趣走向等各方面之后，再来辅助学生谈谈人际关系。

比如，即使在初三的时候，面对中考的压力，我也倡导学生"选对同路人"。我对学生说了下面一段话：

不要为了融入一个群体，而选择刻意迎合。

不要为了赢得他人的"注意"，而故意纵容心魔。

不要为了一时起兴，而忘乎所以，忽视了你学习的天职。

和你走在一起的人，一定要是能够给你带来正能量的人，选对同路人，备考路上不孤单。

选不对同路的人，你除了多了一分喧嚣之外，晚上还多了一分焦虑和空虚。

有时候，有朋友圈，并不代表有朋友；天天在聊天，并不一定是在谈心。

相反，独处，也并不代表孤独……

认识自我、挖掘自我、悦纳自我的根本目的是完成"自我同一性"的重要人生命题，这绝对不是几节实践课就能解决问题的，我深知这一点。于是，我还做了迄今为止我觉得做得最满意的一件事情：就是让学生天天坚持写"暮省"。何为"暮省"？"暮省"即夜幕降临之前的自我反省。我对学生说，不管中学学业多繁忙，每天都要尝试着把自己从中剥离出一段距离来凝视自我，和心灵对话。每天晚自习都要剥离 15 分钟左右，对当天的学习生活进行总结反思。"暮省"的主题永远聚焦两个大主题：关系反思和学业反思。如遇特殊情况，由我单独给定主题进行写作。

我坚信，一个人在和自我对话的过程中，内心就是在自我建构和整合；在和自我对话的过程中，一个人也更愿意给自己打气助威，给自己注入心灵能量，成了自我的心理营养师、心灵疗愈师。我坚信，一个人和自我对话的方式决定了他最后成就的大小。圣人有三不朽：立德、立功、立言——和自我对话，真善美的一面也最容易被激发，可以立德；和社会的问题对话，可以像学者一样，解决当下人的问题，可以立功；和人类的千秋万代对话，可以立言。我要求我的学生先从最小的对话——和自我对话做起。

这些年，我们围绕"我来八班的十大进步""我理想中的自我""我给自己颁个奖""我，是一颗天才香菜"等专题话题进行了写作，都是为了帮助学生更好完成那个重要命题——确定一个正面且笃定不移的自我。一个学期下来，我班学生不仅成绩没有比别人差，反而积累了 3 万多字的反思，一年就有 6 万多字，3 年坚持下来则有 20 多万字。

关于"认识自我"这件事，我真的觉得很重要；关于"暮省"这件事，我真的坚持做了下来。"坚持"铸就了别样的班级文化。

第五章

心灵的避风港——和谐人际关系管理

正如先前所言，中学生尤其重视"朋友圈子"。他们总感觉朋友身上焕发出来的"力道"比长辈的吸引力来得强。如果说学会"自我相处"是一片栖息地的话，那么学会"和别人相处"就是他们的避风港。

既然朋友这么重要，管理心灵其实很大一部分就是注重引导学生管理人际关系。我时常对老师们说，中学生不要一天到晚只跟他说"成绩"，更要谈的东西是"关系"。如果"关系"解决不好，学生人倒是直挺挺地坐在教室，但心肯定还挂牵着和朋友的一点小问题。这样学习效率肯定不高。我们也都是从学生阶段走过来的，自然明白朋友对这一阶段学生的重要性。马斯洛需求金字塔告诉我们，越是底层的需求就越是重要。其中，"社交需求"和"尊重需求"都比"自我实现"排在更基础的位置。所以，你抛开"关系"而谈"成绩"，其实不太科学。此外，关系和管理也息息相关。我以为，没有"关系"管理的班级管理就好比一个干瘪的"骷髅"，任何规章制度和条条框框的设置都只是框架，没有"关系"，就没有血和肉，就没有生命和灵魂。把握住了"关系"，就是把握住了班级管理的"命脉"。很多班级管理当中出现的怪象，皆因"关系"起，老师们一定深有体会。外在的条条框框好学，但对"人"的把握却相当困难。所以，很多老师从别的名师那儿搬来好制度，移植到自己班上的时候，就像"盐失味"一般。好老师一定是对人高度敏感的。

那如何引导学生建立良好的人际关系呢？做法实在太多了，多如繁星、牛毛。在此，我也选取一些较为经典的案例和大家一起分享。有一些个案引导，也有一些心理团辅，不能面面俱到，但基本上都是针对我认为较为广泛存在的一些人际问题。此外还要申明一点，很多的个案处理或是主题班会都是根据班上出现的具体情况去思考和处理的，不是为了写关系而故意创造一些话题去谈。所以，案例故事又具有独特性。

第一节　沟通有道——坦言，真诚的力量

心育实践 1　撕下"好人"的标签，学会说"不"

第一个案例故事是教会不懂拒绝的"老好人"说"不"[①]。

心育背景

李萌（化名）是一个白净秀气、安静礼貌的女孩儿。她乐善好施，乐于助人，连续两届被评为"鸿鹄好人"，按理说这也是一件好事。但一个同学的周记给我折射出了点什么，说李萌同学真的是有求必应，就连一个课间都可以陪其他女同学上厕所三四次，即便自己没有需求。看到这儿我也就笑了笑，没多想。直到李萌的妈妈亲自出马找到我反映了情况，我才意识到孩子做得太过了。李萌妈妈说，孩子最近总是接到同学的求助，又不知道拒绝，结果自己大包大揽地扛下来之后又没办法搞定，就发动了爸妈。这一次，妈妈耽误了一点时间，没按期带东西回来，李萌在家大发脾气。看来，李萌同学在这个"好人"的标签之下确实活得很不自在了。

生活中确实有这样一群人，他们面对别人的请求不知道该如何拒绝，不得不委屈自己的意愿，答应别人的请求，结果自己生活得很不快乐。

心灵诊疗

不会说"不"的人，并不是有能力并且真心实意地去做事情，而是不懂

---

① 该案例已整理成文章发表在《当代教育家》杂志 2017 年第 9 期。

如何拒绝别人，所以才不得不委屈自己的心意勉强去做。那到底是什么原因让这些人不懂得或是不敢说"不"呢？其实可以从心理投射和印象管理的角度去分析。

心理投射

心理投射是个体将自己的思想、态度、愿望、情绪、性格等个性特征，不自觉地反映于外界事物或他人的一种心理作用。不懂拒绝，就是个体把自己不能接受别人拒绝自己这种心理投射到别人身上，认为自己对别人有所请求时，不能接受别人的拒绝，那么当别人对自己有所请求的时候，也不能接受自己的拒绝。个体不知道如何说"不"的另外一个原因，就是不知道如何表达才能让对方心平气和地接受自己的拒绝。这种假设也是基于心理投射。怕别人遇到源于自己的拒绝会产生诸如生气、郁闷、不爽等不良情绪，实际上也就是遇到来自别人的拒绝时，自己会生气、郁闷、不爽。

印象管理

印象管理是心理学家欧文·高夫曼（Erving Goffman）等人提出来的，是指人试图管理和控制他人对自己形成印象的过程。通常，人们总是倾向于以一种与当前的社会情境相吻合的形象来展示自己，以确保他人对自己做出积极的评价。生活中很多不愿意说或者不会说"不"的人，就是担心别人对自己形成不符合自己愿望的不良评价。人人都希望别人眼里的自己是一个积极形象，对于差劲、凶恶、无能、自私等负面形象难以忍受。所以，为了给别人留下一个好的印象，就只好委屈自己的意愿了。

实践过程

基于此，我企图改变孩子的不合理认知，并为她提供一些实用的小技巧。

我找到李萌，直接说明了来意，希望得到她的信任，也表达出了想帮助她的意愿。她也十分愿意配合我。

"老师，我就是怕违背了别人的好意，伤着了同学们的心，哪怕我自己受点苦受点委屈也行。"李萌说。

这句话恰恰印证了心理投射理论，孩子就是提前预设了别人拒绝自己时的情绪情感，其本质也是内心害怕别人拒绝。于是我说道："你这颗宝贵的心是难得的，老师为此感动。那你是不是也很害怕被人拒绝呢？"

她愣了一下，细细思考了一下，使劲地点点头，说："我感觉要是被人拒绝了太没面子了，还会东想西想，觉得是不是别人不喜欢我了？不接纳我了？或者在什么地方得罪了别人？有时候会觉得这个同学自私自利，面目可憎。"

"孩子，这就是问题所在了。实际上，同学们面对你的拒绝的时候只会觉得一条路行不通，还会寻找其他途径。这个时候，你需要调节自己，是自己面对别人拒绝时有着不良的心态。就比如，你被拒绝的时候就觉得别人自私自利，面目可憎，那万一别人真的有难言之隐呢？世界是心的倒影，你内心世界是什么样子，你就会觉得别人是什么样子；但其他同学被拒绝的时候或许不是你这么想的呢？"

"老师，我明白了。"

"还有，你也是活在'鸿鹄好人'的标签下面太久了，你想给人留下好形象，是不是？"

"你别说，还真的是。有时候，我帮助别人就是想到我要配得上这个名号。"

"但也不是非要事事亲力亲为呀。你的内心、你的能力就像是两个卫士，一切需要都要通过它们的审查呀！你现在就是直接避开了它们，这样会好过吗？"

"我也知道不好过，前些日子也挺矛盾的。妈妈也让我学会拒绝，但每当同学一来提要求，我就想都没想就应承了……"李萌脸上写着几分无奈。

我马上给她注入心理能量："孩子，其实你的品质是很棒的。你只需要恰当表达拒绝意愿就可以了。首先，我们要充分地肯定对方的请求，充分表达自己非常乐意提供帮助或者共同参与的意愿。这是给予同学情感上的理解。其次，要把自己不能提供帮助或共同参与的理由进行充分阐明。再次，提供变通方式，积极帮助他们寻找对策。最后，真诚表达自己不能满足对方请求的歉意。"

"哦，明白了。"

"试试吗？"

"嗯！"她觉得有点意思。

"假设我是你的好闺蜜佳月，邀请你去看一场电影。但是你不想去，你该怎么说'不'？"

"首先应该怎么呢？我忘了。"

"充分表达愿意参与的意愿！"

……

经过好几次演练，李萌终于合理地表达了拒绝的意愿：

"佳月呀，我们好久没有一起看电影了吧？最近××电影上映了，我也好想去看呢。不过，这个周末不行，我妈妈要求我在家陪外婆做饭和收拾家里，而且这是我之前答应过的，我不能爽约。要是你能等我的话，我愿意下个周末陪你去看；要是你等不及的话，你可以找茜茜陪你去。姐姐我万分抱歉，等我回头请你吃小炒，补偿一下，可好？"

望着李萌，我惊叹地竖起了大拇指，对这段话赞不绝口。

第二周的周记里，李萌写下了这样一小段话：

人生活的目的就是追求快乐和幸福，所以，我不能委屈心意、勉为其难，否则幸福就会离我远去。感谢殷老师让我回归初心……

我留下一句批语：

聪明的你，虽学会了说"不"，但依然要保留那份助人为乐的初心。

心育实践 2 谎言 PK 坦言

心育思考

在上一个案例中，我们可以看到真诚的力量，还可以看到坦言的力量。朋友之间遇到问题不要逃避，坦言就是解决问题最好的方式之一。坦言的"坦"在字典里的含义就是"平而宽"。把自己想要表达的意见，一马平川地说出来，不遮掩，不隐藏，不埋设地雷，不挖掘壕沟，不云山雾罩，也不神龙见首不见尾，清晰明白，心平气和，这也是为人处世的基本功之一。我带班的时候，尤其重视让学生坦言，为此，我们还专门上过一次题为"谎言PK坦言"的班会课。

心育目标

① 帮助学生觉察说谎的心理情境，并在故事情境中对比坦言和谎言的沟通方式。

② 理解真诚地坦言是最有效的沟通方式之一。

③ 在模拟生活情境中，学会并尝试用真诚沟通的方式表达自己。

心育过程

师：同学们，今天我们的主题就聚焦在"谎言"和"坦言"这两个词上。我们首先看看"谎言"一词的定义：在明知真相的情况下，故意对事实进行隐瞒、歪曲或凭空编造虚假信息以误导他人的言语。

环节一：小调查

同学们有没有对你最好的朋友说过谎？

师：老师刚才看到了，没有哪一个同学敢说没说过谎。但别着急，你们知道吗？即便是小婴儿和大猩猩也会说谎呀。（呈现PPT）

英国的一位博士经过对婴幼儿行为的详细研究发现，婴儿会有意使用哭泣来博取父母的情感回应。

她的研究团队甚至发现，一名11个月大的婴儿在因为将花盆里的土弄得到处都是而屡遭父母的斥责之后，又一次被母亲发现他玩弄泥土时，停止了动作，转而改成向母亲挥手。

加利福尼亚的一位博士在教会了一只大猩猩1000个手语单词之后，通过交流，发现大猩猩也具有说谎的行为。

师：由此看来，或许说谎是一种进化的策略，被写入人类基因中的一种能力。

环节二：小思考

同学们一般会在什么情况下或是因为什么说谎？

（学生分享）

生：当意识到自己的利益会因为现实而受到损害的情况下。

生：担心自己展现了不好的一面给对方，对方可能不喜欢我了。

生：担心错误会给自己带来麻烦甚至是心理压力。

生：为了满足自己的虚荣心，将事实放大。

……

师：同学们谈到的这些都可以总结成两个词语——自我防御和形象管理。

环节三：微讨论

说谎的危害及好处。

（学生讨论后分享）

生：容易形成撒谎的习惯。

生：容易导致人际关系的紧张和信任的缺失。

生：说谎的时候，血压上升，还容易影响自身身心健康。

……

师：那有没有好处呢？

生：有时候，善意的谎言可以有意想不到的收获。

生：有时候，说谎确实可以让自己在别人面前展现得更好，从而建立信任。

……

师：同学们，心理学研究表明，绝大部分说谎的目的都可以概括为两个词语，就是刚才讲到的自我防御和形象管理。但同学们也明显地知道说谎真的不那么好，所以，你们在回答说谎的好处的时候，都会下意识地加上一个"有时候"。但即便如此，我还是希望同学们能够"坦言"，用"坦言"去取代"谎言"，用"坦言"来维护自己的形象和建立真诚的朋友关系。接下来，我们谈谈今天的第二个关键词"坦言"。我们就来一个谎言和坦言的

"PK"赛。

环节四：坦言PK谎言

第一回合PK活动：感同身受

师：第一个环节的PK赛，老师先从两个人物说起，第一个人物遇到了这点事，需要同学们来为他做个决策。（呈现PPT）

有这样一个人，

他以一手灵气飘逸的散文而震惊文坛。

他只有小学文凭，可因为他在文坛有很高的名气，

有人请他到大学里面去上课……

他既想去上课，又羞于自己的文凭，

如果你是他，请问你该如何回应？为什么？

生：如果我是他，我就会大胆地去尝试，文凭不代表真才实学。

师：说得好！这个人果真就去了。（呈现PPT）

然而，名气不是胆气。在他第一次走上讲台时，慕名而来听课的人很多。面对台下满堂渴盼知识的学子，这位大作家竟整整待了10分钟一句话也说不出来。开始讲课了，原本筹备好讲解一个课时的内容，被他三下五除二地用10分钟就讲完了。离下课时光还早呢！

如果你是他，你会怎么做？为什么？

师：这个场面尴尬不？

生：尴尬！

师：我就直接给大伙儿说，他就是大名鼎鼎的沈从文，他所任教的这所学校是大名鼎鼎的北京大学。那好了，老师问大家，如果你是沈从文，你会如何应对这种情况？如果撒谎，你会怎么撒？如果坦言，你又会怎么坦？

生：如果是撒谎的话，我可能会找个借口去上厕所，故意拖到下课。（众笑）

生：要撒谎还不简单，我就说，我昨天吃了太多辣椒，嗓子不舒服。（众笑）

……

师：同学们说的都很有趣，看来大家都是说谎的"惯犯"。（众笑）那我们来看看沈从文先生的做法吧。（呈现PPT）

他不天南海北瞎扯撑体面，而是诚诚实实拿起粉笔在黑板上写：今天是我第一次上课，人良多，我惧怕了。于是，引得全堂爆发出一阵善意的笑声。

师：胡适晓得后，对沈从文的坦言跟直爽大加赞美，认为讲课成功了！后来，沈从文找到了失败的关键，终于使自己讲课能轻松自如了。

师：沈从文先生的坦言为他赢得了良好的形象。我们再来看一个谎言派的人物，他对经营自己的形象也是煞费苦心了。他就是钱钟书《围城》里的主人公方鸿渐。有没有同学知道这个哥们关于"假文凭"的故事？

方鸿渐在欧洲游学多年，却混不出一个文凭，最后无奈买了个美国的假文凭，然后他又在三闾大学做了副教授的故事⋯⋯（略）

方鸿渐的尴尬的故事引得全班同学哄堂大笑。

师：好了，谎言和坦言的第一轮PK赛打完了。现在你会如何站队呢，为什么？

生：我还是愿意选择坦言。说谎实在太累了，就像故事中的方鸿渐，他总是在用一个谎言去弥补另外一个谎言，而且每一个谎言背后都是精力的耗竭。

师：面对各种局面，我们的起点都是一样的——"形象管理"，但是人与人之间的交往一定是建立在坦诚的基础之上的。你可以瞒过一时，但你能瞒过一世吗？别人终究会识破你的谎言，于是，你的形象最终就好比"水中花月"，飘忽不定。所以，从长远来看，你愿意成为别人心目中的"真诚之人"还是"虚伪之辈"呢？综上，我们有以下结论。（呈现PPT）

说谎者：

制造了一个虚妄的良好形象。接受不了现实的检验，一如雪人不能和春风相遇。提心吊胆，增加心理压力和负担！

坦言者：

有了改正和提升的动力。值得信赖。得到笃定的自我形象，内心安然，就像获得了一颗延年益寿的心灵灵芝。①

第二回合 PK 活动：攥紧拳头和摊开双手

师：刚才我们也说到了，说谎的第二个关键目的在于"自我防御"。那接下来，我们就做一个小的体验活动。（呈现 PPT）

活动体验：

请同学们握拳！从 0 到 10；0 代表没有压力，不紧；10 代表压力很大，十分紧张。

师：准备好了吗？开始握拳，你现在开始有 1 分的压力……2 分……3 分……6 分……8 分……10 分。使劲啦，同学们，使劲！

在这个过程中，每加一分的力，老师的语气都加重一分……

到 10 分压力的时候，可以看到，学生已经眉头紧蹙，部分入戏的男生可以说是面红耳赤啦。

师：请同学们摊开自己的双手！

师：同是"自我防御"机制，如果我们把"握紧拳头"这个动作看作谎言，是一种不愿敞开自我的封锁，那"摊开双手"就好比坦言的敞开心扉。那么，请同学们分享一下自己的感受。

生：紧握的拳头好似非常具有攻击性，但同时也耗费自我。

生：握紧拳头，尤其是 10 分用力的时候，手指头对手掌也是有伤害的。大家看，手心还有指甲印呢。

生：握紧拳头的时候，自己也极度紧张和焦虑；摊开双手，展现真实的自我，敞亮人生，反而释怀！

……

师：这一轮 PK，你认为谁更胜一筹？

生：坦言。

师：同学们，坦言其实是非常困难的，你们觉得呢？因为坦言在多数时候是一次精神和语言的冒险，其中蕴藏着未知的情感和不可预测的反应。即

---

① 毕淑敏.星期五的心理咨询室[M].北京：北京十月文艺出版社，2014：203.

便坦言困难重重，我们还是需要坦言。为什么呢？我们来一次能量朗读作为这个环节的总结陈词。（文段选自毕淑敏《心灵的力量》，文段有整合）

……有人认为坦言是不完全的，藏藏掖掖才是老练。我要说，往往你以为最不保险的地方才是最安全的。社会节奏如此之快，你吞吞吐吐，别人怎能知晓你繁复的内心活动？如果说在缓慢的农耕社会，人们还可以容忍剥茧抽丝的离题万里，那么在现在，坦言简直就是人生的必修课了。

有人认为坦言仅仅是嘴皮子上的功夫，其实不然。有人无法坦言，是因为他不知道自己究竟需要坚持怎样的观点。坦言是建筑在对自己和对社会的深切了解之上的。如果你反对，你就旗帜鲜明。如果你热爱，你就如火如荼。如果你坚持，你就矢志不渝。如果你选择，你就当机立断。

坦言是一次精神和语言的冒险，其中蕴含着情感的未知和不可预测的反应。然而，尽管困难重重，我们还是需要坦言。坦言是一种勇敢，因为你面对世界发出了独属于你的声音。坦言是一种敢作敢当的尝试，因为你既不是权势的传声筒，也不是旁人的回音壁。即使你的声音是那么微弱和幼稚，那也是出于你的喉咙，它昭示了你的独立和思索……

环节五：知行合一——案例实操

师：接下来，还剩一点时间，我们来看两个案例吧。同学们先独自填写以下表格。独自填写表格，就是独自面对心灵、叩问灵魂的时刻；自我谈妥之后我们再和同桌相互分享。

主人公：班主任；小A

情景一：

小A迟到，被学生会的同学抓住，并扣了分。班主任不知道是谁，于是在班上盘问：班上为什么又扣分了？谁干的？

小A：_____。

坦言——心灵的力量	你会……	
	原因	

主人公：小吴和闺蜜小谢

情景二：

小吴非让闺蜜小谢在周日下午的时候陪她逛街，可是小谢已经有了自己的学习计划。作为班上的"老好人"和小吴的好闺蜜，小谢真不想去，可又不好拒绝和推脱。

如果你是小谢，_____。

坦言——心灵的力量	你会……	
	原因	

引导语：

同学们要做襟怀坦荡、敢于负责的人。坦言不是阿谀奉承，也不是人云亦云。它是你自我思考的结晶，它将透露你的真实想法，所包含的信息和观点，是你人格的体现。如果你畏缩求全，或唯别人马首是瞻，那么，你就无法坦言。

（学生分享）

师（总结）：同学们，正如毕淑敏老师所言，珍惜坦言，那是一种心灵力量的体现，我们的意志在坦言中锤炼，变得坚强。我们的勇气在坦言中增强，变得坚定。我们的过失在坦言中清晰，变成养料。我们的友谊在坦言中纯粹，变得醇厚。坦言不是缺少城府，涉世不深，而是人与人之间真诚交往的基本功之一呀。

在这里顺便提一句，一线班主任肯定也发现了这样的情况：很多学生在犯错之后喜欢找各种借口，稍微诚实一点的也会弯弯绕绕，不讲实话，弄得班级当中的很多事情进展很不顺利。其实，我们也不要盲目地道德归因和"人品挂帅"，学生所有谎言的背后都隐藏着一个淳朴的动机——"自我防御"和"形象管理"。所以，在这次"谎言PK坦言"的班会课之后，我还经常逮住机会反复提醒他们要"坦言"，要"真实"。

师：各位同学，如果我犯了一个很大的错误，我也很怕我们张校长收拾我，因为张校长就像我们老师的班主任一样，我也怕她，偶尔走路都要绕道走……

（全班学生笑）

师：……跟你遇到我那种感觉是一样一样的……

师：当我犯错的时候，我很希望我的领导能够原谅我，而不是批评我。所以，我想，你们犯错误了也是一样的心情，对吗？

全班学生齐声说：对！

师：我一定会原谅你的。是个人干事儿就有可能犯错误，你又不是圣人，对吧？所以我一定会原谅你的，更何况你是小孩子，更何况你是老师的学生，你需要在犯错误当中成长。无论你犯多大的错误，我觉得我都应选择原谅。

师：但你千万要诚实坦言，千万不要弯弯绕绕、云山雾罩，把我当成傻子来看。你若试图用谎言或是借口来掩盖，我们两个就会同时动用脑力来进行"攻防战"。这在我看来是没有意义的，是对我们彼此心灵能量的耗竭。

师：我会接纳你和你犯的错误，只有两个前提。第一，诚实和坦言。第二，不要总是犯同样的错误，否则我会觉得你是故意挑衅。

只要你把学生的顾虑消除，那么他们会愿意以诚相待。

第二节　换位思考——善行，挚爱的种子

心育实践 1　老师，他们说我很小气

心育背景

有一个案例是这样的：班上某女生因为家庭经济状况不好，行为略显拘束，消费小气，身边很多朋友都觉得她小气、抠门、不大方，像貔貅——只进不出，大家渐渐疏远之。为此，女生十分苦恼。她向我倾诉："……要是我真的有钱，我愿意花很多在朋友身上，请他们喝奶茶、吃烧烤、吃甜品、买文具、买书……。但老师，我不能呀，自己每次用钱的时候，都很节约，我不是对他们小气，我是在对自己小气……"

短短 20 多分钟的交流，女生讲到爸妈和家庭的伤心点，几次啜泣。女生的人品很好，这一点我也是知道的，干事情从不拈轻怕重，委任任务也不左右摇摆，干干脆脆，保质保量，为人朴实，肯说实话。至于说家里有没有钱，我之前真的不知道，这一次才算彻底了解。粗心的我从来没有根据她身上的穿着来衡量过——现在回头一想，好像也是呢！

心育思考

寻求朋友圈子的归属感是人类的属性之一。况且青春期的孩子，人际交往更是重点课题。人的情感就是这么微妙，事无大小，全在一个人内心的感受，唯有当人事的情感才是衡量问题的风向标。我一边开导她，一边谋划这一堂班会课。于是，几天的酝酿之后，我和班上学生分享了几个故事。

心育目标

① 帮助学生理解一个人的"小气"行为有一定的原因和背景，不能盲目道德归因和人品挂帅。

② 让学生体验并感悟到善良行为的重要，在心中种下一颗善良的种子。

心育过程

师：同学们，今天这堂班会课，没有什么主题。其实也不是没主题，有！但需要同学们去挖掘。我只想和大家分享几个故事。准备好了吗？（呈现 PPT）

故事一：

有两个朋友 A 和 B 做买卖，A 出资多，B 出资少。生意做得还不错，可是有人发现出资少的 B 用挣的钱先还了自己欠的一些债。更可气的是，到年底分红时，A 分给 B 一半多的红利，B 也接受了。别人很不理解，跟出资多的 A 说：B 出资少，平时他开销又大，年底还照样和您平分效益，显然他是个十分贪财的人。

师：此时，如果你是 A，你怎么看？怎么办？

生：我会觉得这个B真抠，我要悄咪咪撤资！

生：我觉得还好，只要是我没亏，他的行为我能忍受。

师：那是因为你没有切身利益在里面而已。

（众生笑）

故事二：

后来这哥俩又一起充了军，二人更是相依为命。有一次开战，双方军队展开了一场大撕杀。冲锋的时候B总是躲在最后，跑得很慢，而退兵的时候，B却跟飞一样地奔跑。当兵的都耻笑他，说他贪生怕死，领兵的想杀一儆百拿B的头吓唬那些贪生怕死的士兵。

师：此时，如果你是A，你怎么看？怎么办？

师：你们有了一次做生意不愉快的经历，接下来，这哥们又和你一起参军。战场上表现出贪生怕死的状态。此时，你又怎么看B呢？

生：我会觉得他真的很冷血，危险留给别人，安全留给自己。

生：是不是有什么苦衷呀？

生：老师，我突然想起来了，这两个人是不是管仲和鲍叔牙呀？

师：既然大家都已经说开去了，我也就直接公布答案了吧。A确实就是鲍叔牙，B也就是管仲。鲍叔牙在以上两个故事中是怎么回答身边人的质疑的呢？（呈现PPT）

你们满脑子里装的都是钱，就没发现管仲的家里十分困难吗？他比我更需要钱，我和他合伙做生意就是想要帮帮他，我情愿这样做，此事你们以后不要再提了。

他家有80多岁的老母亲无人照顾，他不能不忍辱含羞地活着以尽孝道。

管仲听了鲍叔牙的这番话，感动地流下了热泪，哭诉道：生我的是父母，而了解我管仲的，唯有鲍叔牙啊！

师：同学们，这就是著名的"管鲍之交"，鲍叔牙始终在别人最不理解管仲的时候能够挺身而出，站在他的角度为他思考问题。而管仲在以后位及宰相的时候，又对鲍叔牙鼎力相助，适时推荐。同学们，请问你认为这是真正的友谊吗？

生：是。

师：那你认为你是鲍叔牙这种人吗？你身边有管仲这种人吗？

（生沉默）

师：我不需要你们马上给我答案，我想先把故事讲完了再说。

故事三：

宿舍里，所有人都在午睡。唯独3号床的女生偷偷爬起来，蹑手蹑脚地走到1号床女生的床头旁，看了一眼对方后，小心翼翼地拿起1号床女生的洗衣粉，倒在自己的洗衣盆里。当她做完这一系列动作后爬上床，回头看看，1号床女生姿势没变，还在酣睡。

第二天下午，3号床女生清洗衣服，当她一把拿过自己的洗衣粉袋子时，感觉手很沉，不可能！

自己的洗衣粉只剩下一点，可是里面却是满满的洗衣粉，味道清香，跟自己原来的不一样。她细看了看袋子，的确没错，正是自己买的山寨牌洗衣粉。

当她从洗手间出来，一眼间看到1号床女生的洗衣粉袋子瘪了，1号床女生正在朝自己笑着眨眼。3号床女生的喉咙似乎突然被什么堵住了……

10年过去了，在一次同学聚会上，曾经的1号床女生和曾经的3号床女生坐在一起。

3号床女生小声跟1号床女生说："感谢你的举动，你的宽容改变了我，也可能挽救了很多条生命！"

1号床女生露出惊讶的表情，3号床女生说：有这么个女孩，她在街边小摊买最便宜的洗发水，结果因为搓不出泡被同学取笑；她将早餐的馒头放到下午吃，结果因为变味还啃着吃而被同学嘲笑精神有问题；她穿父亲的咖啡色大毛衣御寒，结果被同学嘲笑是小丑；她到饭堂只打白饭，央求打菜师傅淋菜汁吃，结果被人视为另类……。女孩在学校感受不到任何爱，只有无边的冷漠和嘲讽。她很多次都将剪刀拿在手里，幻想着冲上前一阵刺，……直到看到了自己那袋被人装满的洗衣粉！

……

1号床女生震惊过后，笑着说：好险，原来我差点在10年前死了！不要谢我，请谢我的妈妈！

其实当我看到你偷偷将我的洗衣粉倒在你的洗衣盆里的时候，我不知道该怎么做，我偷偷给妈妈打电话，妈妈跟我说："如果你的洗衣粉很多，你会偷别人的吗？"我否定。

妈妈又说："如果你的洗衣粉很多，可以分一些给需要的人！"就这样，我把自己的洗衣粉倒了给你。

3号床女生泪流满面。①

师：同学们，从这个小故事，你们又能悟出点什么呢？简洁回答，提炼关键词。

生：帮助别人，可以活命。

（众笑）

生：换位思考，可以活命。

（众笑）

生：看人不贴标签，可以拥有一个"历史观"。

师：好一个"历史观"！为你点赞。故事还没讲完，最后一个故事，先给大家看一个视频。（视频关于郭德纲——穷生奸计，富长良心）

师：同学们，这个视频最打动我的不是郭德纲，而是他的师父侯耀文先生。猜一猜我被哪一句话感动了？

生：穷生奸计，富长良心。

师：不是的。这是郭德纲说的。

生：郭德纲一路坎坷走来，步步惊心，充满血泪，势必疾恶如仇。

师：对啦！我感动于侯耀文先生能够如此包容，如此带着"历史观"地看待他的徒弟郭德纲。大家对郭德纲的了解可能只停留在"德云社"和他的相声，但不知道他在成名前的各种穷困潦倒，各种不得志。（补充讲了一些相关故事）

---

① 佚名.请把这个教给孩子，善良的力量真的很强大，无论什么时候都不迟！[EB/OL].[2019-02-21]. https://www.sohu.com/a/235666155_487478.

师：三个故事讲完了。接下来请同学们讨论一下三个故事内在连贯的深意。然后和同桌分享一下，我们以后应该怎么做呢？

（生分享）

师（总结）：一个人在穷困的时候，就容易吝啬、小气。但他的小气或许不是对朋友的小气，而是客观使然，说不定他对自己都很苛刻呢！一个人富裕的时候，物质需求已经满足了，就开始慷慨解囊了，相应的良心就生成了。所以我也很赞成要"历史"地看待一个人的行为，这样更容易让我们理解和包容别人。

永远不要把自己局限在狭小的"自我解读"和"自我翻译"中，你要学会慢慢"养大格局"，理解和接纳你认定了的人品一流的真朋友的一些类似的行为。

其实，最后，说得世俗一点，鲍叔牙、1号床女生、侯耀文先生及家人都因为之前的格局和善良而温泽，都有好的回报！不是吗？

希望班上那个女生知道这堂班会课是为她上的，也希望班上学生能够养大格局，纯真善良。真朋友，多一点包容！

我在班上上的很多心育课程，都有两个特点：第一，课程的背景和缘起基本上都是本班内部发生的一些真实的事情；第二，我尝试妙用一些素材，巧设一些活动去达成班会目的。

心育实践 2　讨厌一个人，恰是认清自己的一次契机

心育思考

一个集体中经常有人互相"看不惯"，由此很容易形成小帮派，影响班级和谐，也不利于学生彼此身心健康成长，就连班级分组都颇受影响。因为一个人"厌恶"一个人，而搞得小组四分五裂，毫无凝聚力。

青春期孩子的关系和情感也很微妙，人际关系问题常常被他们简单地划分为"我喜欢的"和"我讨厌的"。前一刻还像黏稠的蜂蜜，甜得发腻；后

一刻又如水一般寡淡，各自为政，有的甚至还有污浊之气。

对于"关系"而言，他们并不是不在乎，而是认识不到问题的本质，所以常常把"斗争"的矛头对准别人而不是"自己"，所以行走之中，如履薄冰，友谊之路越走越窄也是经常发生的。但一个人在说"我讨厌……""我看不惯……"的时候，其实，他本身就是别人所厌恶的对象。正如，纪伯伦在《沙与沫》中所写，当你鄙夷一张丑恶的嘴脸时，却不知道那张脸正是自己面具中的一副。基于此，我上了这堂心育班会课——"讨厌一个人，恰是认清自己的一次契机"，提示学生在关系出现裂痕的时候，可以多一个思考问题的角度。

心育目标

① 懂得并非所有的"讨厌"都站得住脚，很多讨厌只是一种模糊不清的劣质的情绪。

② 理解并体会讨厌背后的两重心理学机制，即心理投射和安全感缺失。

③ 让学生觉察在讨厌一个人的时候，也恰恰是认清自己的契机，从而更加完善自我，而不怨天尤人。

心育过程

环节一：豆瓣上的"讨厌小组"

师：同学们，如果你们生活中遇到讨厌的人，会怎么办？

生：远离他。

生：不交往。

……

师：你们知道"聪明"的网友是怎么做的吗？他们在豆瓣成立了一个"我讨厌××"小组，介绍也很有意思："把你讨厌的生物、事物说出来，我们一起唾弃他。"（呈现PPT，众笑）

师：这种现象说明了什么呢？同学们畅所欲言，随便怎么说都对。

生：厌恶这种情绪广泛存在于生活中。

生："讨厌××"这种事情吧，不可能常常挂在嘴边，否则显得自己很没素质，但又确实是真实存在的情感，不能压抑久了，所以就在网上乱说。

……

师：那同学们会不会在背后唾弃讨厌的人呢？

生：这还是不会的。

师：同学们刚才都提到了，"厌恶这种情绪广泛存在于生活中"，想必同学们也有自己讨厌的人。（故意停顿，望着部分学生）

（学生不住点头）

师：那接下来，请同学们在这张表格上简单梳理一下平常讨厌的人（只能用代号，如花小主、林黛玉……），并请写出理由。

环节二：心事小调查

讨厌的人	理由

生：我讨厌的人，我把他称之为"灭霸"，因为他真的很不会说话，一开口就能使大家热烈的气氛冷场。

生：我讨厌的人，我把他称之为"空气"，说不出什么理由，就是单纯地讨厌，而且有时候讨厌，有时候又不讨厌。

生：我讨厌的人，我称之为"冷猫"，我讨厌的是他那种高冷的神态，感觉别人上辈子欠了他什么东西似的。跟他打招呼的时候，他那嘴角微微上扬的样子，透出了一种"不屑一顾"，感觉是我的热脸贴在了他的冷屁股上。

……

环节三：解析"讨厌"——并非所有的讨厌和反感都站得住脚

师：同学们，你们知道吗？并非所有的讨厌都是站得住脚的。接下来，我们来做一个"自我检查"，如果令我们生厌的对象符合这些标准，我们就打"√",不符合就打"×"。

自我检查:

① 检查是不是对方的言行像极了某个人,勾起了我不愉快的过往?

② 检查是不是他的目光斜视,从不正眼看我的举动刺伤了我的自尊心?

③ 检查是不是听多了他的八卦,在脑中人为拼凑出了他令人讨厌的印象?

④ 检查是不是对方对我的反感激起了我的厌恶?

⑤ 检查是不是对方的优越感激起了自我某方面无能感的愤怒,把妒忌幻化成了厌恶?

⑥ 检查是不是对方特别优秀或者自带光芒,让我感觉内心不安,总是会感觉到自身的地位有一种潜在的威胁,这种威胁会无端让我对其感到讨厌?

⑦ 检查是不是把自我的优越感投射在了对方身上?

师:我们经常"挂"在嘴边的"讨厌",其实很多都是没有经过认真思考和审查过的,就是一种无端的情感。大伙儿赞成吗?

生:赞成!

师:即便你思考过"厌恶"的理由,也多半是浅层次的,没有深究下去,而且斗争的矛头都是指向"对方"。这点赞成吗?

生:赞成。

师(总结):同学们今天需要记住一句话:

盲目的反感、排斥和远离,其实是一种模糊不清的劣质的情绪。这种情绪既耗竭自己的心力,也无益于改善自我。

环节四:了解"厌恶"的心理学机制

师:刚才老师给同学们的7条标准,其实可以归结为两点,也就是"讨厌"的心理学机制。第一,心理投射。心理学研究发现,人们在日常生活中常常不自觉地把自己的心理特征(如个性、好恶、欲望、观念、情绪等)归属到别人身上,认为别人也具有同样的特征。所以……

生:我们讨厌某个人,其实也是自我内心价值观的折射。

师:对了。人对待世界的态度其实是一面"镜子",可以折射我们的内

心。我们首先通过一个科普小视频来了解一下什么是"心理投射"。（播放视频）

师：看完了视频，同学们结合自身再举几个身边的例子。

（生分享）

生：比如我很讨厌某些人没有教养，可能是因为我内心觉得他们缺乏基本的素养，与我们多年所受的教育相悖。

师：对，这就导致你的内心并没有完全接受，只好通过厌恶的情绪来释放。

生：我讨厌那些锋芒毕露的人，可能投射出我内心对"大胆表现"这种行为的向往吧。

师：这也是一种投射，得不到的反而容易"因爱生恨"……

师（总结）：请记住下面这句话：我们因为相似而相聚，却因为差异而成长。

师（解释）：我们都来自不同的家庭，都背负着各自的"基因密码"来到这个世界上和其他人相遇。势必会有相同的好恶投射在了一起，这个时候，你们走在了一起，惺惺相惜，你懂我，我懂你，好不欢畅。但你们身上也势必有不同的好恶，彼此并不兼容，那是不是需要强迫对方来迁就我们呢？

师：第二，内在安全感丧失。我们产生"厌恶"的心理还可能是因为内心控制感缺失。心理学研究发现每个人都有一种来自自我控制的安全感，这种自我安全感是我们内心安定的根源。一旦有些人行为不为我所接受的时候，内在的安全感就被触动了，这也会引发我们的讨厌情绪与不安感。这种失控感会刺激我们的大脑，让我们制造出一个"假想敌"。同学们能举一些例子吗？

生：比如班上来了新同学，他特别优秀或者自带光芒，我也会感觉内心不安，总是会感觉到自身的地位有一种潜在的威胁，这种威胁会无端让我对他产生讨厌。

师：哈哈，你是在说你和另一个科代表之间的关系吧。

……

师：老师曾经看到一篇帖子，就是用这个原理来解释的。同学们来解释一下吧，为什么宫廷剧的斗争这么激烈呢？

生："内斗"源于"厌恶"，主要是由于她们内在控制感缺失，内心总有一种不安感，她们会自然而然感觉到危险随时在身边，所以就会自己制造假想敌。内斗还是为了换取一个安稳的内心吧。

……

环节五：以此为镜——反思和提升自我

师：你会发现，无论喜欢还是讨厌一个人，都很费心力。这点同意吗？

生：同意。

师：你若是"讨厌"一个人，表面上装着无动于衷，冷漠无情，其实，你对他更加敏感，你会觉察他的一举一动，然后根据他的言行做出反应。从这个方面来讲，"讨厌"并非一件好事，至少是一件比较耗费心力的事。

所以，我认为：讨厌一个人，恰恰给认清自己提供了一次契机。

我们对待他人的态度可以投射出我们内心真实的"需求"，这有助于我们更加了解自我和认识自我。接下来，请同学们相互讨论一下这几种情境。

（呈现PPT）

①有人嘲讽网红脸，鄙视流水货，有可能折射出Ta内心_____。

②有人给别人贴标签"红颜祸水"，有可能折射出Ta内心_____。

③有人抨击别人虚伪，有可能折射出Ta内心_____。

④有人厌恶别人老是在课堂上出风头，有可能折射出Ta内心_____。

（待学生分享之后，师总结）

师：嘲笑网红脸的潜台词有可能是："我既没有钱，又没有变美的决心，只能隔着屏幕挑挑拣拣，垂涎欲滴。"给别人贴"红颜祸水"的标签，折射出"嫉妒别人美貌而你自认长得平平无奇"。批评别人虚伪，可能折射出我们"缺乏别人的八面玲珑"以及对"处事圆滑"的需求。厌恶别人出风头，有可能折射出我们"对自信人生"的需求和追求。

师（总结）：其实，我们对待事物的态度可以看作一面镜子。我们对朋友的厌恶，对他人的批判，往往折射出我们内心的某些东西——你的好恶，你的创伤，你的弱点，你的自卑怯弱，你欲求不得的东西……。讨厌一个人，恰恰给认清自己提供了一次契机。

师：有些时候，厌恶的背后是内在安全感的缺失，我们应该用心去提升自我而不是一味地厌恶。这类"讨厌"的背后，暗藏着对顺境的羡慕，也附带着对自己无能的愤怒。与其用心良苦地讨厌他，不如思考一下，是哪些优势造就了别人的顺境，又是哪些短板导致了自己的无能呢？

师：接下来，请同学们以此作为思考的起点，把劈向"妒忌"的斧子大胆地劈向自我，把"斗争"的矛头对准自己，把自己口口声声"讨厌"的，换句话说，也就是自己"心向往之"的东西都提出来，以后有意识地加以训练和提高。这就算做一次作业，请同学们写在自己的《心情小记》本里面，题目就是《欣赏别人，提高自我》。

心育实践 3　甜蜜你我他

心育思考

青春期的情绪，波谲云诡。我们成人总认为，困扰孩子，让他们要死要活、痛不欲生的事情，一定是惊世骇俗的，不想却是"早恋""失恋""吃醋""挨批""信任危机"……，一时总觉得是小题大做。但我们需要很快调整自己的思绪，认真回应学生的痛楚。心灵问题就是这么奇妙，事无大小，全在一个人内心的感受。任何事情都可能导致当事人极端地困惑和苦恼，老师不能一厢情愿地把某些事情看得重于泰山，而轻视另外一些事情，以为轻如鸿毛。唯有当事人的情绪和感受，才是最重要的风向标。下面这个案例就可以充分说明这一观点。

心育背景

星期一的下午轮到小程同学和我谈话了。她很积极地坐在了我的面前，但没说上几句话就哭了起来。

"老师……班上有同学在我最好的朋友可可面前说我的坏话……而且还离间我们的关系。总是说我看不惯可可……说可可的……坏话之类……，其实我根本没有，但是现在可可都不理我了……"她哭得伤心，说起话来也就断断续续不成句子。

"那你试着给她解释呀。"

"没用的，我解释过，但是她们总是说我是假惺惺的……而且，还有好多人都看不惯我了……"

"你怎么知道别人看不惯你呀？"

"据我所知，她们都在我背后说我的坏话……"

"有哪些呢？"

"老师，我可以不说吗？反正我知道起码有七八个……这件事情就像是一块石头一样压在我的胸口，难受得很！"

小程是善良的女孩子，热心班务，是老师的好助手，这一学期没少帮老师做事儿，有了她在身边，我的工作量都减轻了很多，我个人对这个女孩子还是喜欢的。但她也存在着一些问题。性格好强的她总是喜欢在班上抢着做事儿，有时候都把其他班委的工作做了；再加上大大咧咧的她有时候说话口无遮拦，可能真的犯了很多无心之过。我一边安慰，一边教育，在让她认识到问题的同时，我也十分愿意出手帮她处理一下这个问题。加之，在人背后说坏话这种事儿也确实不好，在班上营造了不良风气，同时也不利于培养学生健康的心态，不利于学生的长远发展。

小程在离开的时候跟我说，她很想在班上做一个内心独白式的真情告白，希望同学们能够友善相处。我当即应允，且当下就构思了一节心灵班会课。

心育目标

① 解决小程同学的当下的问题。

② 消除"恶意中伤""背后讲小话"的班级风气。

③ 让学生树立"心向阳光""传播幸福"的价值观；形成风清气正的班

级气场。

心育准备

① 每个同学准备 3 颗糖果。

② 小程同学准备《真情告白》。

心育过程

环节一：小活动——人生百味

① 8 人一组，按每组 4 人分成两小组。一个小组在内圈，面朝外；一个小组在外圈，面朝内。

② 检查确保每两个同学面对面。

③ 活动规则：老师拍手一次，外圈学生向右转动一个人的位置，要求每组做出不同的表情。（表情分两种：一种充满善意的微笑；一种怒视对方，发出"哼"的一声并把脸转向右边，不看对方的脸）

活动分享：

① 当你一次次看到不同的人给你的都是微笑的时候，你有什么感受？

② 当你一次次看到不同的人都对你怒目而视的时候，你有什么感受？

小结：当学生之间相互报以"善意的微笑"时，同学们会越来越开心；反之，当学生之间怒目相视，而且发出"哼"时，大家可能越来越难受。让学生充分体会"微微一笑三冬暖，怒目恶言六月寒"的感受，为后面的案例诊疗做好铺垫。

环节二：案例分析——小 C 哭了

活动一：案例讨论

师：同学们，两种态度、两种表情、两种体验，一善一恶给我们带来的情绪体验是不一样的。心理学当中说，人际交往的黄金法则是——你希望别人怎么对你，你就应该怎么对待别人。所以，老师希望你们成为幸福的传播者。但是，最近小 C 却遇到了一点麻烦。大家和老师一起来看看小 C 的问题。

（呈现 PPT）

小C是班上的活跃分子，什么事儿都抢着去做。他充满了正义感，但是个性大大咧咧的他却在为班级服务的过程中不知不觉地让很多人不满意了。于是开始有小B在背后闲言碎语地说起小C来。很快就有其他同学也跟着小B一起看不惯小C的行径，说小C喜欢出风头，说小C骄傲自满，更有人开始对小C的朋友小D说："你知道吗？小C在背后骂你，说你……"小D也开始纳闷了，于是对小C说："我再也不相信你了。"小C哭了，哭得非常伤心，他发誓说，他根本没有在朋友背后说过一句坏话。

师：同学们，小C的问题看完了，接下来老师要给大家5分钟的时间讨论几个问题。问题一：为什么会有恶意中伤、无中生有的谣言？问题二：如果你是小C，你会怎么做？问题三：如果你是小B，当你看到小C难过地哭泣时，你会做出什么样的举动？

（生分享）

师：为什么会有恶意中伤、无中生有的谣言？

生：我觉得是因为小B同学能力不够，心生嫉妒。

生：既然是"恶意中伤"，只有一种可能——报复。也许是因为小C平常处理问题的过程中得罪了小B那样的同学。小B们逮住机会就要报复小C。

生：也可能是因为沟通不畅带来的问题，我们应该相信每个人的内心毕竟是向真向善向美的。

师：如果你是小C，会怎么做呢？

生：如果我是小C的话，我可能会找到老师沟通，听取意见之后，真心诚意地找到小B和小D进行沟通。

生：我可能会静静等待，我不去理那些闲言碎语，认真地做好我自己，用一以贯之的态度、行为向全班宣告，我内心是真诚的。

师：如果你是小B，当你看到小C难过地哭泣时，你会做出什么样的举动？

生：如果我是小B，我会选择道歉。

生：我会选择写信跟小C诉说事情原委，倒出我的苦水。

（在我的引导下，学生一言一语都越来越趋向理性、亲近沟通、选择良

知、走向宽厚。这一点令我感到很开心）

活动二：真情告白

师：同学们都说得很棒。其实，这个小C就是我们班的小程同学。

生：啊？！

师：接下来，让我们听听当事人的内心独白。

（小程带着委屈的哭腔的诉说，让在座的每一位同学屏息静气地聆听，听完后他们若有所思，而且显得极为尊重）

师：听完她的告白，我做一个简单的调查，你觉得她是真心实意的请举手。

（全班同学几乎都举起了手）

师（总结）：心理学上有一个"子人格"的概念，大致是说，如果一个人看不惯别人，其实就是潜意识当中看不起自己的一个面，只是不愿意公开承认罢了。你看不惯人家出风头，其实你也想占据世人的注意力，只是你没有得逞而已。你不喜欢的其实也是隐藏在你潜意识当中的，不为外人道的那个你。所以，我希望同学们都能成为心向阳光、传播幸福的人，以后不要再出现这种类型的闲言碎语了。你看不惯别人其实就是你个人的修养不够。

环节三：甜蜜你我他

活动要求：

① 把糖送给你想要感谢的人，要求在送糖的时候说出你感谢他的原因。

② 糖可以送给组内的同学，也可以送给组外的同学，要求活动结束后手中的所有糖必须都来自别人的赠予。

③ 温馨提示：当别人送糖给你之后，你说了感谢的话，也不一定非要把糖送给他。你仍然可以送给你最想送的那个人。

引导语：

这个学期将近尾声了，在这个学期中，在你内心悲凉之时，会有同学给你送上善意的微笑；在你失落之时，也一定有同学，走入你内心和你一起分担风雨；在你幸福之时，还会有同学和你一起分享喜悦之情……。不管怎样，此时，你也需要投桃报李了。请同学们拿出准备的3颗糖，把它们送给你最想送的人，请大胆在教室里穿梭走动……

……

感悟与分享：

① 刚才送糖对别人表示感谢的时候，你有什么感受？

② 刚才有人送糖给你表示感谢的时候，你有什么感受？

③ 有没有未曾预料到的人居然送你糖了？他对你说了什么？你的心情怎样？

生：感谢别人的时候，再次想起他人曾经对自己的帮助，心里充满了感激、温暖和幸福的感觉；被人感谢的时候，就想到，其实我没帮他什么啊，当时也只不过是举手之劳而已。原来举手之劳的帮助也可以让人感觉那么幸福和温暖……

生：宋涛这颗糖大大出乎了我的预料，我平常这么不喜欢他，他居然说我帮助过他，这让我感到羞愧……

……

师：在大家送糖的过程中，我突然有一种很强烈的感觉，感觉房间里有一种东西在弥漫……原来我们身边有如此多值得我们感谢的人、事，这些感动和温暖，让我们感到幸福。这让我感觉到，我们的身边从不缺少幸福，只是缺少一双善于发现幸福的眼睛和一颗感恩的心。从此，我希望你们能够心向阳光，传播甜蜜的幸福。

后记

学生在送糖的过程中，我暗中注意了一下小程和可可的举动，她俩都在以独特的方式沟通着。小程刚才还是愁云惨淡的脸上现在已经是晴空万里了，我的心也由此舒展了许多。但我同时发现了另外一个问题：部分学生赢得了很多糖，但有少部分学生在三颗糖都送出去之后却没有得到一颗糖。事后，我有意识地访谈了班上一个一颗糖也没有得到的女孩子："有没有预料之中应该给你送糖却没有送的呢？"

"有。"

"你没有收到她们的糖当时是什么心情呢？"

"极度难过。"

……

有了这一番谈话，我迅速增加了"短信告白"活动作为此次班会课的延续。

我向家长发了一条短信，如下。

各位家长：

此短信你一定要转发给孩子。昨天班会课中的一个环节是"甜蜜你我他"，即把手里面的3颗糖发给最想给的人，并当面说出理由。当时，我让同学们准备3颗，但事后很多学生都告诉我，3颗糖远远不够表达他们的谢意，我非常感动。因为只有3颗糖，所以现在需要孩子们以短信的形式发给他们最想发送的其他人，并说明感谢的理由。记住，有些小伙伴没有收到他意料之中的糖，有点小失落哟。

学生也迅速意识到了这个问题，私底下弥补了课堂当中未完成的幸福传播。

第三节　接纳彼此——尊重，和谐之花

接纳的一个重要前提是"尊重差异"。

各位老师，真正被接纳之后的孩子和班级是什么样的，你们知道吗？

被接纳了的孩子更容易有安全感，也有更为鲜明的自我形象；被你接纳了的班级才有有安全感的班级氛围。《56号教室的奇迹》的作者雷夫老师说过这样一句话，一个好的教室好的班级不是看它有什么，而是看它没有什么，我的教室没有恐惧。接纳有一定的心理学缘起——我们都是来自不同的家庭，都背负着各自的"基因密码"来到这个世界上和另外一个人相遇。如果一切都按照个人意愿行事，那根本没有有效的沟通，更谈不上和谐的人际关系了。但"接纳"也不是单向的，而是双向的。老师需要尊重个体；学生也需要接纳并理解自己的老师。

心育实践 1 师之严

心育背景

学生都喜欢亲和力强的老师,亲和力就好比一块磁石,不断地吸附着"人气"。但很多老师都是"严师",这或许是性格使然,也或许是班主任的角色定位使然。所以,大多数时候,想说温柔不容易呀。于是,我们也渴求学生能够"善解人意",理解"师之严"的良善生命底色。于是,我设计了一节班会课,叫作"师之严",受到了各方广泛关注。

心育目标

① 让学生理解严师之严,严师之为,严师之惩。
② 让学生懂得严师对于一个人成长发展的有利作用。

心育过程

引入活动:2018年中央电视台大型公益节目《开学第一课》,刷爆朋友圈的几段话。

师:同学们,2018年的《开学第一课》有几段话在朋友圈刷屏了。第一段话是写给我们老师的,我来读一下给同学们听。

致 老 师

当老师的你,生命中会遇到很多个学生,每一个学生对你而言,只不过是众多学生中的一个。然而,对于学生来说,你却是他生命中遇到的有限的老师。你将是开启他万千世界的人。若爱,请深爱;若教,请全力以赴。

第二段话是写给在座各位同学的,请同学们来读一下。

致 孩 子

对你要求严厉的老师,你不要心生敌意,反而要心怀感激。因为,只有负责的老师才会顶着种种压力和风险,去苦口婆心或大动干戈地管教你。

他期待你成才变好,才如此出力不讨好。这是传道授业的悖论,也是为人师者的深情。

环节一：严师之"辩"

师：这里提到了一个关键词——"严厉"！那请问同学们，你们喜欢"严师"吗？不要骗我，请大方一点。

（喜欢、不喜欢的都有）

师：接下来请同桌之间相互讨论一下，为什么你喜欢严师，或者为什么你不喜欢严师。

生：我不太喜欢严师，因为严师脾气一般不好，学生容易挨"诀"（被骂）。

生：我也不太喜欢严师，因为干不好事情的时候，容易受到惩罚。

生：我有点害怕丢面子；上课的时候不敢偷懒，太累了。

……

师：那有没有同学来谈谈喜欢严师的理由？

生：容易出高徒呀。

生：有怕头，容易有约束感。

生：严厉是一种态度，负责是一种态度。

生：也有利于督促我们改掉身上的臭毛病。

……

环节二：严师之"为"——变形记

师：如果你是老师，遇到下面的情况你会怎么做？接下来我们虚拟班上的三个同学，为了更好些记住他们的名字，我们就姑且命名为"马萨、拉蒂、兰博"吧。

情景一：马萨嗜睡记

① 英语课堂上，马萨趴在桌子上，昏昏欲睡。

② 你轻轻地拍拍他的肩膀，示意他别睡，因为此时讲的内容很重要。他起来无动于衷，玩世不恭地坐着。你看着就来气。

③ 你见两次提醒无果，就当众点名，马萨你昨晚干吗去了？马萨也被你多次的"针对"弄烦了，白眼相向。

情景二：拉蒂逃跑记

① 拉蒂平常就很懒，班级事务拈轻怕重，上周扫地，组长拖都拖不住，拔腿就跑。

② 上周班会，你才在班上大谈特谈"责任"意识。你感觉很好，正期待着效果，没想到罚扫那一天，劳动部长说他随便擦了擦黑板就跑了。

③ 你让家长把他送回来继续做清洁。他回来之后，就一直在狡辩，声称自己做了很多。

情景三：兰博藏手机

① 班级规定不能在上课期间，在教室里面玩智能手机。可兰博还是抱着侥幸心理带过来了，被你发现了。

② 自从你收了他第一部手机之后，他玩手机之心不死，不知道从哪儿又弄来了第二部手机。又被班委抓获。

③ 他耿耿于怀，背地里对你和班委极为不满，找各种借口和理由和班委针锋相对。有一天，他看准时机，伸出脚，把班委绊倒了，他拍手大快："好一个狗吃屎！"

（请三位同学当老师，由我饰演调皮捣蛋的几个学生，展开临时对话和激辩。过程引得学生哄堂大笑）

师（总结）：角色互换，唤起大家价值认同和共情意识。让你们明白两个道理：世上本无"严师"，惯犯多了，严师就出来了。如果你们是老师，你也许比我还"严厉"。（众笑）

师：同学们的做法都很到位，但不管你怎么处理，我现在只想问几个问题：

第一，你会不会坐视不管？

第二，屡次劝说无果，你会不会生气？

第三，如果你非要谈接纳和宽容，我想问：是不是接纳就一定接纳错误？宽容是不是就是宽容无耻？

（学生讨论分享）

师：如果不会坐视不管，那这就是一种标准。如果有些老师害怕影响人际关系，点到为止，那就一定有老师心中装着绝对的律令，要管，而且要好好管，我们可以把这称之为高标准。于是，我们应该能够有结论：严师之严，严于"标准"；严师之肃，肃于"不纵"。

环节三：开眼看世界——严师之"惩"

师：很多同学会说"严师"好是好，但严师容易收拾人，严师要惩，我更喜欢老师表扬我。但我想说，教育需要惩罚，一如它需要表扬一样，它们是一对孪生兄妹。不信呀？请看——

韩国《教育处罚法》中，准许使用长度不超过100厘米，厚度不超过1厘米的戒尺。如打女生小腿5下，打男生小腿10下等，规定十分详细而明确。

美国一些地方，如果学生不努力读书，要判刑入狱。曾有7名学生因学业成绩差，被判刑坐牢两个月。学生如果将学校认为不宜带进的东西带进学校内，学校将一律没收，并且不再还给学生。美国教师的惩戒权包括：言语责备、剥夺某种特权、留校、惩戒性转学、短期停学、开除。

法国中学对学习极差的学生，经班级理事会（成员由校长、教务长和该班所有任课老师组成）决定可给予留级处分；犯了严重错误的会受到开除处分；对于打架斗殴、迟到、旷课等错误，犯错者将受到节假日必须到学校反省补课或做作业的处罚。

英国教师体罚学生方面，一些地方教育部门规定了具体的要求。例如，用鞭子或皮带必须是经过认可的标准，必须备有惩罚记录，年龄在8岁以下的儿童禁止体罚，打手心时每只手不得超过3下，鞭打男生臀部不得超过六下等。教师的惩戒权包括：罚写作文、周末不让回家、让校长惩戒、停学。英国中小学生如无故旷课，不仅会受到严厉批评，还将对其父母处以5000英镑以下的罚款。

澳大利亚有一些公立学校设立了警戒室，学生违反了校规校纪，会被叫到警戒室，由专门的教师依照不同情况采取不同方式进行惩戒，或者被送到农场从事体力劳动，最严重的是开除，如果再不起作用就会被送到特殊学校。①

师：我们不可否认的是，以上提到的这些国家都是世界公认的教育质量非常上乘的国家，但对于惩罚，这些国家毫不含糊。老师的问题就来了，请问，严师之"惩"有错吗？接下来，老师要给大家解读另外一个国家。

解读"严惩之国"新加坡：

第一，新加坡人对于维护秩序所做出的努力在我们看来几近"疯狂"。

第二，凡携带烟、酒、口香糖进入新加坡的都会遭到很重的罚款。某游客私下带了两包烟进去，结果被罚了8000新币，相当于人民币近40000元。

第三，新加坡法律规定：随地吐痰，第一次罚600美元，第二次罚1200美元。所以很多人口里有痰，就吐在纸巾里面，哪怕身边就是沟渠河道。

第四，对于社会环境的构建，新加坡政府不遗余力——禁止乱涂乱画，高声喧哗，禁止公共场合抽烟。曾经有一个案例，1994年，美国18岁的男孩费伊来新加坡旅游，对着马路上的汽车彩喷，被告上了法院。对于费伊的处罚是罚款2200美元，并罚4个月监禁，此外还要赤裸臀部，挨6下藤棍（鞭刑）。②

师：同学们，你们对于这个藤棍还不是很熟悉。（接下来我给学生展示了PPT）

师：因为一切都有"惩"之剑悬在头顶上，所以一段时间之后，新加坡成了好些国人羡慕的旅游胜地：

花园之城，美丽逍遥；

不必担心在小摊上吃到地沟油，有国家规定检验程序；

不必害怕挤不上车，大家都自觉排队；

不必担心喝到假奶粉，打上毒疫苗，因为造假是死罪；

……

（做了大量铺垫之后）

师：同学们，如果现在问你，喜不喜欢这样的新加坡，你会怎么回答？

---

① 佚名. 各国教育惩戒相关规定 [J]. 基础教育论坛, 2012（5Z）：60.
② 贾高见. 小班级 大教育 [M]. 北京：世界图书出版公司, 2018：42-43.

大部分学生表示"喜欢",但仍然有几个同学表示还是不太喜欢。

师:喜不喜欢都无所谓,但你一定不会怀疑"坏人的地狱;好人的天堂"的名号。

师:同一新加坡,不同"解读"。那如果我问你,有"严师"一枚,你们喜欢吗?嘻嘻,配上我的图片。(众生笑)

师:我也一定是"优秀学生的天堂;'惯犯'的梦魇"。

师:各位同学,我要说句实话:做一个受欢迎的老师不难,难的是,做一个受欢迎的严师。从一开始,我就给自己设定了为师之观——尽量做一个相对受欢迎的"严师",我心里面受欢迎的"严师"的模样是:手里有鞭,眼中有光,心中有爱。

环节四:品鉴小诗《我,是一切的根源》

师:老师最近在《读者文摘》2016年2月第19期上看到了一首小诗,想和大家分享,题目叫作《我,是一切的根源》。我们一起来朗读一下。

一个不会游泳的人,
老换游泳池是不能解决问题的;

一个不会做事的人,
老换工作是解决不了自己的能力问题的;

一个不懂经营爱情的人,
老换男女朋友是解决不了问题的;

一个不懂经营家庭的人,
怎么换爱人都解决不了问题;

一个不学习的老板,
绝对不会持续地成功;

一个不懂正确养生的人，
药吃得再多，医院设备再好，都是解决不了问题的。

"我"是一切的根源，要想改变一切，首先要改变自己！

让你烦恼的人，
是来帮你的人；

让你痛苦的人，
是来渡你的人；

让你怨恨的人，
是你生命的贵人；

让你讨厌的人，
恰恰是你人生的大菩萨。

你的世界，是由你创造出来的。
你的一切，都是你创造出来的。

你是阳光，你的世界充满阳光；
你是快乐，你就是在笑声里。

一念到天堂，一念下地狱。
你心在哪，成就就在哪。

我，是一切的根源！

师：你从这首小诗当中能够体悟到什么呢？

生：我们应该感恩生命中对我们严格要求的老师。

生：对于同一个事物，我们的归因方式不同就会有不同的结果。

……

师（总结）：严师之"严"，在于不同人的解读。我，才是一切的根源。

心育实践 2　青春期的沟通之道

心育思考

青春期的特点是叛逆，叛逆的实质其实是自主性的进一步发展。从生理学角度来看，幸亏有了青春期，孩子的独立人格才得以生长。相反，学生若是一直归属、附庸于父母、老师，一切逆来顺受，一切照章执行，这也一定是可怕的。这个时期孩子情绪的起伏波动特别大，为什么？除了体内的激素因子之外，还要回归到"自我同一性和角色混乱"这两个概念上来。埃里克森认为，青少年时期是"自我同一性和角色混乱"的时期。混乱的角色常常会让孩子产生心理焦虑，外化出来就是情绪的烦躁不安。这也就是青春期孩子情绪波动无常的原因之一——当外界的评价和自己以往对自我的认知一致的时候，他很开心；当外界的评价和自己以往对自我的认知不一致的时候，他容易无助迷茫，于是很容易把这种无助迷茫转化成负向情绪。

实践过程（1）：调查报告

为了让这个时期的亲子关系保持更高质量，我首先在班上做了一个调查，目的是想了解学生叛逆浪潮来袭的原因。我把事先准备的几个问题抛出去，让学生跟帖发言，然后收集全班的无记名"帖子"，最后分类整理。顺便提一句，这个问卷调查样本量不大，仅仅是我所任教的两个班级，不过也能说明一些问题。现在跟读者汇报一下学生普遍性的逆反性心理特征，所针对的对象既有老师又有家长。

叛逆浪潮来袭调查报告

第一类："我也是有尊严的"

凭什么批评我？你以为我还小吗？

老师，你最好不要当着全班同学的面批评我。你说我书写不好，我反正还是不会好好书写，反正还是要批评，还有什么好改的？

总是把我和别人比。别人家的孩子真的这么好？你去当他妈妈嘛。（有些家长不比娃娃了）但是说话酸溜溜的，感觉被泼冷水了。

第二类："不理解我，还批评我，我心里就是不服气"

其实，我心里就是不服气，老师和家长（有人写老师，有人写家长，我综合了一下）都一副居高临下的样子，总是喜欢训我。你们不是说要平等吗？

感觉他们的眼睛就像漏斗和屏蔽器一样，自动过滤和屏蔽我的优点与态度的转变。

反正你们看不上我，可以，那我就和你对着干，看你能把我怎样？

第三类："自以为是的教育"

总是听到老爹说："我好想把我毕生吃的亏，遇到的问题分享给你，希望你少走弯路，你总是把门关起，你要是能够听进去一点，就不会像现在这个怂样。"我凭什么听你的？听着那些大道理都烦……

我妈好像总是很有方法的样子。她用自己的方式，纠正我。她对我的纠正，就像针一样在我的记忆中刻下了憎恨和怨气。我讨厌她给我的建议，我下定决心用我自己的方式证明她是错误的。

第四类："总是针对我"

我承认……是不对的。但为什么非要把之前那些陈芝麻烂谷子都翻出来？

动不动就请家长。

我平常说话的方式就这样，他们以为我态度不端正，非要把我小辫子揪住。

第五类："我被'关心'得喘不过气来"

一件小事，为什么要念念叨叨无数遍？

还有一年半中考了，我还没这么紧张，爸爸比我紧张，为我报了好几个补习班，感觉心好累。

难道我不知道冷暖吗？为什么非要在我全神贯注做事情的时候跑过来给我披上一件衣服？一股无名怒火瞬间点燃，事后想想也不对，但下次不由自主地又发火，其实我觉得"私人领域"被侵占了。

她悄悄看了我的手机，以为我不知道？呵呵。

遇到一点点事，自己还没来得及思考，他们就开始帮我分析。告诉我该怎么看待，怎么理解，怎么处理，可我总觉得有一种喘不过气的感觉。

第六类："把你们的'焦虑'转嫁给我？"

看到群里打卡，她就责备我没别人用功，可以在说话的时候委婉一点吗？一点都不顾及我的感受。除了聊成功，聊学习，还有别的可以聊吗？

当然，我这些分类不一定准确和科学。

我自己的班，我自己的娃，我也不要这么学术性的准确，但造成逆反心理的原因基本如下：

"不被理解"（话题没被理解；心情没被理解；感受没被理解；生活方式没被理解……）

"不被尊重"（地位不平等；隐私被窥探；私人空间被侵占；当众受批……）

"沟通方式"（说话啰啰唆唆；居高临下，自以为是；话题老套单一，永恒的学习……）

"不喜被比较"（别人家的孩子；或是变相地比较——如泼冷水……）

"被过分关心"（无形地承受了来自父母的爱的压力；爱变成了负担，不敢做错，但心累；被父母的焦虑感包裹……）

由此看来，学生倒像是没多大的问题，负主要责任的仍然是我们的老师和父母。我们按照脑子既定的程式化、模式化的思路在沟通，碰撞出的只能是"冰与火"之歌。我们希望手拿一把剪刀，把学生露出来的一切不和谐的"藤条枝丫"都修剪规整，以便看着顺眼舒心。可这不正是"北京遇到西雅图""太阳不懂夜的黑"吗？为什么要逆流而上？那如何管理这一段的关系呢，首先讲一个小段子。

有个家长和儿子吵嘴。

妈妈说:"现在的你整个一刺猬,一碰就扎手。"

儿子说:"我确实是个刺猬,但是明明顺着摸就不扎手,你非要逆着方向摸,这能不扎手吗?"

这个妈妈怔住了,一时无言以对。

……

孩子这一句话似乎道破了与处在"叛逆期"孩子的交流天机。那我们应该如何和这一阶段的孩子进行有效沟通呢?接纳与尊重不只是一些空头口号,也有一些小贴士。

实践过程(2):家校论坛

实践的第二阶段,我召集本班家长就"叛逆浪潮来袭"这个主题召开了研讨会。研讨会上,我首先给家长们呈现了调查的结果,然后就"相处之道"和家长们展开了讨论。最后,我给出了如下具体策略。

(一)先顺后逆

先顺就是首先对孩子的认识、看法、情感表示肯定和理解;后逆就是在此基础之上指出学生认识上片面之处和错误之处,进而解决问题。这是一个动态过程,"先顺"是讲究策略,"后逆"是最终目的。

作为家长的你、作为老师的我都要试着改变自己。

比方说,面对班里一个长时间在课堂上睡觉的学生,就不要总是气急败坏地训斥他:"朽木不可雕也。"而是可以心平气和地说:"听也听不懂,还要遵守课堂纪律,换作我也可能睡觉。"

见儿子无故顶撞自己,妈妈们肯定火冒三丈,但不要"暴力镇压",而要站在他的角度,说:"平常的你表现得很不错,对妈妈一直很亲近、孝顺,不带这么大动肝火的。现在这么生气肯定是有原因的,是不是我说了什么或是做了什么让你感觉很难受?"

一老师见学生戴帽子,一副吊儿郎当的样子,走上前去,给他脱去帽子。学生不服气,又重新戴上。不经意的举动,或许让老师感觉颜面尽失,威严受损。是"绞杀"还是"宽大",这应该不是一个问题。老师或许可以对他说:"也许,你有你的想法。我允许你在这节课戴吧,但下课后能给我解释一下吗？"

隔着门缝，妈妈神探似的断定孩子一定没在做作业而是在看小说，冲进去，抓个现行。本可以劈头盖脸地训斥一阵："我以为你在做作业，你居然在看这些乌七八糟的东西。你是不是学得很好了？也不撒一泡尿照一照自己那可怜的分数，还好意思？"学生小辫子确实被抓住了，无言以对，耷拉着脑袋，三缄其口。但这通训斥确实让学生心里五味杂陈，难以名状，每一句话都像针一样在学生心里刻下怨恨。你或许可以边翻小说，边惊叹："写得倒很精彩，难怪你这么爱看……"

我也知道，妈妈和老师的角色很难做！"恨铁不成钢"的慨叹、焦虑，"望子成龙，望女成凤"的期待非要让这通"有名"的怒火撒出来心气才顺。但我们知道，只图自己撒气之后瞬间的畅快，却遗留下一个终日为伴、一辈子最爱的"对手"，这肯定不是一件好事。

所以，叛逆期的孩子，顺着摸，往往会收到意想不到的结果。

"顺着摸"是让学生心悦诚服地接受建议的第一步。他"耳顺"了，才会"气顺"；他"气顺"了，你才能够"心顺。"

（二）纠正误区

当我们发现他的气"顺"了，就可以促膝长谈了。

"妈妈知道你也很希望进步，你之前还跟我说要……，可为什么明明知道自己犯了错误还非要跟我顶嘴呢？"

"是不是你觉得妈妈的态度不好？"

"是不是你觉得妈妈说话语气不好？"

"是不是你觉得妈妈不理解你？"

孩子点点头。

"可你知道吗？你错了还还嘴，非但不能让我平息怒火，还会火上浇油。"

"这样吧，我们就不扯这件事了，以后你和我都要克制一下。但今天能不能告诉我你遇到的问题呢？"

老师面对学生当众顶撞，也不要逞一时口快。事后可以耐心引导。

"是不是觉得在众人面前被批评了很没面子,所以选择顶嘴,觉得能够挽回面子?"

学生点点头。

老师可以话锋一转:"可是你知道的,我是对事不对人。你明明做得不对,这么多同学都看到了,你还还嘴,非但不能挽回面子,还会给同学们留下你很冲(固执)的印象。"

"老师,我也特别在乎别人的眼光……"

"有错认错,知错就改。莫把老师善意的批评当作刻意的针对呀。当众认错,附上一脸微笑,这是一种豁达的心胸,人家同学更喜欢你这种性格呢。"

(三)正面关注

心理学告诉我们,对于一种行为,别人的关注是一种"强化",会提高这种行为重复的可能性。也就是说,父母和老师越是关注某种行为,这种行为就越可能重复出现。所以,如果我们期望学生表现出我们所期待的行为,那就要基于充分的鼓励,对他们值得肯定的行为给予关注,然后把我们的满意表达出来。

遗憾的是,调查报告显示,我们的家长表现得恰恰相反:当学生表现好时,家长不正面关注,甚至视而不见听而不闻(因为我们觉得这应该是他的"本分""天职")。① 但学生出现问题的时候,就纠缠不休,陈芝麻烂谷子的事一泻而出。

其结果就是好的行为得不到强化,后继无力,疲软无动机。

坏的行为一遍一遍被我们提及,甚至成了孩子的"符号"和"标签",对于叛逆者而言,就干脆破罐子破摔。反正你总是这样说他。

(四)亲而远之

调查结果发现,很多叛逆行为的催化剂是父母的"过度关注"。爸爸妈妈"一枝一叶总关情",而在孩子眼里只是"无端的冒犯"或是"甜蜜的

---

① 徐天海,汪兴梅.把老师拉过来:解铃还须系铃人[J].班主任之友(中学版),2014(1):60-61.

负担"。

……

其实还有很多很多的沟通方式和技巧,我光是说"共情"与"接纳"都可以写上好几万字,那也就没有必要了。市面上有很多关于亲子关系的书,比如《非暴力沟通》《如何说孩子才会听,怎么听孩子才会说》等,都是可以拿来借鉴的。

第四节 经营自我——我若盛开,蝴蝶自来

心育实践 1 有效社交——创造价值

心育思考

人是社会关系的总和。所以,"被接纳"一直是萦绕在我们心里的念想和现实刚需。这本无可厚非,但对于中学生而言,如果不把握好社交的"度",那就会过犹不及。具体表现在以下方面。第一,部分学生过分强调友谊,经营人际关系,而忽视了学习。第二,过分强调共同语言,不由得习得一些不好习惯,如打网游。第三,过分迎合朋友情感,而压抑了自身情感,情绪之中住了两个不统一的"司令部",在向左走和向右走的过程中,必定会产生"友谊渴望"和"真实情感"的冲突。

心育背景

以下是我和某学生的对话,可以很好地验证我的观点。

(面对一个不思进取的学生)

师(一番对话之后):刘,你能告诉老师,你有真正的朋友吗?

生:有吧!但是,只有一个。

师:我知道你说的是谁,我知道你们之间关系很近,可以算是一对要好的闺蜜。但是,问题来了。首先,你只有一个好朋友,你不孤单吗?其他同

学为什么不愿意和你交朋友？其次，你想没想过，你认定的那个好朋友，她真的把你当作好朋友了吗？你确定你们之间的关系是平等的？

生（点头）：我确定，我觉得她和我之间有很多共同话题。

师：好！即便你们之间有真正的友谊，那老师再问你一个问题：她妈妈愿意你去她家吗？她妈妈愿意她和你一起玩吗？

生（若有所思）：不愿意。

师：如果是真正的友谊，她妈妈都不赞成？为什么？难道同学们之间就连相互串个门都有问题吗？

生：她妈妈估计是怕我影响她的学习吧？！

师：说得好。首先，你想呀，即便她本人对你不坏，但如果她妈妈总是在她耳旁吹风——说你这也不好，那也不好，久而久之，你还会成为她的好朋友吗？其次，即便不考虑家长这一层因素，你想呀，人家现在学习蒸蒸日上，你不思进取，上课睡大觉，你们之间的差距也就与日俱增呀，将来有一天，你觉得你高攀得上吗？话不投机，你还能成为别人的好朋友吗？

……

受此启发，我在反思一些问题，如果学生一直成长在象牙塔之中，那么"关系"在他的眼中也一定是纯洁而不带杂质的；但现实生活中的"关系"，除了父母与子女的关系以外，任何关系都有可能是"世俗"的。于是，我要不要帮助学生厘清社交概念，让学生明白有效社交的实质还可能是"有效价值交换"？以此作为思考的起点，我想让学生剖析自我价值，懂得：不去刻意经营"人脉"，而是要努力提升自我价值，增强学习动力，从而减轻过度的"接纳渴望"焦虑症。为此，我为班上学生带来了另外一堂主题班会课"有效社交的实质"。

心育目标

明白有效社交的实质是自己也能为他人带来价值，而不要刻意去经营圈子，要经营自己。时刻想到自己能够给别人带去什么。唤起学生内在价值认同，以此不断提升自我，完善自我。

心育过程

环节一：你的抉择

（呈现 PPT）

如果你是重庆市的市长，以下你最有可能和谁打交道？

A. 第三军医大学附属医院院长

B. 重庆大学校长

C. 殷哥

师：同学们要是重庆市的市长，你最有可能和谁打交道？

（学生非常感兴趣。调查结果显示，只有一个爱开玩笑的学生选择了 C——殷哥）

师：我们继续把这个问题从表面推向纵深，为什么最不可能选择 C——殷哥呢？

生：每家每户都有老有小吧，市长也不例外，将来有一天家属生病了，说不定就要找到医院院长呢！

生：重庆大学校长人家级别也很高，说不定一起开会的机会也是有的，更有可能有交际呢！

师（总结）：市长最不可能找到我，也是因为我能够体现或者带来的价值非常地——

生：小！

环节二：情景剧——《乞丐的抉择》

（情景剧大意：乞丐极为慵懒，好手好脚，却偏偏要选择乞讨。哥哥和姐姐看不过去了，无数次的资助和劝说无果之后，哥哥和姐姐都选择放弃了）

师：你愿意和情景剧中的乞丐做朋友吗，为什么？

（生分享）

师（总结）：不愿意和情景剧中的乞丐做朋友的根本原因在于，他毫无价值可言，而且更有可能成为我们物质和情感的负担、蛀虫！

环节三：好朋友的价值

师：你在班上最好的朋友是谁？为什么他是你最好的朋友？请用以下句式和同桌相互分享。（呈现PPT）

① 我能从他身上学到_____。

② 因为他是一个_____的人。

③ 他总是能够带给我_____。

（讨论与分享）

环节四：《斯坦福商学院研究生院的招生规则》启示录

师（总结）：同学们有没有注意到，"学到""是一个……人""带给我"这些关键词都在传递着一个隐含的概念——我需要什么，他能够带给我什么。这就是朋友能够给我们带来的价值。老师最近在网上读到了一则资料，想和大家分享一下，题目就是《斯坦福商学院研究生院的招生规则》。（呈现PPT）

第一类是优等生，占招生总数的50%—60%。

这类学生需要优秀到什么程度呢？

首先得是名校本科毕业，比如哈佛大学、达特茅斯学院之类。

毕业后还得有2—4年的知名企业工作经验——比如高盛那样的投资银行或者像麦肯锡那样的咨询公司。他们的大学成绩单和GMAT成绩必须出类拔萃。

第二类是特长生，占招生总数的5%—15%。特长生给商学院带来天赋。

如果你的成绩没有优等生那么好，那你最好具备某种特别突出的专长。什么叫"特别突出"呢？如果你的特长是小提琴，那必须是世界级水平的；如果你的特长是体育，那必须拿过奥运金牌；你也可以是个物理天才。

第三类是"提供多样性"的人，占招生总数的25%左右。

所谓"多样性"就是来自不同国家、不同民族、有不同宗教信仰的人。

最后一类被称之为"秘密调料"。

这部分人为数不多，但都有极不寻常的人生经历。可能这个人在阿富汗或伊拉克执行过特殊任务。可能这个人是一位单亲妈妈，一边抚养孩子一边完成了一项难度非常高的工作。可能这个人来自一个非常冷门的行业——比如说钢铁厂——而不像其他同学那样都来自投资银行或咨询公司。这些人，提供的是特别的视角。

师：思考一下，为什么会有这样的招生规则？

生：他们重视有不同价值的人。

生：不同类的人之间可以相互学习，对自己领域也是有意义的。

……

师：对了，招生规则折射出一个道理——你能为别人带去什么？即，你的价值是什么？

师（总结）：尽管绝大多数人不愿意承认，但是"友谊"在某种程度上也是一种"价值交换"。不要刻意去经营圈子，要经营自己。时刻想到自己能够给别人带去什么。专心做可以提升自己的事情，学习并拥有更多更好的技能，成为一个值得他人交往的人。

心育实践 2　我喜欢你——始于颜值，终于人品

心育思考

谈到关系，不得不谈"两性关系"。中学阶段是荷尔蒙分泌的高峰期，两性关系也开始从朦胧走向了清晰，一如一个盖着红盖头的姑娘，开始掀开盖头，露出了"春色"。这应该是植入基因序列的必然，既不能"堵"，更不能"熟视无睹"。作为一线班主任，我们应该加以正确引导，想办法让学生把"涂脂抹粉，招蜂引蝶"的精力转化成为"我若盛开，蝴蝶自来"的自我提升的动力，施以正确的恋爱观和婚恋观。有段时间，网上出现了一句很火的话："喜欢一个人，始于颜值，敬于才华，合于性格，久于良善，终于人品。"看着这句话，我觉得契机来了，为什么不以此为线索上一堂心育班会课呢？这堂课就大胆地命名为"我喜欢你"。我还记得由此引起了《重庆商报》的关注，把我和初中生讨论"何为美女"放在了当时的头版头条，进行了一次社会各界人士参与的讨论，估计是踩到了社会的热点。

心育目标

引导学生延展寻求"美"的目光，从外在"颜值"扩展到内在"人品"，从而让学生领会到真正长久不衰的"喜欢"需要内在的气质与人品才能定格。激发学生完善和修炼内在自我的动机。

心育过程

环节一："忍痛割爱"

师：请同学们在你的本子上，写出你心目中美女的5个标准，男生女生都要写。这儿的"喜欢"可做"欣赏"讲，又不是非要同学们和她谈恋爱。

（待学生写完之后，我开始"使坏"）

师：请你划掉其中一个不是那么重要的标准，只留下四个（停顿）；请你再划掉其中一个不是那么重要的标准，只留下三个；请你再划掉其中一个，只留下两个；请你再划掉其中一个，只留下一个。

师：请同学们看看自己留在本子上的那一条标准是什么，并相互交流一下，为什么你要留下这条美的标准。

环节二："我为什么喜欢你"——始于颜值

（在PPT上，呈现众多东西方美女的插图）

生：哇哦！

师：对美的追求是人类的共性。这一条我就不说了，咱们班该不会有不喜欢"美"而喜欢"丑"的吧？喜欢"丑"的请举手。（众笑）但是，每个人关于美的标准肯定是不同的，就好比这个视频。（播放视频）

（视频为一个对外国人的街头调查，选出他们认为的美女。可谓萝卜白菜各有所爱，引得学生哄堂大笑）

师：同学们，老师接下来就要问大家一个问题了：有没有长得好看，一开始你很喜欢，后来却不喜欢，到最后很讨厌的人呢？

生（热烈回答）：有！

师：那同学们先小组之内分享一下你的那个"她"吧。

（生讨论且分享）

师：最近在网上，有一个明星的行为引起了网友的热烈回帖。你们看看这是谁？（呈现截图）

生：林××。

师：对了，看看网友们为什么这么说，"一手好牌打烂了……"，看完了这个帖子，请告诉老师，你的观点是——

生：这就是为什么我长得乖还要读书的原因啦。（众笑）

生：徒有其表，不如有内涵。

……

环节三：我喜欢你——敬于才华

师：韶华易逝，容颜易老，好看的外表终是云烟，唯有有趣的灵魂和深邃的智慧能够持久地吸引我们。这一个环节，老师要给大家介绍最近很火的一个主持人。她的名字叫作董卿。董卿在《中国诗词大会》上的表现赢得了网友的一致好评。

（董卿代表的是一种"传统"和"中正"的存在。不是因为绯闻占领热搜，不是因为外表圈粉无数。这一次，人们看重的是内在）

若似月轮终皎洁，不辞冰雪为卿热。

……

（播放视频《重新认识董卿的五大瞬间》）

师：俗话说，要想人前风光，那必须背后遭殃。要想不动声色地崭露头角，就一定要有深厚的积淀。正所谓"博观而约取，厚积而薄发"，就是这个意思了。（呈现PPT）

1973年出生在上海的董卿，如今已过不惑之年，回首往昔，她一定会感谢父亲从小的严厉教导。从刚开始识字，父亲就督促着她每天抄成语、古诗，再背诵下来检查。上小学的时候，因成绩优异，只读到四年级就破格跳级进入初中。父亲常说："女孩子更要独立自强，你每天有那些照镜子、穿衣打扮的时间，都不如多看点书来得实际。"中学时，董卿三五天就能读完一本名著，阅读的习惯也悄然养成。当你的内心感到孤独时，你是冰冷的，更无法温暖别人。这么多年一直在外工作打拼的董卿，孤独过、迷茫过，但她找到了温暖自己的方式：读书。诗词歌赋、小说名著，给了她力量与慰藉，久而久之养成习惯，她说："如果我几天不读书，会感觉像几天不洗澡那样难受。"

如今，43岁的董卿，依旧笑面桃花、妩媚动人。人们问她一个女人永葆青春的秘诀是什么，她回答："女人外表的美都是短暂的，唯有用知识和涵养修饰自己才能美丽一生，我始终相信读过的书、走过的路，总会在未来某一天发挥作用，使我变得更出色。"①

师：所以，你认为何为美？

生：有气质的女人最美！

师：那气质来源于什么呢？

生：一个人读的书、走过的路和所体验过的经历。

环节四：我喜欢你——合于性格

小活动：找找身边的"万人迷"。

我的万人迷班长，一个大胖班长——闫班长。分享完这个故事，也就让学生看到了，原来一个人有了温润如玉的性格也是一种美。

师（总结）：你身边有没有这样的人，他们也许貌不惊人，也许才不出众，却在无形中有一股别样的魅力，让你想要与之接近，放下心防，倾诉心中的秘密？他们让你感到舒服，和这样的人在一起，就像听一曲舒缓的音乐，品一杯醇厚的热茶，看一朵静静开放的花。

环节五：我喜欢你——久于良善，终于人品

师：今天，我还想给大家介绍一个众人大爱的女神：特蕾莎修女。（呈现PPT）

师：对于她，你们可能不是很清楚，美国国务卿希拉里曾说，我帮特蕾莎修女提鞋都不配。我先给大家讲三个故事，大家听完之后再谈谈感受，说说你会不会喜欢这样的人。

---

① 佚名.董卿又红了，但这次不是因为口红 [EB/OL].[2019-05-22].https://www.sohu.com/a/126449619_507457.

故事一、二（略）

故事三：

她创建的仁爱传教修女会有4亿多美金的资产。但是，她一生却坚守贫困，她住的地方只有两样电器：电灯和电话。她的全部财产是一尊耶稣像、3套衣服、一双凉鞋。她努力要使自己成为穷人，为了服务最穷的人，她的修士、修女们都要把自己变成穷人，只有如此，被他们服务的穷人才会感到尊严。

当科索沃战争爆发时，特蕾莎去找负责战争的指挥官问："战区里的妇女儿童都逃不出来吗？"指挥官跟她这样讲："修女啊，我想停火，对方不停啊，没有办法。"特蕾莎说："那么，只好我去了！"特蕾莎走进战区，双方听说特蕾莎修女到战区来了，便立刻停火。但当她把战区里的妇女儿童带出之后，两边又打起来了。①

生：也许特蕾莎修女长得不算最美，但她的人格熠熠生辉。她的美也许已经超越了我们对美的界定。

生：老师刚才在讲故事的时候，我已经快哭了，她走进了我们的内心。

……

师：谢谢大家，每次读到特蕾莎，我都泪流满面。是的，她诠释了"美"，她诠释了"为而不有"；她用"爱"和一颗"赤子之心"定义了什么是真正的大爱。我们爱她，是因为她的良善与人品。接下来，我们一起朗读特蕾莎曾经说的一段话。

（生朗读）

你今天做的善事，人们往往明天就会忘记，不管怎样，你还是要做善事。即使把你最好的东西给了这个世界，也许这些东西永远都不够。不管怎样，把你最好的东西给这个世界。

师：同学们，今天我们就"为什么喜欢你"这个话题展开了讨论。其实，我们发现，只有我们用心经营好自我，把自我的价值挖掘出来，成为美好的一分子，才能够赢得别人的青睐。这就是我们经常所说的那句话：我若

---

① 无生山鹰.德蕾莎修女：她一生都以穷人的名义活着[EB/OL].[2019-11-06].http://www.360doc.com/content/16/1121/11/29881788_608204638.shtml.

盛开，蝴蝶自来。

　　总而言之，构建一个友善的"关系"一定是"心灵管理"的题中之意，一定是一个着力点。班级管理出现的很多问题，都不是"瓜"只是"藤蔓"，顺着"藤"摸回去，往往那个"瓜"都可以归结在关系上。"向内走"容易迷失自我，"向外走"容易四处碰壁。做班主任的也只有牢牢抓住"关系"这个关键词，才能够拨开云雾见明月。方法一定是很多的。比方说，有一段时间，我和我的学生商定，每天下午放学留下来10—15分钟，我们都要读2篇文章，文章的来源是《爱的教育》。这本书非常经典，以小学生安利柯的视角，以日记的方式记录了真诚与虚假、善良与罪恶……，里面的每一个故事都涉及一段关系，从而派生出了"嫉妒""认可""共生""虚假""诚信"……，安利柯对人对事的态度无形中就是一个很好的教育契机。每每读到人性之中的真知和良善，我都要停下来引导学生以点带面、推己及人地思索。故事的主人公虽然是安利柯，但是生活情境却和我们目前初中学生的生活情境极为一致，我就是要有意识地培养班级学生"移情"的能力，要求学生在以后的人生抉择之中，面对类似的情景时要毫不犹豫地投入真善美的怀抱，从而有利于构建温和的关系。

出 版 人　李　东
责任编辑　欧阳国焰
版式设计　郝晓红
责任校对　贾静芳
责任印制　叶小峰

图书在版编目（CIP）数据

懂心理，带好班：班级心灵管理新理念/殷振洋著.—北京：教育科学出版社，2020.11（2023.12重印）
ISBN 978-7-5191-2351-2

Ⅰ．懂… Ⅱ．殷… Ⅲ．教育心理学—应用—班级—学校管理　Ⅳ．①G424.21

中国版本图书馆CIP数据核字（2020）第208364号

懂心理，带好班——班级心灵管理新理念
DONG XINLI, DAI HAO BAN——BANJI XINLING GUANLI XIN LINIAN

出版发行	教育科学出版社		
社　　址	北京·朝阳区安慧北里安园甲9号	邮　　编	100101
总编室电话	010-64981290	编辑部电话	010-64989527
出版部电话	010-64989487	市场部电话	010-64989009
传　　真	010-64891796	网　　址	http://www.esph.com.cn
经　　销	各地新华书店		
制　　作	北京京久科创文化有限公司		
印　　刷	唐山玺诚印务有限公司		
开　　本	720毫米×1020毫米　1/16	版　　次	2020年11月第1版
印　　张	22	印　　次	2023年12月第9次印刷
字　　数	319千	定　　价	68.00元

图书出现印装质量问题，本社负责调换。